巴蜀游记视域下的巴蜀形象研究

王妍兮 著

延吉·延边大学出版社

图书在版编目（CIP）数据

巴蜀游记视域下的巴蜀形象研究 / 王妍兮著. -- 延吉：延边大学出版社，2024.4
ISBN 978-7-230-06517-7

Ⅰ．①巴… Ⅱ．①王… Ⅲ．①旅游地－形象－研究－四川 Ⅳ．①F592.771

中国国家版本馆 CIP 数据核字(2024)第 087848 号

巴蜀游记视域下的巴蜀形象研究

著　　者：王妍兮
责任编辑：金倩倩
封面设计：文合文化
出版发行：延边大学出版社
社　　址：吉林省延吉市公园路 977 号　　邮　编：133002
网　　址：http://www.ydcbs.com
E-mail：ydcbs@ydcbs.com
电　　话：0433-2732435　　　　　　　　传　真：0433-2732434
发行电话：0433-2733056
印　　刷：廊坊市广阳区九洲印刷厂
开　　本：787 mm×1092 mm　1/16
印　　张：15.25　　　　　　　　　　　　字　数：280 千字
版　　次：2024 年 4 月　第 1 版
印　　次：2024 年 6 月　第 1 次印刷
ISBN 978-7-230-06517-7

定　　价：78.00 元

目　　录

绪　　论 ··· 1

第一章　巴蜀游记视域下的巴蜀群像 ·· 3

　　第一节　自由、美丽、健康——巴蜀女性 ·· 3
　　第二节　艰苦朴素、吃苦耐劳、勇往直前——巴蜀重体力劳动者 ······ 10
　　第三节　"智慧完人"——巴蜀知识分子 ·· 26
　　第四节　无处不在的洞察力——巴蜀商人 ······································ 28
　　第五节　传统民俗文化与精湛技艺的传播者——巴蜀卖艺人 ············ 29

第二章　巴蜀游记视域下的社会生活 ·· 32

　　第一节　多样而丰富、极富地域性——巴蜀人的饮食 ······················ 33
　　第二节　素朴与象征之美——巴蜀人的蓝色服装 ···························· 46
　　第三节　多样性兼具地域性——巴蜀人的娱乐活动 ························ 48
　　第四节　平淡、宁静——巴蜀人的生活 ·· 50
　　第五节　受尊敬、要面子——巴蜀人的轿子文化 ···························· 54
　　第六节　多样而神秘——巴蜀人的习俗 ·· 56
　　第七节　吉祥——巴蜀人的节日 ·· 63

第三章　巴蜀游记视域下的人文景观 ·· 67

　　第一节　美丽而富特色的画卷——巴蜀城市面貌 ···························· 67
　　第二节　精巧、实用——巴蜀房屋建筑 ·· 71
　　第三节　自然与艺术的融合——巴蜀寺庙宫殿 ································ 74
　　第四节　高雅、幽静——巴蜀亭台楼榭、庭院花园 ························ 85
　　第五节　印度式造像的中国化——巴蜀崖洞石窟 ···························· 88

第六节　精美、坚固——巴蜀桥梁 ································ 90

　　第七节　形象生动、造工优美——巴蜀雕像 ························ 96

　　第八节　自然崇拜——巴蜀石碑石柱 ······························ 98

　　第九节　独特、精美——巴蜀塔楼 ······························· 100

　　第十节　巧思、完备——巴蜀水利工程 ··························· 102

第四章　巴蜀游记视域下的经济 ······································ **107**

　　第一节　富饶、特色——巴蜀农业 ······························· 108

　　第二节　矿产丰富、技术独到——巴蜀工业 ······················· 122

　　第三节　街市繁荣、商品丰富——巴蜀商业 ······················· 144

第五章　巴蜀游记视域下的自然之象 ·································· **174**

　　第一节　奇险、优美而壮丽——三峡胜景 ························· 174

　　第二节　迷人——蜀中自然 ····································· 184

　　第三节　温热潮湿——蜀地气候 ································· 195

　　第四节　雄奇壮丽——蜀西自然 ································· 198

第六章　自强不息、爱国自信、智慧优雅、创新尽责——巴蜀民族性格 ······ **203**

　　第一节　巴蜀人民积极向上的民族性格 ··························· 203

　　第二节　礼仪之邦——"中国式交往"在蜀地的体现 ················ 210

　　第三节　从"好奇警惕"、"奇异的热情"到"自醒自强的爱国"——

　　　　　　巴蜀人民民族意识觉醒前后的对外态度 ····················· 214

　　第四节　故意"缺席"——被否定的工作能力 ····················· 227

　　第五节　尊师、自强、自信与优雅——巴蜀人的内在气质 ··········· 233

结　语 ··· **236**

绪 论

游记是散文的一种形式，是人们记录旅行见闻，并借此表达思想感情的一种文体，是旅行者对自己旅行经历的描写与记录，与旅行者的空间位移与文化位移紧密相关，是旅行者的跨文化感知，是旅行者对在旅途中遇到的人、事、物等的自我认识，对旅行的理解与感受、评价与判断、咏物与抒怀等，所以有带议论色彩的，有带科学色彩的，也有兼抒情色彩的，并呈现出作者的文化潜意识。所以从这个层面上说，"游记不仅是旅行者在游记作品内对旅行目的地的一种描绘，也是旅行者感知他者、反思自我、审视自我与他者关系的一种创作""极易产生自我——他者的身份意识和历史的比照玄想"。由此，受众群体通过作者的亲历、亲见与亲感，建构出他人视域中的他者形象，并由此生成新的他者形象，因此，游记这一文体成为建构与传播他者形象的重要载体。

20世纪80年代，钟叔河主编的《走向世界丛书》，则基于改革开放的视角，重新展示出了中国人对外部世界的观察和思考，构建形成了中国的世界形象和中国的世界观。从历史学的层面上来说，近代的中国形象的形成是一个双向流动的过程，当少数中国人通过或留学、或旅行的方式睁眼看世界时，欧美国家的受过良好教育的外交官、通商者、传教士等早就漂洋过海、横跨欧亚大陆，通过在中国的游历观察着中国的政治、经济、人物、社会生活、人文景观、民族现状、科学教育、文化历史、自然地理、城市印象所外化的民族风情等，留下了许多与此相关的游记著述，呈现出欧美、日本、澳大利亚等域外游历者对中国民族风情的观察和较细致的记录，对研究近代欧美人视域中的中国民族风情所外化的他者形象极具价值。这些欧美游历者在中国游历的时间多则数十年，少则半年，游历的地域范围较广，所以通过他们的游记，可窥见他们视域中的近代中国民族风情外显的他者形象。当然，这些外显的他者形象既有因域外游历者殖民文化的视角或已有的西方中心主义视角对中国进行的具有偏见性的描述与记载，也有可能帮助我们从文化自信、强国、大国视角去解读欧美、日本、澳大利亚等域外游历者游记中未曾被发现的事实。笔者基于此，以近代欧美、日本、澳大利亚等域外游历者所记的针对现四川省、重庆市所辖区域的巴蜀游记为例，用四个自信、强国大国视角去解读与梳理这些游记中的中国民族风情，试图解读与阐释中国民族风情形成的历史底图，以让我们看清中国民族风情变迁的历史演变轨迹和演变逻辑，以及中国民族风情变迁背后的内旨与缘由；为更好地认识自己的中国形象，用历史之镜去观照并塑造和传播强国、大国的中国形象增添新的研究视域与启示。

第一章　巴蜀游记视域下的巴蜀群像

域外游历者在游记中对中国民众的观察常常基于两个维度，一个是微观的对具体社会身份下生活状态的描写，一个是宏观的对民族性格印象的理解性诠释。基于这一点，本章一方面按照社会身份，对巴蜀女性、劳动人民、知识分子、商人、卖艺人等彰显出的生活状态去分析巴蜀游记视域下巴蜀群像所展现出的独有形象、特质与地域风情，另一方面依据游记中对巴蜀民族性格的印象性、理解性表述去剖析巴蜀游记视域下巴蜀群像所展现出的民族性格，并试图分析在此背景下巴蜀群像的民族风情与民族精神。

第一节　自由、美丽、健康——巴蜀女性

一、迤逦柔和的容貌——巴蜀女子的美丽形象

域外游历者游记中对于蜀地女子的描述，呈现出的首要印象就是美丽柔和的容貌气质。他们运用大量的辞藻去描绘、修饰这种东方之美，称之为"姿容绝丽""肤凝芙蓉之露"等，并深深沉醉其中。如日本人中野孤山有记：

姿容绝丽，眉画远山之绿，肤凝芙蓉之露，花唇一动，莺声入耳。如此蜀地女子，隐身闺阁，难以得见。……此乃入蜀沿路的实态。（[日]中野孤山《横跨中国大陆——游蜀杂俎》）

英国人阿绮波德·立德称赞这种美为"娇羞而美丽""水灵灵的",幻化成一种灵动之美。

四川同时还是美女集中的地区。经过万县①的时候,我们就看到过旁边船上的美丽女子。她们大部分有着红扑扑的脸庞,娇羞而美丽,大眼睛水灵灵的。([英]阿绮波德·立德《穿蓝色长袍的国度》)

莫理循则以游记视域、用记述的方式将日本女性同中国女性所彰显出的美进行了比较,他赞赏中国女子的聪慧与甜美,"更聪明"、"在智力方面更有优势"、"更甜美"、具有"高尚的品格"等,体现出蜀地女子动人的容貌气质与高尚的品格。

中国女子高出日本妇女一个头,而且更聪明,或者说在智力方面更有优势。日本女子龇着黑牙,不自然地咯咯地笑,人们要我们把这样子当美女来赞扬。相比之下,中国女子更甜美,更可靠。来中国旅行的人对中日两国明显的区别印象深刻。一个是,中国城市的妇女,特别是西部中国的妇女的高尚品格;另一个是,日本吉原女子招摇的粗鄙言语,她们是"吵闹、喧嚷、忙碌的一群妇女,她们的美德是勤劳,而她们的恶行也是勤劳"。([澳]莫理循《一个澳大利亚人在中国》)

总之,域外游历者以初见的感知描述巴蜀女子的容貌、言行所显出的外在美与内在美,直接且可见性情,真实地呈现出了巴蜀女性所具有的中国传统女性之美的内核,即姿容绝丽、肤凝芙蓉之露、声音如莺、娇羞而美丽、水灵灵、高尚的品格等。

二、独有性——巴蜀女子的服饰

众多巴蜀游记以描绘蜀地女子独特的服饰来呈现巴蜀女性之美,衬托出蜀地妇女的花容月貌与迷人的姿色,如"齐臀筒袖上衣加长裤"、头发拢起并罩网的流行发型,日

---

①万县:清末,万县成为川、鄂、陕、湘、黔30余县的进出口商品集散中心,有"万商之城"的美誉。1902年,英国强迫清政府签订《中英续议通商行船条约》,增辟万县为通商口岸。1935年,万县市设立,属四川省。1950年,县城析置万县市,1992年,万县并入万县市。1997年,撤市改万县区。1998年,改名万州区。

本的中野孤山曾有详细的记述：

> 蜀都妇女要缠足①，她们虽然步履蹒跚，但个个花容月貌，姿色迷人。她们身着齐臀筒袖上衣，下穿长裤，不用衣带。不过，便服后面有两根细带，打着死结。头发一概拢起来，罩着发网，此乃当时的流行发型。十二三岁的女子，右边头发扎起来，戴着漂亮的丝缨，还别着宝石类饰物。她们踢羽毛毽子的样子，胜过我国用木拍打羽毛毽，天真可爱。下等女子②用红棉线自发根处把头发缠起来垂在脑后。妇女的鞋子很小，有的还不足两寸长，力求只有一瓣莲花大小。她们步履蹒跚，行走艰难，因此，外出必须坐轿。（[日]中野孤山《横跨中国大陆——游蜀杂俎》）

这种蜀地女人的独特服饰装扮，在英国作家 T.T.库珀的游记中被称为很漂亮、很耐看，非常适合年轻人，尤其对发网兜帽表示肯定，这也呈现出游历者对巴蜀女性独特服饰之美的共性感受。

> 这里的女人都很漂亮，很耐看，头上也裹着兜帽型的头巾，这种装束非常适合年轻的女人。（[英]T.T.库珀《拓商先锋中国行》）

除了对蜀都女子独有头饰装扮之美的赞誉之外，英国人伊莎贝拉·伯德还额外关注了服饰在不同社会阶层中呈现出的独有性，如下层阶级的妇女"裤子裹着足踝并打结系上"，上层阶级的妇女"裤脚宽大并有装饰"。

> 白天，来到美丽客厅的访客络绎不绝。拉姆齐小姐常常一次接待 40 个女人。所有

---

① 张紫晨《中外民俗学词典》认为，缠足是中国古代一种陋习。是用布将女性双脚紧紧缠裹，使之畸形变小。女性一般从四五岁起便开始缠足，直到成年骨骼定型后方将布带解开，也有终身缠裹者。学者高洪兴《缠足史》考证，缠足开始于北宋后期，兴起于南宋。元代的缠足继续向纤小的方向发展。明清时期缠足达到顶峰。缠足之风蔓延至社会各阶层，女子不论贫富贵贱，都纷纷缠足，但不缠足者也不在少数。中华民国成立后，孙中山正式下令禁止缠足。到了五四运动时期，缠足更成为革命运动中各派和知识分子讨伐的对象，陈独秀、李大钊等人都曾撰文痛斥缠足对妇女的摧残和压迫。新中国成立后，缠足恶习被彻底废止，女性得到了解放。

② 这种说法是不恰当且带有偏见的。在近代社会，女性整体的社会地位相对较低，但不能以偏概全地将一部分女性归为"下等"。例如，贫苦出身的女性——她们可能因为经济状况不佳而被视为地位较低。被传统观念束缚的女性——如一些违背传统礼教行为的女性可能会受到歧视。但这种划分是不公平和片面的，不能代表所有女性的真实情况。随着社会的进步，这种对女性的歧视和不公正划分逐渐被摒弃。

四川妇女都缠过脚，穿非常显眼的长裤，下层阶级的妇女用裤子裹着足踝并打结系上，上层阶级的裤脚宽大并有装饰。（[英]伊莎贝拉·伯德《1898：一个英国女人眼中的中国》）

英国的艾米丽·乔治亚娜·坎普则对蜀地乡村女性独有的着装倾情描绘，从好看干净到服装颜色，再到"山羊腿"样式，可谓是对蜀地女性独有的服饰做了更为详细的补充。

这地方的妇女们似乎友好、好看而又干净，服装颜色极为艳丽，绿、红、蓝、黑结合在一个人身上是非常普通的。她们的紧身棉裤刚到膝盖下面，再下去到脚踝，脚上干净利落地裹着绑腿。腿非常细，看上去像棍子，与小小的外旋的脚和僵直的膝盖加起来，呈现山羊腿的模样。（[英]艾米丽·乔治亚娜·坎普《中国的面容》）

除了这些蜀地独有的且具有民族传统特征的服饰之外，年轻的女学生对短发样式、围巾等的青睐，展现出了蜀地女性开放、健康的一面。如徐维理对学校女学生的描述：

这个女孩也许是我们学校的学生。她的两条辫子已剪成了最时髦的短发样式。冬天校园里，女学生们常常在课余边走边织围巾，她围的就是这种样式的围巾。（[英]徐维理《龙骨》）

总之，域外游历者用奇异的眼光观察、描绘着区别于其祖国的服饰装扮，以此呈现出巴蜀女性服饰的独有性，同时以阶级性的观点看待不同女性服饰的变化，尤其对受到西方文化影响的新青年所展现出的新形象大加褒扬，这也呈现出了域外游历者文化殖民的心态。

三、传统观与现代观共存相融——巴蜀女性的特质

域外游历者在游记中对于巴蜀地区妇女所具有的传统观念下应有的品德都持以赞誉之态，他们高度赞许这种东方女性的仁和与温柔。英国人艾米丽·乔治亚娜·坎普在游记中对巴蜀妇女在与游历者交流中所呈现出的样态进行描写，展现出了这些巴蜀女性

具有的东方女性的传统之美，再现出了一幅友善而不失优雅的蜀地女性图景。

妇女们常常过来笑吟吟地盘问我们。这时我们就会进行一次非常友好的那种好玩的无声交流。话题通常是同一个——脚——她们从来不会不欣赏我们的英国靴子，虽说未必欣赏我们的脚。我们这方面对她们鞋上精致的绣花表示很是欣赏，尽管我们并不欣赏她们的脚。（[英]艾米丽·乔治亚娜·坎普《中国的面容》）

艾米丽·乔治亚娜·坎普在此处呈现的蜀地女性多为温和友善的形象，展现的是面对外来者的适然态度。除了骨子里的友好与善良之外，她对女性勤劳的描述也不吝其词，如"干的活那么多""令人惊讶"等。

人们似乎友善而脾气好，一天我们经过一个地区，那里几乎所有的妇女都放了足；东西南北，我所遇到过的这种地方也仅此一处而已。其他地方甚至在田地里劳作的妇女也裹着脚，看到她们走得那么快、干的活那么多，真是令人惊讶。当然，她们时常带着小凳子，坐着在田间薅草种植。有时候她们背上缚着个婴儿，不过这一职责许多时候就分配给了孩子。（[英]艾米丽·乔治亚娜·坎普《中国的面容》）

德国游历者塔玛拉·魏司对乡村妇女在农耕文明下自给自足，在自然经济下自力更生的农耕状态描绘得很是有趣，但呈现出的仍然是巴蜀女性的善良与友好。

在路上我们遇见了一位看起来很善良也很聪明的乡村妇女。在我们的请求下，她还带我们参观了她养蚕的地方。她的小女儿用柔软的小手小心翼翼地取出蚕茧和蚕虫，递到我们的面前。她们还非常友好地问我们是否已经吃过饭了，走了这么远的路，是不是口渴了。（[德]塔玛拉·魏司《巴蜀老照片——德国魏司夫妇的中国西南纪行》）

英国游历者伊莎贝拉·伯德则以自己与中国妇女长期接触的认知层面去描述与记载巴蜀妇女所具备的好素质：有毅力、心仁慈、非常谦让、忠实等，甚至评价为"她们教给我的远比她们从我这里学到的多"，这不仅仅是对巴蜀女性的高度赞赏，更是对巴蜀女性传统观念的高度认可。

在我所了解的东方妇女中，我更喜欢中国妇女。她们有很多好的素质，有毅力。当她们成为基督徒时，就是彻底的基督徒。她们的心很仁慈，非常谦让，是忠实的妻子，稍许还是好母亲。我给周围的来访者茶和甜点，她们离去了，她们教给我的远比她们从我这里学到的多。（[英]伊莎贝拉·伯德《1898：一个英国女人眼中的中国》）

法国里昂商会人员则真切地感受到了巴蜀女性对朝山进香的虔诚，细致的描绘与记述中显示出作者被巴蜀女性不畏艰难朝圣的举动所感动。那种虔诚、不畏艰难、靠着拐杖喘气然后继续前行所外化的信仰与精神动力深深地吸引着他们，也折射出巴蜀女性所具有的那种韧劲、倔强与执着品质。

这里，我们遇到的男性的确很少，几乎无一例外都是清一色的女性。她们衣着整洁，由于缠过小脚，站立行走时身体有如立于高跷上，十分困难，她们所完成的才是真正意义的朝圣之举：一级级台阶对她们是何等艰难，一道道崎岖山路更是恐怖，最后还得攀登3000米高的山峰。目睹此景，遥想到法国有火车、汽车或者索道把人直接送到圣地，总的来说拜谒之事要简便易行多了。来此朝山进香的女人们都背着黄布包，里面插满了要放进供台盛器燃烧的香烛。走着走着，她们不时停下来靠着拐杖喘喘气，稍事歇息，然后又继续前进。其中以老年妇女居多，而且差不多都形影孤单，无人陪伴。中国习俗应该是允许寡妇朝山进香的，我们就路遇到这样一位虔诚的妇人，她双腿弯曲，形如铁环，步履蹒跚，行进艰难。念珠在各种宗教事务中使用普遍，去峨眉山朝圣的人也佩戴在身。眼前这几位妇女更是表现出非凡毅力——她们各自肩上还背着个孩子来此进香，真可谓不辞辛劳！按照中国妇女出门远行的规矩，女"香客"大多着长裤，踝骨周围紧紧地捆扎起来，两只裤脚自然下垂，好似挂起的一款布袋。（[法]法国里昂商会《晚清余晖下的西南一隅：法国里昂商会中国西南考察纪实：1895~1897》）

传统观下的女性外显的是一种友好与善良、虔诚与勤劳、坚忍与倔强的高尚品格，随着西方文化的传入，蜀地女子逐渐彰显出一种现代的女性观，如：德国的李希霍芬记述中的追求自由、做活多、不躲人、忙生意、常管账，并称之为"四川人有权为本省感到骄傲"，一方面呈现出域外游历者对他国文化输出所产生影响的沾沾自喜；另一方面也展现出蜀地女性随着时代的变迁受西方新观念——现代观的影响所呈现出的新的形象与风姿。

妇女在这里的地位整体比中国其他地方要高，她们在这里不必裹小脚，但做的活很多，也不躲着人，忙生意，常管账，遇有人说话便大大方方地出来应话。我还不曾听到过争吵和口角，四川人有权为本省感到骄傲。（[德]费迪南德·冯·李希霍芬《李希霍芬中国旅行日记》）

李希霍芬展现了蜀地女子大方与豪爽的精神面貌，区别于其他地区，蜀地妇女参与社会生活所展现出的自由之态，在众多域外游历者的游记中多有记述，如英国人E.H.威尔逊有记：

妇女大量参与集市，在中华帝国的这一部分似乎是一股力量。作为中国妇女而言，她们的举止和仪态一般都较自由。当然，照例都不缠脚。（[英]E.H.威尔逊《中国——园林之母》）

此外，英国游历者徐维理以"摩登小姐逛花会"的视角展现出了巴蜀女性的另一种生活样态，一方面可以感受到巴蜀女性生活中的闲情逸趣，另一方面也呈现出了巴蜀女性自由的生活状态之美。

……摩登小姐坐着黄包车回家。看来她刚刚去赶了花会，手里拿着买来的一束漂亮的梅花。每年春天在成都郊外的一座古庙里都要举办花会。人们成群结队地涌向那里，去买树苗和各种各样的花卉种在他们的庭院或花园里。这些花卉多半种在花盆里，有时也种在花坛里，如同西方人种花一样。有的人喜欢闲逛，看热闹，看花，品尝各种小吃，浏览杂货市场上出售的各类物品：卷轴、字画、镜子、鸟类、涂得花花绿绿的大小不一的暖水瓶，以及从上海贩来的五花八门但不实用的小摆设。（[英]徐维理《龙骨》）

这种在现代观下呈现出的现代化女性气质，饱含了她们的爱国主义热情。如德国游历者塔玛拉·魏司以部分蜀地女性在面对外来者时也会表现出激烈的反抗态度，让我们感受到巴蜀女性对家国的坚守。

可是当我们看到一些中国妇女在她们的门后面藏着一锅锅、一桶桶石灰粉和红色的辣椒面时，心里又沉重起来。"你们为什么要这样做呢？"我们问道。她们说，这是她们的武器,她们会把这些洒向任何入侵者的眼睛,无论他们是强盗、民兵还是皇上的军队。([德]塔玛拉·魏司《巴蜀老照片——德国魏司夫妇的中国西南纪行》)

总之,域外游历者以与巴蜀妇女的接触与交流,以及所观所感为素材,从巴蜀妇女言行所外化出的内在品质进行了较真实的记载与描绘,呈现出巴蜀女性从秉持中国传统观到受到西方现代观影响,所外显出的行为品质的流变,整体呈现出一种传统观与现代观共存相融的巴蜀女性特质,即友善而不失优雅,勤劳而坚忍,倔强与执着,忠诚且爱国,并逐渐走向自由与开放。

第二节 艰苦朴素、吃苦耐劳、勇往直前——巴蜀重体力劳动者

在巴蜀地区社会群像中,身强体壮的群体占有很重要的一部分,他们以干重体力活为主,一方面赚取收入以维持生活,另一方面推动着巴蜀社会的运转,促进巴蜀地区经济的繁荣。因巴蜀地区经济种类丰富,所以从事重体力劳动的职业类别多样,如长江航道上的船工,蜀道上运茶叶、运盐的背夫,抬轿的轿夫、运水的挑水夫等。以重体力劳动为生活来源的群体受到众多域外游历者的关注与记载,展现出巴蜀重体力劳动者的艰苦朴素、吃苦耐劳、勇往直前的形象。

一、吃苦耐劳、英勇不屈——长江航道船工与纤夫

(一)"领航者"形象——与长江斗智斗勇

巴蜀地区依长江而生,在陆地道路不甚发达的近代,长江水路是进入巴蜀的重要途径。长江水流湍急、地形复杂,普通船只难以通过,由此诞生了长江航道上勇敢的领航人——熟悉水性且勇往直前的船工与气力充足且众志成城的纤夫。两者在长江航道上与

长江险滩斗智斗勇,并由此诞生出了巴蜀地区独特的巴蜀形象与巴蜀精神。众多游历者在游记中将"领航者"记为长江航道上的船工与纤夫。如日本游历者中野孤山描绘的船夫,俨然是一个勇者。

  不过,船行艰难,船夫肩挎纤绳,攀爬巨岩,跨越怪石,牵引着船只。偶尔有纤绳被暗礁挂住,船夫便赤身跳进汪洋一片、浊流千寻的江中去解开纤绳,宛如水獭跃入江中捕鱼一般。([日]中野孤山《横跨中国大陆——游蜀杂俎》)

  再如,日本作家竹添进一郎在《栈云峡雨日记》中对船工、纤夫形象的描绘,更彰显出一种众志成城的感人场面,有一种悲壮中的崇高,也表现出船工的坚韧不屈的领航者形象。

  下午拔锚。船上舻一,桨四,皆须七八人之力方得操之。一长年执大竹条,左右指挥,勃如忿,口角吐沫,声如洪钟,舟人或懈,辄号呼挞背,皆隐然坟起,成紫黑色,顷之创痕层层交背,旁观亦为酸鼻。([日]竹添进一郎《栈云峡雨日记》)

  日本游历者竹添进一郎描写了在"大竹条"的指挥下,船工们面对激流险滩之境时,表现出的指挥有序、众志成城、勇往直前、凝心聚力的感人场面。这样的场面深深打动了竹添进一郎,让他"旁观亦为酸鼻"。可见长江航道船工所具有的倔强与韧劲,勇敢与担当,在抵抗自然力量时其展现出了超人的智慧。这种在三峡长江航道上的领航者的冷静形象在英国游历者库珀的游记中被描述为是一种在任何逆境中都能战胜的坚强,呈现出了长江航道领航人勇往直前的精神。

  船老大低估了水流的力量,以为我们的人可以在没有帮助的情况下把船拉上来,结果他估算错了。但是他,还有船员们。证明了他们都是坚强的人,因为他们在整个事故过程中都很沉着冷静。([英]T.T.库珀《拓商先锋中国行》)

  在游历者库珀的描述中,我们可以看到他惊叹于船老大及船工们在面对不利局面时所展现出的非凡品质,也显示出船老大及船工们在航行中的智慧、勇敢与担当,还有对在激流险滩中航行的技术的精准把控。在山川早水的《巴蜀旧影——一百年前一个日本人眼中的巴蜀风情》中，也有比库珀描述的场景更加惊险的场面，彰显出长江三峡航道人在直面生命危险时，更加勇猛、坚忍与顽强。

可是船只是左右摇摆，每次摇摆都发出与暗礁搏击的声音，响彻水中。如此过了半个时辰，船搁浅于峡的上游。此时绷紧的拉绳与崖角摩擦而断裂，船失去了控制，旋转三四圈后，像脱弦的箭一般眼看就要被冲走。刹那间，船头的六人急忙操起长竿挂向河崖欲控制住船。其中一人只身跳入波涛中，游到岸边，靠拢崖石，连接断了的缆绳。缆绳结好后，按照互应的信号又开始拉起船来。船上五人也调整方向开始划桨。这次顺利地穿过了危险区……（[日]山川早水《巴蜀旧影——一百年前一个日本人眼中的巴蜀风情》）

船工负责船的安全与航行方向，纤夫则是船勇往直前的保障。纤夫极好的水性与娴熟的拉纤技巧，让船既能安全渡过险滩，又能不断前行。阿奇博尔德·约翰·利特尔在对纤夫的描述中，直观呈现了蜀地三峡纤夫的灵活、勇敢与担当，让我们感受到纤夫们拥有和船工一样的坚忍与倔强。

另外6人离船在岩石上像猫一样跳来跳去，从岩石角上拉开总是不断被挂住的纤绳。此外，还有三四名特殊的游水人，称作水纤夫，像亚当一样光着身子；他们跑动着，有时在前方的岩石上蹲着，随时准备跳入水中，从在岸上够不着的岩石上将被钩住的纤绳拉开。纤绳用竹子的篾青制成，编成胳膊粗的缆索，纤夫要有高度技巧才能不断地将它卷起或展开，以适应所走路线对纤绳长短的要求。（[英]阿奇博尔德·约翰·利特尔《扁舟过三峡》）

阿奇博尔德·约翰·利特尔对纤夫们在危险之际挽救全船人生命财产的记载与描写，亦是此形象的力证。

舵手小心翼翼地尽可能地使船头正对水流，一面喊着指挥纤夫什么时候拽紧，什么时候松开。有时候纤绳被几乎是够不着的石头裂缝挂住，我们极不舒服地被吊起来，这危及全船的安全，一个纤夫跑回去，光着脚像猫一样爬上岩石解救了我们，显然，他们是冒着生命危险的。当我们安全抵达相对平静的水面后，如果河岸险峻，像今天部分行程一样，全体船工都跳回船上，在倒悬的崖壁下面将船拉过去。两个人用钩子钩住岩石，另两个用竿子使船与岩壁保持安全的距离。钩手们必须非常仔细，绝不能松手，稍一不慎，船就会漂回急流中，冲向下游一段距离后才停住，一两分钟内就会失掉几小时的劳动成果。（[英]阿奇博尔德·约翰·利特尔《扁舟过三峡》）

游历者亲身感受到纤夫们勇渡险滩的惊险，纤夫们的勇敢与无畏让游历者感到震撼，纤夫们彰显出的是一种战无不胜、勇往直前的精神。山川早水对鼓声中齐划桨的忘我描述，表现出域外游历者对纤夫们勇敢无畏的赞美。

我们的后面是一艘像一座房屋似的大船，风满船帆，陆地上有五六十人近乎是爬行着拉纤。船上有一个像老板模样的人，在他嘶哑的厉声命令下，所有水手全部排成一排划桨，船头船尾鼓声咚咚。船则进寸退尺，不知是碰上岩石还是一侧偏重，船时而偏向一边，难以想象何时能渡过。倘若纤绳拉断，船沉没就在眼前，纤夫也会一个压倒一个地摔倒，摔个鼻青脸肿。（[日]山川早水《巴蜀旧影——一百年前一个日本人眼中的巴蜀风情》）

同样来自日本的中野孤山则见证了长江航道更为宏大的拉纤场景，船工与纤夫以经验性智慧去战胜险滩，逆流而上，以"鼓、钟、炮"三种信号代表不同险滩，足见长江三峡航道的航行之难、浅滩之险。

操铁钩的人要接近岩石，撑竹竿的人要避免船只撞上岩角，把舵的人负责绕开浅滩。船上系几条竹纤绳，在岸上拉。一条绳子需要几百个苦力，又要一人喊号子进行指挥。鼓、钟、炮分别是小、中、大滩的信号。此乃险滩逆流而上的状态。（[日]中野孤山《横跨中国大陆——游蜀杂俎》）

再如，英国人艾米丽·乔治亚娜·坎普在《中国的面容》中描述了船工在几乎无法达成目标的情况下，以人定胜天的信念，用众人齐心拉纤、划船，并以震耳欲聋的号子声助力，实现领航任务的场面，呈现出的是长江三峡航道人的决心与坚忍。

风小得可怜，帆几乎毫无用处，船工们对风的呼唤全是枉然。他们虽屡屡失败还是对叫喊这么自信，真是奇怪。他们不得不划船，或是上岸去拉纤。船的两侧各有一根长桨，由五六个人划，扭动它时伴随着一种嘶哑的声音——很难称之为号子——有时候声音大到成了一种不折不扣的号叫！划船的人中经常有站在船桨外侧与船呈90度角的踏板上的——即下临江水。水流急时，这些人由其余的船工帮着疯狂地工作，大象般地跺着腿，声音大到震耳欲聋。尽管天冷，他们还是赤着膊，只有上岸拉纤时才穿上薄薄的蓝布上衣。（[英]艾米丽·乔治亚娜·坎普《中国的面容》）

无论是船工还是纤夫，想要在险滩激流中勇进，要有智慧与勇气、坚忍与决心，长江三峡航道人的工作充满着艰险与不易。英国游历者R.F.约翰斯顿称悬崖上那些被纤绳磨出的平滑凹槽是一种"永久不停息的抗争的历史痕迹"。

或许大峡谷具有魅力的秘密之一就是，沉默不语的大自然力量与短暂的人类活动之间永恒的对照。只有岩石本身，那矗立着的不可改变的标志，展现出一些永久不停息的抗争的历史痕迹。深深陷入许多悬崖顶的平滑凹槽，是由无数代代已死亡纤夫的纤绳拖拉出来的，还有坚硬石灰岩壁上刚高出水线的深洞，是多少个世纪以来以百万计的辛劳船工的竹竿顶出来的，至今，他们的子孙后代仍然用它们作为落钩点和着力点。遇到险滩时，往往需要100多名纤夫才能把一艘帆船拖过急流；有时一艘帆船需要用半天时间才能前进200码。如果你能记住这些情况，对于不屈不挠的中国船工们在内陆水道中从古至今所面对的困难才会有所了解。（[英]R.F.约翰斯顿《北京至曼德勒——四川藏区及云南纪行》）

R.F.约翰斯顿的游记视角独到，不仅关注到悬崖崖顶的平滑凹槽，还留意到辛劳的船工在坚硬石灰岩壁上用竹竿顶出来的深洞，这是无数纤夫、船工日复一日辛苦劳作的见证，是他们的努力才让充满激流险滩的长江没有成为外界与巴蜀沟通的阻碍。

此外，威廉·埃德加·盖洛在游历中称船工与纤夫非常出色、认真负责、善良能干、体格强壮。

我把秘书留在只老爷船里，自己精挑细选一些船员和纤夫以后，便带着翻译登上红色保甲船，向重庆进发。我的那些船员非常出色，虽然只有五人，但人人认真负责，跟传教士一样。还有一个从万县就一直跟着我的兵勇,善良能干,体格强壮。我们超过了很多溯江而行的船只,表明我们正以破纪录的速度行驶。即便在吃饭时,也没有把船停在某个平缓的小水湾,懒洋洋地依靠着船吃东西,而只派一个人上岸,只要还能划船,舵手就会摇橹,所以船也一直往前走。([美]威廉·埃德加·盖洛《扬子江上的美国人1903》)

总之,众多域外游历者在游记中所描写的长江航道上的船工与纤夫,在与长江险滩斗智斗勇的过程中所彰显出的吃苦耐劳、英勇不屈的领航者形象是客观真实的,这是一群众志成城、勇往直前、坚忍顽强、战无不胜、技术高超的领航人,并外显出一种崇高之美。

(二)清苦而乐观——长江航道领航人的生活

域外游历者随船而行,感受船工、纤夫们在江上的航行生活,中野孤山曾对船工们的一次罢工活动进行了描述,令我们感受到近代船工们的不易,船工们被中野孤山称为"除果腹以外没有任何欲望的苦力"。虽然看起来有些悲壮,但在游历者的记述中,我们也能感受到船工们的反抗精神。

值得特别记载的是船工们的罢工活动。罢工是由前一天晚上停靠夔州港时船老大给船工的酒钱微薄引起的。自宜昌起程到这一天,船工每天除船老大提供的粗茶淡饭外没吃过任何其他东西。他们本想在夔州府用酒钱大饱一下口福的,结果,领到的那点酒钱既不能满足他们的心愿又不能满足他们的食欲。为此,除果腹以外没有任何欲望的苦力罢工不干了。船老板只得妥协,给他们加了点酒钱。([日]中野孤山《横跨中国大陆——游蜀杂俎》)

船工们的罢工行为并不是无迹可寻,英国人阿奇博尔德·约翰·利特尔在船工、纤夫们的英勇表现之外,特意关注了他们在航行中的生存境况,如监工与纤夫们的关系既简单又无奈,简单的是他们有时能同甘共苦,无奈的是监工给予纤夫们的微薄收入,仅仅只够维持基本的生存,这进一步展现出长江航道上船工、纤夫们的无奈与坚强。

在绕过一个岬角时,帆船进展缓慢,不管那几个监工怎么大声喊叫和殴打(并不狠),

纤夫们的体力逐渐衰竭。这时我看见工长悄悄地脱光自己的衣裳，由一个同伴仔细保管；他冲下河去，再到沙子上翻滚，特别细心地涂抹自己的脸。然后，他像疯子一样，手舞足蹈，号叫，打滚，四肢着地穿过纤夫的队列，跳起来，冲撞他们，通过这种方式激励他们工作。在危险地段已顺利通过后，他洗干净身上，有条不紊地重新穿上衣服，恢复正常神智。远处，有一队这样的纤夫四肢着地，号叫着，像公牛一样大声吼着，6或8个监工围着他们，直立地行走着，用劈开的竹子（只发出响声，没多大伤害）攻击他们，这一切就像用暴力赶着驴子走过崎岖道路一样。帆船本身还在后面看不见。每个不幸的人，通过两个月的艰苦工作，除了吃饭以外只挣2美元，如果是下水船，则只给饭吃。（[英]阿奇博尔德·约翰·利特尔《扁舟过三峡》）

除了这种为了生存而航行的情况之外，船工、纤夫们饮食的粗糙也让游历者们咋舌：直接用浑浊的江水煮饭、直接饮用生水等。这些情形在游历者看来是苦的，他们认为如果自己喝生水，可能会招致不测之祸，这也折射出游历者们高高在上的优越性。

他们直接用浑浊的江水煮饭，并且直接饮用生水也毫不在乎。习惯大概是第二天性吧，他们的确个个身强体健。要我等喝这种生水，马上就会引起肠炎，不仅苦不堪言，还有可能招致不测之祸。（[日]中野孤山《横跨中国大陆——游蜀杂俎》）

也正因此，根据伊莎贝拉·伯德在其游记中对餐食方面的描述，可以看出船工生活虽苦、条件虽差，但是他们有自己的快乐，这显示出长江航道上的船工乐观、积极的生活之态。

他们的几餐饭，是由劣质米配着油炒的卷心菜或别的蔬菜，偶尔也加点鱼和猪肉。吃饭时，每人端着一个表面光滑而粗劣的土陶碗，从火炉上的一口大锅上将碗盛满，然后都蹲在天井周围，用左手的指尖把碗端平，使它靠近下巴；嘴尽可能地张大，用筷子尽量往里扒，尽管他们是为打赌在吃饭。当嘴里明显填满，就用筷子把食物塞在两边的腮帮子里，再开始填塞，压紧成团，随即巧妙地进入两颊，当发生着我从来就分不清楚的咀嚼和吞咽动作时，在难以置信的极短时间内，碗里和腮帮子里都空了。吃完饭的人正抽着烟，一副满足的神情。除了航行，都是停泊下来开饭。如果能够弄到开水，中国人决不喝生水，这使他们免患许多疾病。这些人喝米汤。（[英]伊莎贝拉·伯德《1898：

一个英国女人眼中的中国》）

上述对船工们的生活之状的描写，在英国人 R.F.约翰斯顿看来，有些刻意夸大了当地人民的苦难。他对巴蜀地区纤夫的生活给予了肯定，日常饮食是充足的、良好的；生活是有趣的，充实的，甚至做出"纤夫的命运绝不像欧洲某些工人那样可怜"的评价。

过去的旅游者对扬子江纤夫们可怕的艰苦生活曾有过许多描述，但我认为他们对纤夫的穷困潦倒和恶劣的生活状况过于夸大了。尽管工作艰苦，纤夫的生活方式并非不健康，他们的日常饮食从中国的水准来看是充足的、良好的。最好的一点是他们的工作从某个角度看是有趣的，其性质是永远不会显得单调的。除了获取报酬外，他们真心实意地满足于工作的成果。在观察他们劳动时，我看到一个明显的事实：纤夫的命运绝不像欧洲某些工人那样可怜。（[英]R.F.约翰斯顿《北京至曼德勒——四川藏区及云南纪行》）

综上所述，从游历者书写的游记中，我们感受到近代巴蜀长江船工的真实生活之状，虽然极个别游历者的记述有个人感情倾向，但都表现出船工敢于面对生活的苦，并在艰苦中自力更生，凭借自己的力量去经营自己的生活，彰显出长江航道人的韧性与坚强。

二、活泼勇猛、艰苦奋斗——巴蜀重体力搬运工

（一）勇往直前的负重者——游历者眼中的"苦力"

巴蜀地区从事搬运工作的重体力劳动者，被外来游历者蔑称为"苦力"。在众多游历者的眼中，巴蜀重体力搬运工是一群勇往直前的负重者。

英国人 R.F.约翰斯顿对茶叶搬运工的生活情状做了详细的描述与记载，展现出巴蜀重体力劳动者独有的负重者形象与巴蜀民族风情。

约莫中午时分，我们到达山口，在许多饮食棚屋中找一间坐下休息，这些棚屋是为运茶叶的苦力们提供饮食的。自雅州至打箭炉途中，我遇到数以百计的这种苦力，他们

的负重量很大，每个人背300磅甚至400磅茶叶；每天所挣的钱按所背重量计算，为20—30分，路途约需3周时间。一个不负重的旅行者只需8天便可走完同样距离。苦力们行走得很慢，因为滑一下就会产生严重后果。在攀登大象岭的过程中，我自己的最大困难是要在窄的道路上超越他们。他们中途从不卸下驮子，因为把它重新背上十分困难。我只看到一个人出过事故。他正走过从上方突出的一处岩架下面，想躲开一根悬挂下来的长长的冰凌。这使他失去平衡，跌倒在小路上，巨大的驮子压在他身上。在他被救起前，我只看见他的双脚，但他微笑着站起身来，几双友好的手帮他重新背好驮子。（[英]R.F.约翰斯顿《北京至曼德勒——四川藏区及云南纪行》）

法国里昂商会以同样的视角描绘了运输茶叶的背夫的艰难生活情态，并发出慨叹："可他们背负的重担有可能是法兰西最强悍的搬运夫都无法承受的吧，至少如此漫长的搬运路途，他们是不能承受的。"这也呈现出了背夫是一群坚韧不拔、艰苦奋斗、勇往直前的负重前行者。

有一个商队大约有两百人，各个年龄层次的搬运夫背驮不同重量的茶叶，由专人武装护送。茶叶一律包裹成长圆柱形，每坨重15到25中国市斤（9到15千克）。我看见两三个搬运夫背上承载的茶叶竟有14坨之多。一般说来他们背负的重量大约是10坨（90到150千克，前一个数字更接近）。包装成圆柱形的茶叶整齐地固定在木质框架里，框架底部有一"丁"字撑脚，有点类似法国换玻璃人背的那种框架。搬运夫把框架紧紧地贴在背上，步履艰难，只得频繁地把重担立起来，靠撑脚支起，以求歇息片刻。每当这个时候，他们都大口喘着粗气，胸部起伏剧烈，竭力想要恢复自由、顺畅的呼吸。背负着如此沉重的担子，搬运夫们从雅州到打箭炉要走20天的路程（大约600里，也就是250公里），要从海拔2000米的地方向上攀登到海拔3000米的高原，而所有辛劳困苦背负每100市斤茶叶换取的仅仅只有2500到3000个铜板，也就是十来个法郎。如此谋生手段，这样的职业算得上最累最苦了，因此搬运夫的死亡率奇高，许多人甚至还未走完路程就劳累至死。而从事这种职业的那些孩子们怎么能够得以生长、发育、长大成人呢？尽管年幼（有几个只有10岁到14岁），可他们背负的重担有可能是法兰西最强悍的搬运夫都无法承受的吧，至少如此漫长的搬运路途，他们是不能承受的。这些小孩身高最多只有一米二，可背负的货物竟重达50公斤。（[法]法国里昂商会《晚清余晖下的西南一隅：法国里昂商会中国西南考察纪实：1895~1897》）

所以从这个层面上来说，重体力搬运工多在山路上为客人提供货物运输的服务，每人的负重量都非常大。通常重体力搬运工的业务是非常广泛的，除了R.F.约翰斯顿所提及的茶叶运输，重体力搬运工还会承担担水、运输白银、运输货物、背盐等体力活动，而运送贵重财物时还可能会遇到生命威胁，美国人威廉·埃德加·盖洛曾记述道：

过了大江之后，我们又登上了更多的石梯阶，不仅陡峭，而且湿滑，因为在这座城市，有6000名苦力靠担水为生，从江里担水到城里，送给商店和居民区。

大约10年前，官方在这里兴建了一家铸币厂，配备有最现代的机器。那是由一位美国专家帮助建立起来的，但是，因吉卜林所说的"官方罪过"，不久便关闭了。然而就在一个月前，它们又重新开工了，现在铸造的川银圆，当地各家钱庄都视之为合法货币，准备正式流通。白银的运输由苦力承担，每担1200两。70名苦力排成一条线，并非罕见。他们停下来过夜时，白银被堆放一处，由全副武装的人看守。不过，尽管防范严格，抢劫之事却并不鲜见。有个苦力受到亡命之徒攻击，被砍成重伤，被送到美国人开的医院接受治疗。他英勇抵抗，脖子右侧被扎了一枪，深达二英寸，脸上被砍了一刀，差点砍中眼睛，但颌骨被砍裂，耳朵也被砍伤，双手也从腕关节处被砍掉。另有一个护卫在子夜的偷袭发生时正好在屋里，藏在棺材里才躲过一劫；而第三个则被活活打死。
([美]威廉·埃德加·盖洛《扬子江上的美国人》)

事实上，重体力搬运工并非每天都可以得到运输货物的生意，因此挑水也是重体力搬运工较为稳定的一大收入来源。日本的中野孤山曾记述道：

蜀都八十万人口，每天饮用的都是浑浊的锦江水。城内也有一条小河，他们也利用这条河里的水，但大多还是从城里挑水，因此，需要挑水夫从早到晚拼命地运水。无论住在哪里的人家都雇有挑水夫，不过，那些生活贫寒的人家没有办法雇人挑水，他们只得从开水店一文、两文地买开水来用。([日]中野孤山《横跨中国大陆——游蜀杂俎》)

同样表现了挑水夫在成都人家生活中的重要性的还有英国的徐维理，他在《龙骨》中提到："20世纪20年代的成都没有自来水，家庭用水都得靠人担进屋"，而远离井口的人家就必须从挑水夫那里买水。因此，重体力搬运工不仅是巴蜀社会群像的重要组成部分，也是维系社会运转的重要一环。

与挑水夫类似的还有码头的搬运工。由于巴蜀地区的大部分城市依水而生，商业往来主要依靠水运，因此码头工人是重要的重体力搬运者。英国人阿奇博尔德·约翰·利特尔有记：

帆船上满载着东部、北部和西部的各种物产。一队队搬运工人，辛苦地背着未压实的棉花的白色巨大捆包，登上长长的梯级，十分引人注目，远看就像一大群蚂蚁背着自己的蛋一样。([英]阿奇博尔德·约翰·利特尔《扁舟过三峡》)

巴蜀临江地区大多地势落差较大，港口较小，因此需要重体力搬运工人来卸货，并将货物转移到地势平坦之处。阿奇博尔德·约翰·利特尔就为我们描绘了一幅"远看就像一大群蚂蚁背着自己的蛋一样"的壮观图景。

盐运脚夫是巴蜀地区极具地域性的职业。由于巴蜀地区井盐业发达，盐体量较大，且为生活必需品。因而，盐运脚夫是极具巴蜀特色的一大职业，在美国游历者G.A.凯尔的《绝版长江：1910年代的铁路营造与沿途风物》中也有记：

在中国内地，通过人工苦力背运货物的成本大概是每公里16美分。成千上万的背夫每天沿着公路，将从各个盐井里采出来的食盐背到50公里开外的市场出售。([美]G.A.凯尔等《绝版长江：1910年代的铁路营造与沿途风物》)

值得注意的是，重体力劳动者是被集中管理的，归属到"麻乡商号"中。威廉·埃德加·盖洛曾提及这一雇佣机构：

据我的经验，在中国陆路旅行，最重要的事情之一，便是与抬轿和搬运行李的苦力签约。一个明智的做法似乎是去找"麻乡商号"，那是中国西部最大的"苦力行"，从那里雇用苦力。([美]威廉·埃德加·盖洛《扬子江上的美国人》)

总之，在巴蜀的重体力搬运工身上呈现出了巴蜀人艰苦奋斗、勇猛刚强、生活质朴的特质，所以以他们为代表的巴蜀工人农民能成为红军的主力，也是基于这样的共性品质。美国人埃德加·斯诺记述了红军受到农民群众的欢迎的原因：

红军告诉我，除了在川西之外，他们到处受到农民群众的欢迎。

他们当中有一位乡村少年是在四川加入红军的。我问他为什么参军，他告诉我，他的父母是贫苦农民，只有四亩地（不到1英亩），养活不了他和两个姊妹。后来红军来了，农民们都欢迎他们，为他们准备茶水点心。红军剧社来表演，大家都看得很欢喜。只有地主逃走了。分土地时，他的父母也得到了一份。所以当他参军入伍的时候，父母并不感到难过，而是很高兴他参加的是穷人们自己的队伍。

我们长征经过四川时，农民把自己做的草鞋送给我们，还沿路给我们送茶和热水。
（[美]埃德加·斯诺《红星照耀中国》）

（二）韧劲与倔强——巴蜀重体力搬运工的性格品质

以体力进行价值交换的巴蜀重体力搬运工，在基础条件差、生存环境恶劣的情况下，他们无疑要用自己的勇敢与担当去承受生活之苦与劳动的艰难。许多游历者在游记中记述了以出卖体力来获得极低回报的重体力搬运工。但这些重体力搬运工却能直面生活，直面生存环境的恶劣，从未退缩，也未曾逃避，他们所显露出来的坚毅，展现出了近代蜀地劳动者的不屈不挠和倔强。这种精神在日本游历者山川早水的记述中显得格外生动，他称这些劳工"实可敬畏"，这是一种发自内心的赞叹。

此时上方传来打击石头的声音，抬头望去，发现一群苦力像蚂蚁般并排在山崖间挥槌凿路。身上既没有保险绳，也没有设置防止坠落的设施。即便是身轻如燕的猿猴，恐怕也要退避三分。而问其酬劳，最多有四五百文钱，为如此低廉的酬劳而不顾生命危险，中国的劳工实可敬畏！（[日]山川早水《巴蜀旧影——一百年前一个日本人眼中的巴蜀风情》）

英国的立德也展现了巴蜀地区重体力搬运工直面生活之苦，努力维系生活的生存状态，并呈现出他们耐心十足、从不退缩、毫无怨言的韧劲与倔强，以及不畏风雨、乐观积极的生活态度。

尽管中国人不懂得最基本的筑路知识，也不抱怨劳民伤财，然而在这种道路上从事繁忙运输，却显得耐心十足。中国的搬运苦力是所有负重动物中最艰苦的，面对困难从不退缩，也从不逃避工作。中国的富人显示他们雇佣劳力可以过得更舒坦，他们裹着皮衣懒洋洋地躺在轿子里。打着赤膊的苦力走在坑坑洼洼的鹅卵石道路上，他们从早走到晚，无论天晴下雨，无论天冷天热，没有半句怨言。（[英]立德《中国五十年见闻录》）

英国伊莎贝拉·伯德在《1898：一个英国女人眼中的中国》中评价他们"从不推卸工作，始终镇定，愉快，待人亲切""在各种场合，他们都是同样的行事"。这是一种朴素的、源于那份倔强与韧劲的心态所呈现的一种积极乐观、工作认真的巴蜀劳动者形象。巴蜀重体力搬运工彰显出了巴蜀精神与民族之魂。

作为欧洲客人，我将安排、讲价和付款等全部难事儿都交给一个熟悉这类事务的人，让他充当教师或仆人。经多番讨价还价之后达成协议：3个轿夫和4个苦力，负责将我和行李在19天内送到保宁府，星期天休息，用25 000文小钱付款。这些人不与我直接打交道，而是一个运输行签约的经理雇用他们，经理为他们的操行和信用负责。我可以说他们表现不错，使旅行比规定的时间提前了两天，在风雨泥泞中快活地跋涉，他们从不推卸工作，始终镇定，愉快，待人亲切。我从行会里雇来的苦力和船夫，在各种场合，他们都是同样的行事。（[英]伊莎贝拉·伯德《1898：一个英国女人眼中的中国》）

《晚清余晖下的西南一隅：法国里昂商会中国西南考察纪实：1895～1897》通过对巴蜀人民生活状态的翔实记载，对挑水夫的生活现状及收入进行了考察，法国里昂商会成员发出了"这些不幸的人想要发家致富绝非一朝一夕之事，这碗饭可不好吃呀"的慨叹。

根据通常的做法，挑水一般由赤膊露胸的下力人来承担。他们肩挑一根竹扁担，两头各悬吊一只木桶。由于街道路面凹凸不平，以及狭窄处不可避免的拥挤，下力人身上的担子无法保持平衡，桶里的水四处溅洒，弄得一路满是污泥秽水。

挑水夫由于长年挑载重物，肩背颈窝处隆起一块赘肉。或许你们以为他们劳作时赤裸上身，大白天露出可怜的脊背、双肩是为了贪图凉爽，错矣！他们一般都是些输得精光的可怜虫，抑或出于别的什么原因吧，反正几吊钱就是他们所有的财富。[一吊钱就是1000个铜板。我们在重庆的时候，4个法郎为一两银子，1250到1300个铜板就是一两银子，15个铜板也可以算成一个苏（0.05个法郎）。]哦，恐怕也还不至于一无所有到这份吧！我大概说得有些太夸张了。这些可怜虫没有别的财物，只有脱下衣服，寄放在某家"租桶赏饭"小店，用衣服作抵押，店主就把水桶借给他们，还供饭，挑水夫每天给店主缴纳两个铜板作为租金，余下的归自己。挑一担水的价钱，视目的地距离长江的远近，在4个和6个铜板之间波动。一担两只水桶的容量为60到70中国市斤（一市斤约等于600克）。农忙季节（收割稻子和鸦片等）挑水夫数量骤减，价格可上涨至10个铜板。看得出这些不幸的人想要发家致富绝非一朝一夕之事，这碗饭可不好吃呀。一个中国工人平均每天可挣100到150个铜板（等于30到35个生丁），多数行业还包吃。我们考察过的3个省份情况基本如此。（[法]法国里昂商会《晚清余晖下的西南一隅：法国里昂商会中国西南考察纪实：1895～1897》）

游历者看到了巴蜀重体力搬运工负重而艰难前行的情态，看到了背盐人被坚硬的盐包压在背上纹丝不动，还看到了背盐人艰难地防止盐被脊背上淌下的汗水打湿，由此而生一种敬畏。这就是巴蜀人的脊梁，也是中华民族的脊梁，一种不屈不挠、勇于担当的脊梁。英国游历者阿绮波德·立德为他们动心、为他们叹息：

人们可能都不想在中国做传教士，但是我认为，没有一位欧洲人旅行到了这里，不愿意为卸下这重担去做点什么。我见过牛马负重所受的折磨，但从未像对这些背盐人这样动心、这样怜悯。坚硬的盐包压在背上纹丝难动，看到背盐人艰难地防止盐被脊背上淌下的汗水打湿，真令人叹息。（[英]阿绮波德·立德《亲密接触中国：我眼中的中国人》）

正是这种在重压下的生活让脚夫的形象格外伟岸，让观者心灵震颤，这是一种极限的生存之状，但巴蜀重体力搬运工却随遇而安、以韧劲而行。英国游历者谢立山在《华西三年》中对脚夫运盐时呈现出的犹如雕塑般的、倔强的、坚忍的形象而感到不能自己，他描述为"脚夫运盐是一幕让人看了很难受的情景"。

对我来说，脚夫运盐是一幕让人看了很难受的情景。成年男子与少年（更应该说是男孩，因为他们中的许多人不超过8岁）背着装满盐饼、上面支着木质框架的小背篓，在重压下蹒跚而行。他们排成一队沿着这条路往前走，每隔几码就要停下来，每人用手上的一根木棍支撑他们的负重，嘴里发出半是嘘声、半是叹息的声音，表明他们的身体已极度的疲惫不堪，还有他们对片刻休息的感激。他们用绑在盐篓上的竹圈刮着眉毛、脸上涌出来的汗水。他们真正是在以自己极其艰苦的劳动挣得一份面包！（[英]谢立山《华西三年》）

在农耕文明时期，巴蜀之地贵族们的出行，更多也依靠体力服务，所以轿夫也成为巴蜀形象中一道别样的风景。E.A.罗斯通过对雇工、苦力、轿夫的对比，得出一个结论：轿夫还算是重体力搬运工都乐意从事的行业，这也呈现出近代巴蜀重体力搬运工分工的细密。

此外，在四川省的成都，一个雇工一个月的报酬也就是一点五美元。在四川省整个境内，那些身强力壮的苦力都非常愿意给外国旅行者抬轿子，因为抬轿子可使他们每人半天挣到四美分的收入；在陕西省的西安府，一个普通苦力每天大致能挣到三美分，他们每个月的收入一般就在八十美分左右。（[美]E.A.罗斯《E.A.罗斯眼中的中国》）

总之，在众多域外游历者的游记中，我们可以看到他们所观、所感的客观性与主观性，有因渗透个人主观情绪的同情、怜悯与敬畏，还有因殖民心态而产生的高高在上的评判之语。尽管他们的有些言语有刺心之痛，但也能让我们感受到域外游历者视域中的巴蜀重体力搬运工的性格品质——倔强而不畏风雨、乐观而坚忍顽强。

三、巴蜀文化的奉献者——巴蜀重体力搬运工的闲情逸致

劳动者们在重体力搬运中发出的劳工号子、劳作之外的闲趣等丰富了巴蜀文化的独特性。例如，日本游历者中野孤山以生动的笔触描绘了重体力搬运工是茶馆的常客，促进了四川茶馆文化的发展。他在描述中称四川茶馆遍布巴蜀市镇，"顾客盈门""喧嚣热闹"，成为轿夫、苦力们歇脚喝茶的重要场所。

无论在哪个市镇里，那常常顾客盈门、喧嚣热闹的地方就是茶馆。轿夫苦力，只要一歇脚，就立刻跑进茶馆喝茶。如此这般，茶馆真的非常显眼。（[日]中野孤山《横跨

中国大陆——游蜀杂俎》）

巴蜀重体力搬运工在劳动中一方面推动着社会的发展，供给着巴蜀各阶层人民的生活之需，同时也因为重体力劳动的压力而不自觉地通过喊叫、吼唱等方式发泄情绪，从而产生了丰富的巴蜀劳动文化。英国游历者徐维理考察、记述了轿夫的号子，展现出蜀地重体力搬运工的乐观、积极、团结的群体形象。

如果是好几天的旅行，乘客又很重，则要用四人轿，另外两个人在后面抬同一根杠子……这样，第三个人就看不见前面的路了。对于这些肩头常常溃烂疼痛的苦力们，在长途跋涉中，仅有的一点乐趣便是吼唱号子。这种号子通常都很风趣，由在前面的第一个人唱，提示路面的危险性，而第三个人响应，表示他明白了。

路上如有一个水坑，前面人就唱："这是一条河，河水在流。"第三个人应："人人都从河上过。"如果有小孩旅行，就唱："小把戏，晚上哭。"答："叫他妈，抱紧点。"更常有的是："云在天。"答："人在地。"走到危险的小路上："斜坡坡，滑溜溜。"后面是具有鼓励性的回答："他有脚，不会滑。"

一天下来，苦力们都劳累不堪，逗乐和即兴打趣也听不到了。（[英]徐维理《龙骨》）

在农耕文明时期的巴蜀地区，在已经进入工业文明的西方游历者看来，重体力搬运工的付出与收入相差太大，但我们通过游历者的视角，一方面仍然能够看到那时的巴蜀重体力搬运工因为农耕文明分工之需创造出的独特的劳动文化；另一方面也彰显着巴蜀人在农耕文明下的勤劳、智慧与农耕技艺。R.F.约翰斯顿对农民创造的冬季暖身之法给予了"别出心裁"的评价，并进行了详细的记述：

四川的气候经常是温和的，但早晨却冷得很，走路比坐轿子要舒服些。农民们要暖身的办法可谓别出心裁，他们手中拿着一个小小的柳条编筐，里面放着装有烧红木炭的微型金属容器。（[英]R.F.约翰斯顿《北京至曼德勒——四川藏区及云南纪行》）

第三节 "智慧完人"——巴蜀知识分子

蜀地的知识分子在域外游历者的眼中,有着积极向上、渴求知识,具有高度爱国热情的形象。英国游历者阿绮波德·立德在其游记中关注了中国青年文人,称其"更容易对事物发生兴趣""憎恨外国人""生活闲散""有幽默感""很好相处"。

总而言之,我必须说,我喜欢中国的青年文人。对我来说,他们似乎与其他国家的青年很相像,只是他们更容易对事物发生兴趣。听人们说,他们憎恨外国人,而且生活闲散。可能如此吧,但在我看来,他们似乎很有幽默感,也很好相处。他们喜欢漂亮的衣服,有时穿戴很得体;他们的衣着大体比较整洁,而且穿戴方式也比他们这个社会里其他人更漂亮。我认为,中国的希望就在这些年轻文人身上。但我也很理解,他们并没有向传教士展示他们最好的一面,这一点他们与那些年轻傲慢的不可知论者一样。后者刚从各种学派的学问中刷新了思想,在勤恳工作的英国低教会派的牧师面前,表现出一副傲慢模样。([英]阿绮波德·立德《亲密接触中国:我眼中的中国人》)

"憎恨外国人"是因为西方帝国主义国家的侵略带来的苦难,因此中国青年文人诞生出高度的爱国热情与反外热潮,在当时的社会具有引领作用。

威廉·吉尔的所观所感呈现出了中国文人强烈的反西方情绪与爱国热情,也能让读者感受到一些域外游历者记载与描述的本心——殖民之心,以及对巴蜀文人的不满情绪。

在当地比较富裕的阶层,特别是文人中,存在着强烈的反西方情绪。传言说我们将无偿取得土地,加上其他诽谤,点燃了中国人心中的怒火。有一天,没有任何预警,有人围堵并侮辱了领事。此后,如果没有护卫,欧洲人就不能在岸上走动。

一路依然有很多小男孩儿尾随着,想掀开轿帘往里看,但他们并没有什么敌意。除官员外,当地人非商即农,中国人最看重的文人在四川人心中的地位相应轻一些。大概因为外国人总是受到非常礼遇,在中国,只要有大规模反对外国人的事件,总能找到文人的影子。([英]威廉·吉尔《金沙江》)

E.A.罗斯在游记中主观地认为"这个民族的特性也染上了知识分子的虚弱性格",这个观点显然是站不住脚的,他缺少对中华几千年文明的考察,断章取义并下结论的行为体现出作者对中华传统文化的肤浅认知,但从另一个侧面可以看到,他认为中国知识分子的一言一行影响着普通大众,也展现出了蜀地知识分子巨大的社会塑造作用。

中国世世代代都受圣贤之人的格言所规范。戴着眼镜的学究是带头人,他们的心理状态深深地打上了民族特性的烙印。如果苦力手中拿着扇子,撑着雨伞,并不是因为他们娇气,而是因为他们试图以文人为模范来塑造自己的形象。学究、书呆子、戴眼镜的人和隐者主要以道德力量领导人们,而且由于他们长时间投身学习研究,自然看不起从事体力劳动的人。所以在人们看来,知识分子应该是一副弱不禁风的样子。知识分子在社会中处于支配地位,所以这个民族的特性也染上了知识分子的虚弱性格。这就像一块湿毛毯,阻碍了民族的积极活跃和英勇好战的脉搏跳动。所以除非中国人的思想改变,他们是不会剪去自己长长的指甲,也不会去锻炼身体的。也许年轻人的基督教社团所提出的口号"全面发展——身体、智力、道德和宗教——为自己也为他人",将会激励中国的年轻人,也会改变中国人呆滞懒散的性格。([美]E.A.罗斯《19—20:世纪之交的中国》)

巴蜀知识分子在历史上有影响巨大的文人,有厚重而博大的文人历史,这些传统知识分子的风骨影响着近代巴蜀知识分子,"五老七贤"便是在这样的人文环境下产生的。司昆仑在其游记《新政之后:警察、军阀与文明进程中的成都:1895—1937》中的记述,客观地再现了巴蜀知识分子的智者形象及其对巴蜀社会生活的巨大影响力。

"五老七贤"这个短语并不是专门特指某十二个人,他们只不过是一群杰出的成都的知识界人士,他们以为城市的利益说话为己任。这个称呼在1917年开始流传了开来,那时这些知识界人士集体向军阀刘存厚呼吁,希望他解决他和滇军及黔军之间的争执时,不要伤害这座城市。

……
整个民国的大部分时期,"五老七贤"是成都最为看得见的公众代言人,以及大众福利的捍卫者。他们的声望来自这样一个事实:四川的军阀,包括许多的成都人在内,都认为他们是道德修为的模范,或许还是一个更加有秩序,即便不是更加和谐时代的象征。特别是坚定的新儒家徐子休被成都社会中一大帮人看成是一个智慧的完人。([美]司昆仑《新政之后:警察、军阀与文明进程中的成都:1895—1937》)

由此可见,在域外游历者笔下的近代巴蜀知识分子所呈现出的爱国热情、家国情怀、巨大的社会塑造力、中国传统知识分子的风骨,以及城市与大众福利的捍卫者形象等,综合形成了他们作为"智慧完人"的巴蜀知识分子形象。

第四节 无处不在的洞察力——巴蜀商人

近代巴蜀之地行商之风颇为盛行,许多域外游历者都与蜀商有着密切的往来。他们通过与蜀商的交往、在街头观察,感受到蜀商的"商机无处不在"的洞察力,并以游记的方式记录下来,以记载他们视域中巴蜀商人独有的经商智慧。

如中野孤山对炭火小贩、缝补婆等把握商机的描写,体现出底层小商贩们敏锐的商机洞察力。

此地的炭火小贩在世界上大概绝无仅有。每年一进入11月份,在城郊的各个路口,就有炭火小贩在大瓦盆里放入少许熏烧的炭,用灰蓄盖着,以卖给过往行人。徒步往来的人,一到这个季节,一般都把双手揣在怀里,胯下吊一个烘笼(竹篾条编成的笼子,里面放一个土陶火钵,是取暖用具)。烘笼里的火,熄灭了或即将熄灭时都可以在这样的地方去买炭火。换一次炭火,价格是二至三文钱。

……
经营这种行当的都是一些满脸皱纹、面如土色的老太婆。应该称为针线盒的东西是一个竹篓，里面放有破旧的布片。她们在十字路口、码头等苦力聚集的地方摆一个小板凳做生意。苦力及其他无家可归的人全靠此等补衣人缝补破衣烂衫。一般都是穿在身上补，偶尔也有光着身子等着缝补的。缝补业的路边摊相当兴旺，在蜀都的皇城门前，摊摊相连。（[日]中野孤山《横跨中国大陆——游蜀杂俎》）

显然，中野孤山的观察视角是微观的、细腻的。而谢立山在跟重庆商人的交往过程中，认识到重庆商人富有、热心公益且热情好客的一面。

我在《穿越长江三峡》一书中，详细地描述了给我留下深刻印象的重庆商人，他们富有、热心公益且热情好客。（[英]谢立山《华西三年》）

总之，在近代巴蜀，因为农耕文明、自给自足的自然经济的盛行，社会表现出的是一种重农抑商的状态，再加上游历者无法与更多的商人进行接触，所以他们的视角是不全面的，并不能客观地展现出近代巴蜀商人的全貌，所以在大多数游记的记述中，多以塑造小商贩形象为主，展现出他们经商的智慧与敏锐的洞察力。

第五节　传统民俗文化与精湛技艺的传播者——巴蜀卖艺人

巴蜀地区还有许多凭借精湛的手艺，在各地进行展示演出以谋生的卖艺人。

英国人徐维理在其游记中以其敏锐的视角观察到这些卖艺人的艺术智慧、娴熟的技巧、独特的创造、精湛的技艺，呈现出了近代成都的艺人形象与巴蜀民俗风情。徐维理在以下的描述中，结合西方文化的背景对巴蜀地区的卖艺人进行观照，中国具有写意性、传神性的表演。在他看来，只是"除小孩外人人都知道这不过是个把戏"，显然，作者并未理解中国人为什么"看得很开心"。卖艺人以其惊险、生动的表演赢得了喝彩，并非只是简单的"把戏"。

卖艺人一到，人们就从铺子里蜂拥而去看他的表演。……卖艺人挥舞着大刀和匕首，做出一连串的惊险动作，简直就像要把自己杀死一样。他又把自己用绳索捆绑起来，似乎是不可解开的样子，然后猛一用劲，眨眼间就解开了，人群一阵惊喜。虽然除小孩外人人都知道这不过是个把戏，但人们仍然看得很开心。（[英]徐维理《龙骨》）

徐维理对卖艺人在表演中或者出售的自制小物品上呈现的独特汉字尤其关注，也显现出他对汉学的浓厚兴趣，彰显出他不俗的汉学功夫，他能明白拨浪鼓上的"兴"字"兴旺和昌盛"的内涵，意指"生意成功"，对"寿"字则从图案学的层面解读为一种"时髦"。这彰显出中国汉字文化在西方游历者视域中是有着神秘性和象征性的。也呈现出中国卖艺人对中国汉字所具象征性的应用，以及对吉祥文化的喜爱与传播。

每一个串乡货郎都用自己的方式表示他的到来。……货郎摇着一个拨浪鼓来引起家庭主妇们的注意。他背着的箱子里有很多缝补衣物用的小物品。拨浪鼓中间是一个简写的"兴"字，表示兴旺和昌盛。"兴"字犹如其他中国字一样有多种含义，在这里表示生意成功。（[英]徐维理《龙骨》）

遗憾的是，徐维理对中国的戏曲表演只能从形式上去感受，所以记载得也较为浅显，少了些对文化的理解与感悟。

……男的在拉中国人喜欢的胡琴……女的在打快板和敲鼓，两人唱的可能是川戏。
女演员的发式是常见的老年样式。她坐的椅子是传统样式的，椅背上装有一块带色的有天然花纹的大理石板，但坐着并不太舒服。（[英]徐维理《龙骨》）

徐维理对扯响簧与捏面人的卖艺人呈现发自内心的赞叹："他扯响簧的技术非常高明。……每年季节一到，扯响簧就成了儿童们的流行游戏。……儿童和大人都围在他周围观看捏面人，没有人会觉得挤不出时间来看。"这呈现出中国卖艺人卖的是精湛的技艺，受众乐此不疲，并陶醉于其精湛的技艺中。

卖响簧的人总是使人开心，他扯响簧的技术非常高明，不断旋转着双簧再抛向空中。儿童们站着观看他的示范表演时，会想自己是否也可以扯得那样好，甚至更好。每年季

节一到，扯响簧就成了儿童们的流行游戏。（[英]徐维理《龙骨》）

……这人慢步而行，想找个地方将他的面人摊子摆下来。他背上的箱子里装有各种材料。你看他用手捏一团彩色面团，挤压，搓捏，有时也用竹片和铁丝作支撑材料，又切，又刮，加上各种颜色的小面团，直到捏成各种小玩意儿。有动物、著名故事中的男女人物等。儿童和大人都围在他周围观看捏面人，没有人会觉得挤不出时间来看。（[英]徐维理《龙骨》）

以上是徐维理列举的五种蜀地人民在社会生活中常常接触的卖艺人的类型，显示出了巴蜀民俗文化的多样性与巴蜀手艺人的高超技艺，展现出了一幅多彩而精巧的巴蜀民俗生活图景。

另外，徐维理在其游记中也记载了蜀地手工制作人的作品已能与英国的进口仪器做出的产品媲美，并发出感叹："中国人是非常高明的手工制作人"。用手和简陋的工具能制作出与他们本国的进口仪器做出的产品相媲美的手工制品，这让他们惊奇于中国人精湛的手艺，并认为："一个新的工业从这个小小的起点开始，四十年后它已经能生产天平和其他科学仪器了"。显示出了蜀地手工艺人精妙的创造与高超的技艺。

中国人是非常高明的手工制作人，他们愿意尝试用手和简陋的工具去制作最精致复杂的东西。在二次大战中，我们化学系紧急需要精密天平，一位业余的手工艺家给我们做了好几台，他用黄铜作梁，而用土产的玛瑙作刀口。结果这些天平和我们早先进口来的同样好。一个新的工业从这个小小的起点开始，四十年后它已经能生产天平和其他科学仪器了。（[英]徐维理《龙骨》）

第二章　巴蜀游记视域下的社会生活

来华的域外游历者在进入巴蜀地区后，首先感受到的是这一地区的社会生活文化。本章依据域外游历者游记中记述的巴蜀人民的衣、食、住、行等日常活动，去捕捉和评析游历者视域中的巴蜀社会生活。

域外游历者在观察当地人的穿着时，大多聚焦于他们的普遍风格，不少游记中都提到巴蜀人民喜着蓝衣。从农民、船工到僧侣，都穿有蓝色布料制成的衣物，这成了当地的一种穿衣风尚。究其原因，与当时蜀地人民的需求有关：蓝色染料的原料主要是板蓝、菘蓝和蓼蓝，这些植物在蜀地丰富易得，蓝色也便于上色，简便易得的特点契合了普通大众自给自足的穿衣需求。

蜀地的饮食是域外游历者关注较多的部分，他们主要持两类观点：不少来华者都对当地丰富的饮食进行了细致的描述，比较了东西方不同的饮食习惯，尤为关注当地人爱吃热食的习惯。也有部分来华者对巴蜀的饮食有不同的看法，认为巴蜀的客宴规矩烦琐、东方烹饪无法打动西方人等，这是典型的带有个人倾向的观点。

本章将以域外游历者的游记中对巴蜀人民的饮食、服装、居住环境、娱乐活动、社会生活、习俗等的记述为材料，去剖析近代巴蜀社会生活所彰显出的巴蜀风情，分析游历者视域的客观性、真实性与局限性。

第一节　多样而丰富、极富地域性——巴蜀人的饮食

一、独有性——蜀人饮食风俗

日本的中野孤山在其游记中对中国人热衷热食的饮食习惯有详细的描述，并表现出些许诧异。体现了中国与日本饮食风俗的不同之处。

不过，与我国不同，他们也有他们的特点，无论是洗手洗脚还是洗脸，他们一定要用烧开过的水而不用生水；鱼肉类从不生吃，而且还煮得很充分，一般会把肉煮到散架为止，哪怕是花上五个小时、七个小时，他们也毫不在乎，绝不吝惜时间；饭也不吃冷的，一定要在火上加热了再吃；开水，也不像我国那样烧开一次就行了，而是要让水咕嘟咕嘟地翻滚，一直烧到水中的杂质附在锅沿、沉到锅底。因此，在茶馆喝红茶，要是像我国那样一饮而下，可就了不得了，嘴会被烫伤的。我们日本人都会上演一次失败的滑稽剧。饮食店的包子呀汤圆之类的东西，冷了是绝对不会拿来卖的。不冒热气的食物没有顾客买。鸡蛋也不生吃，不过，用石灰土加工过的鸭蛋，却直接端上席桌。蛋的颜色变得紫黑，像魔芋一样。这种蛋很珍贵。（[日]中野孤山《横跨中国大陆——游蜀杂俎》）

中野孤山对蜀人独特饮食的好奇并非限于这些，他对蜀人喜食高热食物、好吃"辣椒、韭菜及大蒜等辛辣的东西"，凡是能吃的东西都会加以利用的饮食习俗甚是好奇。中野孤山作为域外游历者，对蜀人的独特饮食谈不上接受，也谈不上喜好，只是记录了自己对蜀人饮食的好奇之心。这也显示出蜀人饮食习俗的独特性，并且部分饮食习俗沿袭至今。

他们绝不吃生冷的食物，生水冷饭乃禁忌之物。他们喜欢饮食高热食物，还好吃辣

椒、韭菜及大蒜等辛辣的东西。西瓜籽、山羊小肠、番薯叶、猪耳朵、鸡爪等凡是能吃的东西他们都会加以利用。他们最喜欢的是猪肉，对猪油、咸蛋也赞不绝口。尤其是提到蟒蛇汤，那更是不分贵贱，全都对其啧啧称道。（[日]中野狐山《横跨中国大陆——游蜀杂俎》）

  蜀人对热食的追求，源于中国辉煌的农耕文明，也是基于卫生、健康的饮食保障的需要。同样来自日本的游历者山川早水对蜀人做饭的方式也颇感诧异。船夫们虽用浊水煮饭，但能解决水中掺杂泥沙的问题，让做饭变得简洁而健康，在如今看来，也是有其道理的。

  看样子是开饭的时间了，船夫们围坐在船头吃得正香。看一看他们用浊水煮的饭究竟如何？中国式煮法，饭粒颗颗疏散。因为他们从开始就用的是浊水，故问之，为何饭无污色不夹泥沙？答曰，泥沙已沉入锅底，对饭毫无妨碍。反而笑我们手续繁杂，做了无用之事。因此，从明天起只好与他们共同做饭。（[日]山川早水《巴蜀旧影——一百年前一个日本人眼中的巴蜀风情》）

  英国游历者伊莎贝拉·伯德以微观的视角、猎奇的心态细致地描述了巴蜀地区杀猪的场景，记录了白馒头和豆腐的制作过程，感受到了中西方食物来源及制作方式的不同。从域外游历者的记述中，我们可以感受到巴蜀饮食的独特性。

  到处都有新鲜猪肉。那天早晨每个村子仿佛都在杀猪。多数地方，麦面做的面包被弄成团状，发酵后，只蒸不烤。这种方法做成很好的面包。到处都有豆腐，普遍受到喜欢，它是纯白色，像是牛奶做的，类似于以鹿角菜薹制成未加调味品的清淡牛奶冻。几乎没有一个小村庄里不卖豆腐。豆子是在两块磨石之间磨碎，上面的磨石中有个孔，豆子和水一道灌入这个孔内，由碾磨而形成的豆浆，白而稠厚，下雨般地落入下面的槽里。豆浆被煮沸，加进石膏和少许盐，而在布里经过相当的挤压之后，除掉泡沫和渣滓，倒进平底的深钵里，冷却后切成砖块状。在中国、日本、朝鲜的每个旅行者都熟悉这套制作过程。豆子用法很多，新鲜的可做包子、馅饼，而当味道像榛果时，以等量的盐水和蜜汁浸泡作蜜饯。（[英]伊莎贝拉·伯德《1898：一个英国女人眼中的中国》）

英国游历者徐维理记述了蜀地的肉价贵、肉的烹饪方法等。

肉是相当贵的，很少人能够每天都吃肉，有的人是一周吃一次，而很穷的人只有逢年过节时才吃。

肉在烹调前就先在厨房里被切小，以适合用筷子夹着吃。中国人在餐桌上是不用刀的，更不用叉子了。（[英]徐维理《龙骨》）

德国的魏司夫妇通常会与其团队在野外用餐，他们也会食用蜀地独有的咸菜。

我常常花上一个小时或者更多的时间步行，早上9点左右我与我的团队里面的人在下一个比较大的村子里会合用早餐时，我的厨师和他的那些负责准备伙食的下手们带着必需的餐具和锅走在前面，待我一到不用等候就可以吃上一顿可支撑我长时间行走的早餐：腌肉、火腿和鸡蛋，一杯浓浓的咖啡，妈妈寄过来的烟熏香肠（在各种天气条件下，在旅途中保存数月不坏）和一到两碗雪白的米饭，再就上一点咸菜【四川方言，音han】——这是由泡红辣椒、香葱、黄瓜片、大蒜和一些辛辣的东西所腌制的。（[德]塔玛拉·魏司《巴蜀老照片——德国魏司夫妇的中国西南纪行》）

从以上域外游历者在巴蜀之地所观、所感、所体验后对巴蜀食俗的记载与描述，客观再现了近代巴蜀人食俗与他国的不同之处，他们惊奇于巴蜀食俗的与众不同，尽管在描述的言语中有高高在上的优越感与殖民心态，但通过他们的视域让我们感受到巴蜀食俗重热食、充分挖掘生活中的食材、食物制作的农耕技术性、筷子应用的独特性、咸菜腊肉与香肠的大受欢迎等风情意象。

二、丰富性——蜀地的水果与干果

蜀地地形丰富，纬度较低，气候适宜多种植物生长，因此，蜀人的吃食显得多样而丰富，并具有独特的地域性。日本的雪村友梅在《岷峨集》中收录了多首描绘蜀地丰富物产的诗词，以下两首就记录了蜀地鲜甜的荔枝：

到汉嘉寄石桥三首（其一）
远林斜日鸟高翔，湖海知君梦未忘。
我亦凌云非久客，鲜甘待熟荔枝尝。
丙寅夏五陵云尝荔枝
猿枝百尺翠虬髯，子熟南风气正炎。
色似玉环妖血染，味如唐令谏书甜。
况无三日香堪裹，那有千吨蜜可酶。
待我移筇闽岭路，更攀龙眼食相兼。

　　英国的游历者伊莎贝拉·伯德对消闲食品——瓜子格外关注，她对比了西瓜籽和瓜子的食用场景，呈现出了域外游历者视域中巴蜀人对瓜子的喜爱与大量消耗，并记载了不同阶层的人对瓜子的消耗量，瓜子会被作为一种交际的载体。

　　西瓜籽与其说是食品还不如说是消闲品。如像在波斯，消费量极大，却很难说是大吃大喝。贫穷人家只在主要的节假日吃瓜子。瓜子的消耗含有消闲和交际的意味。我从未见过男人独自吃瓜子，除非是在旅途中。这是一个民族的习惯。英国男人饮酒作乐的地方，中国人就嗑弄瓜子。吃瓜子仿佛是男性的消遣，等级越高的中国人消耗瓜子越多。你不敢妄测它必定是天子的御用品。毫无疑问，瓜子有助于补充体内脂肪。（[英]伊莎贝拉·伯德《1898：一个英国女人眼中的中国》）

　　英国游历者徐维理在其游记中对四川盛产的水果及水果小贩的情状进行了描述，并对甜而多汁的橘子、广柑、柿子、梨子、苹果、桃子、杏子、柚子等进行了描绘，呈现出域外游历者对四川盆地物产丰饶、水果丰富的印象，也呈现出蜀地水果的丰富与多样。

　　四川盛产水果。……水果小贩身着冬衣，挑着甜而多汁的橘子，他那编得很精致的竹筐里还有更多的橘子。一头托盘上摆的是些掰成半边或1/4的橘子，专卖给那些买不起整个橘子的人。他有空时就会剥一些广柑，人们买来立刻就可以吃。橘子皮干后是很好的燃料，可和草、叶子一起煮饭。

　　像这样卖水果，或者是在店里，或者是在摊子上，水果总是很干净，摆得也很好看。因为没有冰箱，而且保鲜的方法也不可靠，所以市场上水果的品种总是随着季节而变化。

橘子、广柑特别甜美新鲜，虽然籽较多，但是比很多西方精心培养的品种味道好多了。柿子富含维生素C，总是那么诱人，但是生柿子含有鞣酸除能药用外，很涩口。成都的习惯是用一些嫩树枝来沤熟柿子。梨子看起来很漂亮，西方人尤其惊奇它的嫩脆和多汁；削了皮再裹一层蜂蜜，几乎是立刻就成一种美味芳香的糖浆。本地产的苹果就像棉花似的无味，不过也很快被从西方引进的品种取代了。桃子（长寿的象征）、杏子和柚子（里面是很大的果瓣）都是很受欢迎的水果。（[英]徐维理《龙骨》）

域外游历者对巴蜀水果及从中外显的文化、彰显的农耕技术的倾情描述，表现出域外游历者对巴蜀荔枝的鲜甜、瓜子的消闲性及其承载的文化指向性，市场上水果的多样性，及促进水果品质提升的农耕技术性等等尤其关注，彰显出巴蜀人对丰富水果到干果的深度延伸，尽显物之天性、文化指向与农耕技术的融合性意象。

三、农耕特性——特殊的地域性食品及饮食风俗

除了水果、干果之外，蜀地还有许多其他颇具地方特色的熟食，当地的独特厨具、蜀人的口味、丰富的物产等多个因素，形成了诸多丰富奇特的地域性菜品。

包子的受欢迎程度让包子彰显出巴蜀独有的特色与别样的味道。如日本游历者中野孤山对包子的描述：

有的馅儿还加蔬菜。每种包子都是蒸的，大小与我国关东地方的小麦包子一样，只是稍微高一些。由于包子没有用白糖，所以没什么味道。当地人，不论尊卑贵贱，都喜欢吃包子。（[日]中野孤山《横跨中国大陆——游蜀杂俎》）

包子属于蜀地最常见的食物，多作为早餐出现在餐桌上，通过英国游历者徐维理对包子、油条，以及卖包子的小摊的细致描述，可见包子作为早餐给巴蜀带来的繁荣，让巴蜀地域性食品彰显出独有的魅力与风情。

……这人是专卖油炸食品的，如小油糕或油条。这些油炸食品味道不浓而且比较硬，但是我的中国朋友很喜欢吃。他们喜欢早餐时和稀饭，尤其是和豆浆一起吃。

另一种受人欢迎的是卖包子的小摊。包子放在竹片或锃亮的洋皮做的圆蒸笼中保

温。包子有两种，都是用面粉做成蒸制的。一种是肉馅包子，另一种是糖馅包子，糖包子的上面还有一个红圆点做标记。包子可以任何时候吃，还常常在席间等上菜时先用来招待客人。（[英]徐维理《龙骨》）

较为特殊的是，蜀地人民在包子馅料上的创新让包子风靡一时，蔬菜包子、蛙肉包子等口味人们欢迎，给游历者伊莎贝拉·伯德留下了深刻的印象，根据她在游记中的记述，可以窥见她对包子的喜爱之情，也彰显出蜀地包子风味的独特性。

包子是很普通的食品，集市和人们聚集的地方卖包子的小贩频繁出现。豆子、剁碎的黄瓜、菜蛋、甘薯做的蔬菜包子很受欢迎，猪肉、咸鱼和青蛙肉的包子也很受欢迎，但青蛙肉有点奢侈。还有包着剁碎与油炸过的洋葱或一匙蜜糖的麦面糕饼，高粱糕饼，顶上放有冰糖或炒焦的黍米，卖包子的人经常也卖袋装的爆米花、瓜子和小截的甘蔗。（[英]伊莎贝拉·伯德《1898：一个英国女人眼中的中国》）

青蛙除了可以用作包子的馅料之外，也可以作为单独的腌制食品食用。英国游历者爱德华·科尔伯恩·巴伯就记述了永川地区腌制青蛙的情况，足见在农耕文明背景下，蜀人食品的多样性及其对地域性资源的挖掘与利用，彰显出巴蜀食品对地域性依赖所呈现出的独有饮食风情。

永川是个乡下地方，除了小有名气的纸扇之外没有什么制造业可言。这一带的人有腌制青蛙的习惯；他们在稻田里钓到青蛙后就将青蛙大腿切下来风干，用盐和红辣椒来腌。在中国各地都有人吃青蛙，但我这还是第一次听说有人会腌制青蛙。（[英]爱德华·科尔伯恩·巴伯《华西旅行考察记》）

巴蜀人民对肉食的选择也显示出其对食品的包容性与创造性，售卖干兔子、猪肉香肠、板鸭等的店铺受到广泛欢迎，正如日本的中野孤山所记述的：

在市内散步可见专门经销干兔子的店铺。干兔子由兔子剥皮、去肠、断趾后风干而成。猪肉香肠是他们喜爱的食品，出售这类食品的店铺与我国的点心铺类似。还有的店铺以板鸭装饰店头，板鸭由去掉鸭肠、压成板状的鸭子浇油烧制而成。（[日]中野孤山

《横跨中国大陆——游蜀杂俎》）

英国游历者T.T.库珀则详细地记述了他面对巴蜀人民吃狗肉时的震惊与尴尬的场景，还有复杂的心情：

在等苦力回来的时候，我和菲利普在一个上等茶铺吃早餐。店主以为我是官员，精心张罗了一顿包括好多道菜的好饭，其中有一道炒狗腿。当老板出来把这些美味端上桌，他告诉我说我很幸运，因为这些狗肉是他几天前在重庆得到的，刚切好我就来了。虽然我知道中国人认为狗肉是一种精美菜肴，但我还是很害怕，根本不想碰它。因此，可以想象，当我知道面前放了这些肉时，我受到了多大的惊恐，更糟的是，它可口的味道让我直流口水。几分钟后，我的偏见控制了一切，我准备叫老板把这道可怕的菜拿开。（[英]T.T.库珀《拓商先锋中国行》）

通过英国的伊莎贝拉·伯德对巴蜀地区饮食的综述，我们可以窥见蜀地昆虫食品的繁荣，蜀人以猪肉为主要的肉食，牛肉却罕见，大部分地区的人以猪、鸡、鹅、鸭为动物性食品，昆虫中蚱蜢、蝗虫、蚕、金龟子幼虫也作为油炸食品而大受欢迎。

长江流域完全没有土地用于饲养供食用的动物。猪肉是主要的肉食，我猜测每个家庭有一头猪。牛肉是罕见的，除了有穆斯林的地方。宜昌以西我没有见过羊肉，或者，的确，直到我到达山区才有绵羊。在四川大部分地区，猪、鸡、鹅、鸭实际上作为动物性食品。要是饲养小猫小狗，也是靠米饭喂养，主要用于充庖厨。蚱蜢、蝗虫、蚕、金龟子幼虫用油炸得酥脆后吃。在一些城市，人奶卖给老年人作为经常的食物，以其丰富的营养而大受信任。（[英]伊莎贝拉·伯德《1898：一个英国女人眼中的中国》）

饮食上的特点还展现在职业差异上，不同职业的人对于食物有着不同的需求。英国游历者威廉·吉尔则从食物与工种的关系上敏锐地捕捉到食物搭配对重体力劳动者的重要性。他在游历中对从事重体力劳动的人进行了长期的观察，并得出结论：大米和动物油脂是从事重体力劳动的人的必需品。

对从事重体力劳动的人来说，大米并不是最好的食物，但因为米饭便宜，就算吃很多也比吃少量营养食品便宜。旅途中,有个现象非常引人注目,我们只要离开大米产区,立刻就会改吃其他粮食,因为大米很笨重,多带一天的用量也是巨大的花费。苦力们吃动物油脂,也不是为了其中特别的味道,而是必需;对以大米为主食的重体力劳动者来说,离开动物油脂根本无法生存。([英]威廉·吉尔《金沙江》)

英国游历者阿奇博尔德·约翰·利特尔对煤矿监工的晚餐印象深刻:

小屋住着煤矿的监工,除了他的床之外,几乎没有空间让我们这群人坐下来。我们在床上坐下来,吃了一顿简单的晚餐。晚餐有红米饭和扁豆,和着茶水吞进肚里。([英]阿奇博尔德·约翰·利特尔《扁舟过三峡》)

城镇中的学校周围,则有着更为丰富的街边小吃。徐维理在其游记中描述了一幅丰富热闹的成都街头小吃图景:

很多中国人爱吃小吃。街上的小吃摊色香味俱全,吸引着大量顾客,尤其是刚做好的汤面香味更诱人。……挂在扁担上的桶是洗刷碗用的,在顾客用餐后重复多次地用同一张抹布抹碗和筷子。开着的抽屉里装有豆腐,加上酱油、红辣椒、姜、花椒和咸菜等调料后小吃的味道美极了。

晚上,大学的校园里,总有一些流动的小吃摊聚集在各学生宿舍区的入口处。晚自习后上床前买上一碗滚烫的汤面,再根据你的口味加上调料,那是很开心的。有人说女生院前摊子的菜单是一成不变的,她们总是只买放有最辣的红辣椒的面条。在寒冷的冬夜,这也许可让人暖和起来,但是我认为,会被辣得一夜难以安眠。([英]徐维理《龙骨》)

从域外游历者的游记中,我们可以看到街边小吃仍以川菜为主,口味丰富,受到人们的广泛欢迎。

另外,在域外游历者的视域中,巴蜀地区也有着独特的酒文化与茶文化。英国的伊莎贝拉·伯德对蜀人酿酒、饮酒的惬意场景的描写,让我们感受到酒给蜀人带来的快乐。

毋庸置疑,许多谷类,特别是生长在新建镇和绵竹之间的高粱,是用来酿酒的。四川没有葡萄，因此不知道我们所说的葡萄酒为何物。有从高粱和大麦蒸馏出来的白酒，还有一种像日本的米酒，由大米制成的发酵饮料，蒸馏可得到烈酒。在中国十五个月的旅行期间，我从来没有看到一个醉汉，或者听到那种烈性饮料激发的欢笑。男人只饮极少量的酒，几乎总是在吃饭的时候。他们从不喝任何冷的东西，这就保护了他们避免喝污水而导致的恶果。他们喝白开水、米汤、茶和各种树叶熬煮的汤药。（[英]伊莎贝拉·伯德《1898：一个英国女人眼中的中国》）

英国的丁乐梅则称"茶是中国最好的饮料"，对中国大地上的茶赞不绝口，认为茶是"赐给这片大地中长途旅人的珍宝"。

茶是中国最好的饮料，尤其适合旅客。早上合适，中午合适，晚上合适，夜里合适，甚至在一整天的劳苦都被抛到脑后时也很合适。明天我要走更多的路，更渴，喝更多的茶。中国茶叶，你是上天赐给这片大地中长途旅人的珍宝！（[英]丁乐梅《徒步穿越中国》）

此外，在部分特殊的时间与场合，蜀人也会以图个吉利为由制作特别的食品。如日本的中野孤山记述了元旦时蜀人吃"粉丸子"的习惯，便是蜀人追求吉祥文化的体现。

元旦那天，我国要吃杂煮，蜀地也有类似的习惯。在初一的早晨，他们要吃一种叫汤圆的糯米粉丸子，仍然是图个吉利。（[日]中野孤山《横跨中国大陆——游蜀杂俎》）

而在特殊的场合中，如宴会和平日私下餐食的区别是很大的。法国的武尔士对于较为典型的中式晚餐进行了翔实的记述，展现了许多较为典型的中餐样式，如皮蛋、燕窝羹、鱼翅、烤乳猪等，呈现出巴蜀地区晚餐的丰富性与独特性。

道台也请我去吃了一次中式晚餐。与人们言传的大不相同，中国菜通常说来也是可以被欧洲宫廷所接受的。著名的皮蛋只不过是把蛋长时间存放在石灰和食盐里，在这种环境下，它们跟腌制的或熏制的牛肉一样可以食用，这无可厚非。当然这些蛋确实会散发出轻微的氨水味，每次我闻到这个味道就不想去碰它们，但这个味道毕竟不比我们津津有味享用的奶酪更浓烈。

燕窝羹被端上来，样子很像木薯粉，里面的鸽子蛋确实美味。

　　鱼翅事实上平淡无味，就是类似鲨鱼刺的软骨，但是要软得多。

　　最后，还有鸭肉，放了芝麻油调料，只要油好就不会难吃。

　　值得一提的是烤乳猪，它被裹在烤过的肉皮里。因为它是最后才上的一道菜，最好不要去动它，为的是向主人显示你确实已经吃饱了。但是我们因为想尝尝看，就试了一下，觉得它太好吃了。

　　中餐的特点是上的菜品数目众多。而且感觉它们味道都一样，至少我们的嘴巴吃起来是这样。为欧洲人使用方便起见，讲礼节的中国官员给他们全都准备了刀叉，但大家很快学会使用象牙筷，把它握在右手的手指间去夹菜。

　　喝的是白酒，类似于葡萄酒或者用粮食蒸馏后制成的轻度酒精。要倒进小杯子里，趁热喝。味道含混，有点走了味的干白葡萄酒的味道。总之，还算好喝。（[法]武尔士《长江激流行——法国炮舰首航长江上游》）

　　而在武尔士描绘的这类较为正式的宴会上，也有许多较为烦琐的餐桌礼仪。英国的阿奇博尔德·约翰·利特尔对此颇为不适应，认为是西方人难以忍受的冗长的事情，而这种冗长之处，在域外游历者视域中，主要体现在餐食数量、餐食类别、就餐的时间等方面，也彰显了巴蜀地域性的餐饮礼仪文化。在当时，对域外游历者来说，理解并接受中国"礼"文化背景下的饮食文化习俗是困难的。

　　主人为我安排了通常的中国式午宴，对西方人来说，这是难以忍受的冗长的事情。7个人在一张方桌前坐下；我作为当天的客人坐在上首，独自占用桌子的一面，其他人每两个人占一面坐在凳子上。开宴时桌面上摆着成套的16只大盘，盛着调味很浓的肉碎、各种水果和蔬菜，还有十来个小碟子，装着瓜子、花生、橘瓣、蜜饯等等。桌子中央放能撤换的主菜，连续不断撤换了十多道菜肴，主要是以不同方式烹调的肥猪肉。酒席开始，大家不停地小杯喝烫热的小米酒，夹杂着磕花生、瓜子的噼噼啪啪声，用筷子尝尝各种小菜。客人面前的小人国碟子上堆满了过分客气的主人用筷子捞出的珍品。渐渐地，酒喝得差不多了，就开始狼吞虎咽地吃那一道一道端上来的菜。经过两个小时，大家实在吃不动了，就又开始喝酒，伴随着吵闹的、最使中国人兴奋的猜拳，我对此也很熟练。在这么长时间里，没有一片面包或一颗饭粒来帮助咽下这些油腻的菜肴。只是偶尔递上热脸巾擦擦嘴和额头上的汗，还有用普通水烟筒递上几口烟，由一个小伙子轮流给每位客人送上。他一手拿着烧着的纸捻,一手拿着烟筒,将长长的铜颈送到每人口中。每位客人面前放一小块叠好的红纸擦布(5×2英寸),根本不足以擦干净有油污的地方,漆面的桌子早已布满了油垢,骨头、软骨等等都吐到地上,和不断点燃的烟筒落下的烟灰混在一起。这么长时间,都得坐在高高的硬凳子上,对一个疲惫的西方旅游者来说,真是苦差事,但中国人从早到晚都懒洋洋地坐在上面。最后,一个满身油垢的仆人端出一个木制饭桶,与一摞小饭碗一起放在碗柜上,使我感到莫大宽慰。他用一把木勺为每位客人盛一碗热气腾腾的米饭。此时,筵席实际上已结束,但那碗饭,如果你接受了,就必须吃光,不剩一粒,否则就认为你完全不懂礼仪。为了吃光米饭,每位客人都拿起一个盘子,把已经凉了的油腻腻的剩汤倒进碗里。饭后上茶,不得再沾一点酒。对这一不可动摇的原则,我只知道酒是粮食做的,喝完茶再喝酒,就是把儿子放在父亲头上,再也找不出其他理由。对日常习俗的这种荒诞解释,在中国多得很。关于中国的宴席问题,已经有过许多描写,我叙述这一顿饭,是因为很少有人谈到中国酒宴之冗长乏味,完全享受不到真正的舒适。然而,如果想同人们打成一片,就必须忍受这种厌恶之感,尊重他们的习俗。([英]阿奇博尔德·约翰·利特尔《扁舟过三峡》)

从众多域外游历者对巴蜀食品及习俗的记载与表述中可以看出,他们视域中的巴蜀食品与饮食风俗有着浓郁的农耕特性,以蒸、炸、腌制等为主要手段,以理性饮酒、喝"茶饮料"、逢年过节吃吉祥性的食品、各种特色鲜明的中式礼仪及饮食风俗,等等,无不彰显出巴蜀文脉。

四、廉价与简朴——巴蜀人饮食的花费与场所

饮食除了食物本身,还与食品价格、用餐环境等多个方面有着紧密联系。尽管大部分游历者都对巴蜀地区的美食有着上佳的印象,但对于本地区的价格、环境等却多有诟病。

美国游历者路得·那爱德的记述表现出他对蜀地食品的偏爱,其在蜀地的惬意之态尽显无遗,也展示出巴蜀饮食的巨大吸引力,但仍然流露出巴蜀饮食廉价与简朴的特点。

说中文、读中文使人觉得留在这里很有意思,给人一种复古的味道。我在这里很舒

服，尽管这里有文明的魔杖影响。这里的自然景致也很美——工作很投入——生活中有其责任，每天都有一个人为你端茶，做你吩咐的每件事情，除了吃饭，洗澡之外，你什么事都不用操心。

我不想美国烹饪吗？不——不过当我回国以后，我会想念中国的饮食，那么多花样品种，那样多的数量，可惜无法冷藏。

美味的水牛腰肉比排骨还便宜，还有蛙腿、鱼、鸡，一斤只卖10~15分，就像你在家里做的一样。说真的，这儿的生活把我惯坏了。如果他们每月给我400元并增加我的开支费用，我很想再待一年。（[美]路得·那爱德《华西印象：一个美国人1910~1913在西部中国》）

日本的中野孤山在游历中注意到蜀地饭菜低廉的价格，同时也观察到该地居民在饮食水平上的巨大差异。城镇中菜品丰富，并有外卖提供，在偏僻的地方却只能以红苕稀饭果腹，这也呈现出巴蜀饮食的不均衡性和差异性。

客人都不在旅馆里吃早饭。住店时，由客人自己从市里叫外卖。要不然就让旅馆熬粥，菜还是叫外卖。旅途中的饭馆，饭菜都是论碗卖，与我国的一膳饭类似。其价格相当低廉，一碗一般都只要十五六文钱。虽然普通的一餐饭只花二十来文钱，但是，如果要点特别的菜，饭钱就得另算，尽管这样，仍然比想象的便宜。途中，由于时间有限，我们大多吃普通的饭菜。另外，在那些偏僻的地方，有几次我们不得不靠红苕稀饭来果腹，一碗的价格约十二文左右。（[日]中野孤山《横跨中国大陆——游蜀杂俎》）

加拿大游历者莫尔思在游历中感受到巴蜀普通人简朴的饮食之状，重体力搬运工人更是用玉米粉做饼干果腹，呈现出巴蜀饮食的职业特点。

在四川，通常普通人每天吃两顿饭，主要由大米、萝卜或蔬菜类食物组成，以辣椒和盐为调味品。饮食方面的变化不大。肉算得上奢侈品，鸡蛋则偶尔会吃上一点。在山区，人们主要的食物是玉米。我有几次穿过山区和高地去旅行。这种旅行花费的时间从14~53天不等，陪同我的仆役会背负60~100磅的行李，而我们行进的区域海拔高度在9000~16750英尺。在旅途中，我们发现挑行李的仆役唯一的食物是磨碎的玉米粉（并且混杂了许多碎石子）。吃的时候，他们用附近就可以取得的天然水源将玉米粉调匀做成饼状，然后放在热炭火上烤熟。这些玉米饼他们都是干吃，或者配少量的茶水。在路上我们见过上百个背负茶叶的挑夫，他们身上货物的重量都在200~400磅。这一路，他们翻山越岭，有时会翻过9000英尺高的山坡，居然不带任何其他食物。（[加]莫尔思《紫色云雾中的华西》）

美国游历者E.A.罗斯对底层巴蜀人民餐食的状况及环境的描述，展现出了简朴的特点，甚至只为果腹的底层餐食之象，折射出那个年代巴蜀底层人民生活的艰难。

没有家庭聚餐，在感觉饥饿时，各人用筷子自吞食物。窗子非常小，是格子式的，上面贴着油纸。（[美]E.A.罗斯《变化中的中国人》）

相比之下，莫理循在客栈用餐过程中感受到了餐食环境与用餐体验的美好，与巴蜀人民的友好互动交流更增添了一种温馨。

在一个整洁的村庄前，我的厨子打手势让我下马，付给马夫钱后，我在一个客栈里坐下，吃了一顿好饭食，有米饭和炒牛肉。客栈开在街面上，里面人很多。尽管我穿着中式服装，人人都看得出我是个外国人，但因距重庆不远，并没有引起人们过多的好奇心。其他顾客对我很有礼貌。他们把菜拿给我吃，用中国话向我表示问候，我温和地用英文向他们表示感谢。（[澳]莫理循《一个澳大利亚人在中国》）

总的来说，饮食是域外游历者们在游历过程中体验最真实、感受最深的且必不可少的环节之一，因中西饮食习俗的差异，他们在记述中有描绘奇异的感受的、有认为是不可思议的体验的、也有描述餐食环境落后的，更有对餐食的随意性与独特性表示震惊的，当然，域外游历者视域中的巴蜀饮食并非全貌，但却呈现出因城乡环境条件差距大而导致的饮食与环境的差距，域外游历者们在游历中感受与体验到的更多的是简朴而廉价的饮食，反映出巴蜀大地因"蜀道难，难于上青天"的地理特征而表现出饮食的简朴化与差异化，巴蜀人民充分利用资源，结合饮食习惯，创新、创造了属于自己的美食，也让巴蜀饮食呈现出多样性与丰富性。

第二节　素朴与象征之美——巴蜀人的蓝色服装

巴蜀人的着装较为宽松朴素，颜色以蓝为主。

蓝色服装受到近代巴蜀人的青睐与欢迎，众多域外游历者均记载了那时不同职业的巴蜀人均着蓝色服装。英国游历者阿奇博尔德·约翰·利特尔的记述较为翔实：

岩石脚下是一个村子，当天是赶集日，人们戴着白色缠头巾（在四川很普遍），穿着蓝色长袍，显得非常利索，不大像中国装束。

今天正是集日，使人感兴趣的主要是大批的牛——水牛和瘤牛，沙滩的斜坡上挤满了穿蓝长袍、戴白缠头巾的中国人。（[英]阿奇博尔德·约翰·利特尔《扁舟过三峡》）

英国游历者T.T.库珀观察、记述了蜀人衣着的整洁。白色棉头巾代替帽子，蓝色的棉衣棉裤在苦力中很常见，可以感受到在近代的蜀地，衣着盛行蓝白之风。

现在已经进入了四川的中心地带，我注意到本地人都是中等身材，体格健壮，但并不是我所期望的那样。他们穿得都很整洁，头上裹着的白色棉头巾代替了东部省份常见的帽子。

道路变得可怕，有些地方陡得无法行走，大块光滑的石头铺成的道路崎岖不平。为了防滑，苦力们将带钉的铁板绑在脚上的大麻鞋上。除了身穿蓝色的棉衣和棉裤外，穿着与成都和打箭炉的苦力一样。他们都戴一顶粗糙毯子制成的头巾，一条绑带从大腿缠到小腿和脚踝，膝盖露在外面，这样可以避免腿部划伤，也可以减少腿部疼痛。（[英]T.T.库珀《拓商先锋中国行》）

船工也会穿蓝色上衣。英国的艾米丽·乔治亚娜·坎普记述了船工穿着蓝布上衣工作的场景：

水流急时，这些人由其余的船工帮着疯狂地工作，大象般地跺着腿，声音大到震耳欲聋。尽管天冷，他们还是赤着膊，只有上岸拉纤时才穿上薄薄的蓝布上衣。([英]艾米丽·乔治亚娜·坎普《中国的面容》)

美国游历者E.A.罗斯在其游记中也有对蓝色衣着的关注：

那些有着中国人特点的蓝色的长长的粗制棉布块，挂在横跨街道的绳子上晾干，使得小城显得花哨。([美]E.A.罗斯《变化中的中国人》)

在蜀地的另一种较为特殊的群体中，蓝色也很受青睐——巴蜀地区的僧人亦多穿银灰袍子、蓝色披风。英国游历者艾米丽·乔治亚娜·坎普记述道：

大多数僧人穿的是漂亮的银灰色袍子，不过有一些穿正统的杏黄色，方丈身上是件蓝色的披风。这绝对是一个吸引人的群体，与我们在北京所见的那些人有天壤之别。([英]艾米丽·乔治亚娜·坎普《中国的面容》)

英国游历者阿奇博尔德·约翰·利特尔却在游历中遇到了较不常见的古代样式的草鞋，上有玫瑰形蓝色流苏装饰，此人洁净、一丝不苟的穿着让阿奇博尔德·约翰·利特尔印象深刻。

来自富裕的万县的信使和来自云阳县的那个穷家伙显然不同。他有独自的时髦派头：光着脚穿上编织十分复杂的草鞋，形式像古代的那样，在两边大脚趾头上各缀一个玫瑰形蓝色流苏。用灰色衬衫料子做的内衣异常干净，一丝不苟，他是我在这一带见到的少数几个不长疥疮的人之一。([英]阿奇博尔德·约翰·利特尔《扁舟过三峡》)

总之，在众多域外游历者的游记视域中，巴蜀人喜着蓝衣的习俗，彰显出一种素朴与象征之美，也与当时的服装制作条件与着衣习俗密切相关，一方面材料易得——蓝色染料相对容易获取，且棉、麻等制作布衣的材料较为普遍，另一方面实用性强——蓝色布衣耐脏、耐磨，适合日常劳作和生活穿着。同时蓝色在传统文化中具有一定的象征意义——智慧、宁静、永恒、祥和等，与人们的审美和价值观相契合。蓝色象征智慧，此说主要源于道教的思想，道家认为蓝色是太和之气的颜色，象征着深邃的智慧。蓝色象征宁静，蓝色通常与天空和海洋联系在一起，这两个元素都让人联想到平静和宁静。蓝色象征永恒，比如古代的皇帝会穿着蓝色的衣服，以此来象征他们的统治是永恒的。蓝色象征祥和，如人们在新年或者婚礼等喜庆的场合，会用蓝色来装饰，以此来表达对祥和的向往。

第三节　多样性兼具地域性——巴蜀人的娱乐活动

巴蜀地区的娱乐活动在域外游历者视域中也呈现出丰富多样的状态，剧院演出、杂技耍猴等展现出了蜀地人民多姿多彩的闲暇生活与娱乐活动。

英国游历者T.T.库珀对一座剧院的条件及环境、演出内容、受众的反应等进行了详细的描绘，在演出过程中，他注意到了"夏天的夜晚，观众坐在观众席上惬意地喝着茶"的情状，体现出了巴蜀人娱乐生活的惬意之态。

剧院与寺庙挨着，这个剧院也是由观众捐资筹建的。舞台坐落在一个空旷的院子后面，院子长宽各五十码，舞台前也装饰了一些镀金的雕像。台下是木头做的座椅，装饰得很精致。座椅前还配有桌子，男女观众可以坐在那儿喝茶，茶水都是免费的。

一堆铜簧乐器摆在舞台的角落里，这些乐器叮咣响个不停非常吵闹。演员中有女性，这是我第一次在中国舞台上看到女演员。她们的戏服都是用丝绸做的，上面刺有刺绣，非常漂亮也非常昂贵。演出超过两个小时，没有看到任何下流的行为——比如有的演出会遇到的侮辱演员的事情。很多和尚在戏院里巡视，好像戏院的主人，显得比其他人更优越。剧院在整个院子里处在中心位置，在这个夏天的夜晚，观众坐在观众席上惬意地喝着茶。（[英]T.T.库珀《拓商先锋中国行》）

英国人徐维理对于中国杂技的初始印象来自中国杂技团在欧洲的访问演出,并深深地被可爱的中国姑娘们精湛的表演所打动。

当中国杂技团访问欧洲时,可爱的中国姑娘们穿着漂亮的丝绸服装,同时旋转着数个盘子舞蹈,扣人心弦的造型,我们是多么地为这些精湛的表演赞叹啊。([英]徐维理《龙骨》)

英国游历者徐维理在其游记中对耍猴戏的描述,主要集中在两点,一是耍猴的观赏者主要是街头民众;二是通过描绘呈现出了他对蜀人耍猴感到兴致盎然,巴蜀地区颇为风靡的耍猴戏跃然纸上,把蜀人娱乐活动记述得细致而精彩。

"猴子来了!猴子来了!"孩子们一看见耍猴人带猴子走到街头就会激动得大叫大嚷。耍猴戏的总要去赶庙会,有时也到私人住家,平时则经常在街市上和茶铺前表演。他们一到那里马上就有一群人围上来。耍猴人讲着古时候的惊险故事,猴子便举起相应的假面具盖在脸上。围观的人们津津有味地听着,小声地辨认猴子的道具。猴子在主人指挥下拿着这些英雄人物的旗帜、棍棒、刀剑蹦来跳去地表演不同角色,还常常做些猥亵的动作,惹得男人们哈哈大笑,而妇女们则害羞地用手掌捂着脸,从手指缝中往外看,咯咯地笑着。([英]徐维理《龙骨》)

船工有其特殊的休憩娱乐活动。法国的武尔士以考察的方式记述了夔府船工在"娱乐城"内的放纵与享受,展现出"全世界的船员的习性"。

休息?这句话意味深长。对于中国内河的船员们来说,至少对于那些有点钱的人来说,在夔府歇脚根本就不是休息的意思。

就像在我们的港口城市马赛(Marseille)、热那亚(Gênes)、安特卫普(Anvers)一样,夔府里有个"娱乐"城,狂放多于雅致:戏曲班子、歌姬、小酒馆、鸦片馆……还有其他地方,供船员们毫无节制地花费,按照全世界的船员的习性,越是历经危险和辛苦得来的钱越容易花出去。

一旦水位退下去,留出空地来,转瞬间,就可看到矗立着的席棚和竹屋,一直绵延到江岸,里面卖茶水和白酒。露天戏台上,演员尖声叫唱,耍把戏的人衣着色彩鲜艳,

招揽着人群，引起震耳欲聋的躁动和喧嚷。（[法]武尔士《长江激流行——法国炮舰首航长江上游》）

在乡下，娱乐活动则更多地回归到自然中去。英国的徐维理记录了乡间人民捉鱼的场景，将蜀地野趣描绘得颇为形象，也展现出乡间娱乐的趣味性意象。

这种捉鱼方式就像是娱乐。极其快地突然把竹罩子扣在鱼上，然后再用手把鱼从罩子里抓出来。有时也用这个方法在水流得很缓慢的小溪和稻田中捉鱼。当农民还不能放干稻田里的水把鱼全部捉住时，就用罩子捉鱼。夜晚，用灯光也可吸引鱼游过来。

沿河岸的一种流行方法，是用竹架支撑的渔网捕鱼。网子放进水里，但网架用铰链固定在河岸上，当估计到有鱼进入网中就收起网子。不过，我看过多次这样网鱼，却很难得看到网住鱼。（[英]徐维理《龙骨》）

总之，巴蜀人的娱乐活动在域外游历者的游记中主要呈现为看剧院的表演、看杂技、看耍猴戏，船工参与码头娱乐，农民的乡间捕鱼等，整体来说丰富多样，有明显的地域特色，游历者也关注到不同的社会群体对娱乐活动的区别，上层人士多到剧院观看演出或者杂技表演，街头市民更多观看民间耍猴戏，在江上航行的船工流连于江岸码头的娱乐城而不能自拔，乡间农民沉浸在捕鱼的野趣之中，整体呈现出巴蜀大地娱乐活动的多样性、地域性。

第四节 平淡、宁静——巴蜀人的生活

近代中国战乱不断，社会动荡，而巴蜀地区偏安一隅，受到战乱的波及相对较小，人民得以维持相对安宁的生活。域外游历者在他们的游记中均记录了这一地区的宁静与祥和。英国游历者谢立山在游记中赞美巴蜀人的生活是"一幅充满了和平、知足和勤劳的画面"。

四川就是这样一幅充满了和平、知足和勤劳的画面，也是可以成功进行随之而来的贸易的省份。当云南与贵州受到内战的严重冲击时，四川人正安宁地往返航行于长江水道上，运出他们的剩余的产品，然后，不仅运回满足他们实际需要的物品，还运回了外国制造的奢侈品。四川省偏远的西部地区现在虽然还有小规模冲突，但这些骚乱很快就结束了，对位于岷江东部的商业区几乎没有产生影响。（[英]谢立山《华西三年》）

再如，德国游历者塔玛拉·魏司更是将重庆描述为一座"战争与和平的气氛混杂在一起"的城市。市民"手提鸟笼"，小贩的小摊一字排开，叫卖声如歌声般此起彼伏，呈现出和平、繁荣、热闹的市井场景。

我们第一次短途旅行是去这个城市的老城墙。它是为了防御外敌而修建的，战争与和平的气氛混杂在一起。在大炮的旁边站着市民，他们手提鸟笼，笼里小鸟正尽情享受这温暖的午后时光。小贩们的小摊儿沿着城墙一字排开，手中的铁片敲得叮叮作响，用歌唱般的声音叫卖着各种各样的小甜点。这样的情景似乎使人们早将时局的艰险抛在脑后。（[德]塔玛拉·魏司《巴蜀老照片——德国魏司夫妇的中国西南纪行》）

来自英国的阿绮波德·立德依据自己逛重庆街道的真实感受详细地描绘了彼时热闹的重庆街道，在战乱时期，这种景致已成为一种难得的安宁、闲适。

重庆的街道在中国算宽的了，但与欧洲相比，仍显太窄，最宽的地方也只有八英尺，且非常拥挤。在重庆逛街就像被一大群人挟着前行。涌动的行人呀，轿子呀（由苦力抬着，有时前面一两个人开道，在人群中劈出一条路），运货的骡呀、驴呀、马呀，还有无数的"棒棒"（扛货的苦力），肩上挑着根扁担，扁担两端用绳子系着两个大筐。凡是能在街上做的事，人们都在街上做：叫卖的小贩呀，他们摊子上的东西可多呢；修补瓷器的呀，用铆钉一钉就好，这方面中国人是专家。这儿有理发师在剃头，那儿有两个穿戴整齐的女工匠，蹲在小凳上从事自己的行业；这儿有人在做刺绣框，那儿有鞋匠在补鞋；这儿是猪，那儿是鸡；这儿一个小宝宝坐在鸡笼里，那儿一只小猫系在柜台上。下午，人潮涌出戏院；晚上，有人在街上传教。我们晚上出去吃饭时，常碰见三个传道的。他们戴着官帽，照例宣讲上帝之言。常有人围着他们听讲，但人数不多。主要街道上，大家尽量文质彬彬；小街小巷里，一切礼仪荡然无存。街角处常见盛满水的大桶，作消防用，上面无一例外长满水草。一大队苦力每天跑下陡坡，去河里打水，一路挑，一路滴水。另一队则把城市的排泄物运去肥田。人们用一种软质煤作燃料，于是一筐筐的煤挑在"棒棒"扁担的两头，不断运进城里。街上充满了煤灰、煤烟、滴水，以及喧闹的人群，逛街实在不悦。有人告诉我，如此街道，英国贵妇不宜行走云云。但我想，不上街，怎么在重庆待下去呀。夏天日落前，无人上街；日落后，城门又关上了。（[英]阿绮波德·立德《亲密接触中国：我眼中的中国人》）

在阿绮波德·立德的笔下，蜀地人民享受着安宁闲适的生活，其描写了夏日重庆人民到山洞中去乘凉的景象——挖山洞以避暑，用扇子驱暑热。

中国人挖了不少山洞，里头黑黑的，很凉快，大家常跑到里面来"耍"，就是"玩"的意思。重庆的好多公园都挖了这种洞。最差的洞里，根本不能呼吸。当然啦，扇子定是人手一把的。扇子不是什么奢侈品，而是中国人夏天的必备品。（[英]阿绮波德·立德《亲密接触中国：我眼中的中国人》）

英国游历者威廉·萨默赛特·毛姆对蜀人城市生活之状进行了细致的描写，再现出蜀地人民生活的繁荣：肉市一条街中满目的肉条与内脏、纺织一条街、浓重香味的饭铺、坐满三教九流的茶馆、忙着生意的剃头匠等，可谓无所不有，他的视线也聚焦到沿街叫卖的小贩、打着板子的盲艺人与按摩女郎、尖声细气唱戏曲的人、纠缠不休哀诉的乞丐等上。热闹、繁华的蜀地生活景观，既意味着蜀人有着和平安宁的生活，也显示出颇为繁杂的市井生活气息，让人感受到巴蜀地区的人民更像是扎根在土地之上，并非悬于金石之下，呈现出巴蜀人生活的丰富、热闹、喧嚣、繁荣。

不同的行业聚在一起，这样，你经过肉市一条街，两边都挂着血淋淋的肉条和内脏，苍蝇嗡嗡地乱飞，饥饿的癞皮狗在下面窜来窜去。你经过纺织一条街，那儿每家都有一台手织机，忙着纺织棉布或绸缎。还有很多的饭铺，飘出浓重的香味，整天食客盈门。通常在一个街角，你会见到茶馆，那儿同样一天到晚坐满了人，三教九流，喝茶抽烟，很是热闹。剃头匠在众目睽睽之下忙他们的生意，你会看到一些人耐心地让师傅剃头修面，另一些人在掏耳朵，还有一些人在翻眼皮，这景象你可不愿意多看。

这是一座众声喧哗的城市。小贩摇着木头铃铛沿街叫卖；瞎眼艺人和按摩女子打着板子；饭馆里有人在尖声细气地唱着戏曲；一所房子里传出很响的锣声，那儿或许在举行婚礼或做丧事。街上是苦力和轿夫粗哑的喊声；还有乞丐纠缠不休的哀诉，他们肢体残废，生着恶疾，衣衫褴褛，真是一幅人类的讽刺性漫画。号手吹出凄厉的号声，他不停地练习着他始终吹不好的一个调子；然后，像是低音伴奏，各种嘈杂声合成一种粗鄙的曲调：喋喋不休的说话声、欢笑声、吵闹声、喊叫声、争辩声及玩笑打趣和闲言碎语的声音。这是一种永不停歇的喧闹声。这种声音起先让人觉得非同寻常，随之便会感到困扰和烦躁，最后简直叫人发疯。你渴望哪怕是片刻的清静。你会觉得那是一种身心的愉悦。

街上人头攒动，一如伦敦的剧院散场，观众蜂拥而出来到人行道上。你得挤着走，每当轿子过来，你还要让到一边，苦力总是挑着他们的重担；串街走巷的货郎卖着日用百货，经过时不免撞你一下。（[英]威廉·萨默赛特·毛姆《在中国屏风上》）

显然，威廉·萨默赛特·毛姆在记载中不自觉地融入了他烦躁的主观情绪，对巴蜀城市人声鼎沸的喧闹之状夸张为"最后简直叫人发疯"。这俨然是有着超优越感兼具侵略者、殖民者心态的贬斥性描述。但巴蜀城市生活在繁荣中透出的素朴与平淡之美仍呼之欲出。

英国人阿绮波德·立德在游历中从管理学的层面考察了城镇之外的乡野所独有的管理秩序，并认为中国式的村落有着其独有的管理办法，通常都是由最为年长的男性进行管理，保证了管理的连续性，呈现出蜀地独有的农庄风俗。

四处散布着农庄，一大户人家住在一块儿，避免了英国农村生活的孤独，也更为安全。村落管理是怎么运作的？是不是有自然法则保证了家庭人口不会超过一定数目？如果有人不得不离开村庄，另寻出路，由谁来决定谁应该离开？这些问题，我都不得而知。但很明显，中国式的村落安排很适合于社交的展开。在家庭内部，总是年纪最大的男性拥有绝对权威，这在一定程度上保证了管理的连续性。我们那儿的情况不大一样，在英国，年轻的长子有时会取得家庭统治权。中国的这种村落制度便于大型农庄的建立。在农庄旁边，人们通常还会修一座精致的小庙。（[英]阿绮波德·立德《亲密接触中国：我眼中的中国人》）

总之，在域外游历者的笔下，巴蜀人的生活显得平淡、朴素又宁静，不管是城市还是乡村，都有和平、知足、勤劳的风情，亦有和平与繁荣、丰富与热闹的市井气息，战乱时期蜀地安宁之景象，伴随着纳凉习俗文化的点缀，加上乡村独有的景致与情趣，共同构成了一幅平和、宁静的巴蜀独有的生活图景。

第五节　受尊敬、要面子——巴蜀人的轿子文化

巴蜀地区的许多文化也颇让外来的游历者感到惊讶与好奇，特别是巴蜀人对于受尊敬、要面子的执着。在域外游历者视域下，巴蜀人受尊敬、要面子最为直接的表现元素便是轿子文化。

除了中国内陆教会的J.麦卡锡牧师（他曾于差不多三十年前途经贵州横穿缅甸，但缅甸可要容易多了），此前很可能从未有旅行者徒步穿越过中国。不是因为体力达不到，而是由于这个国家有种习俗——亦是个令人厌恶的习俗——人必须保持一种名为"面子"的东西。你若走路，你就"没面子"。（[英]丁乐梅《徒步穿越中国》）

英国的徐维理在游历中对中国的轿子进行了详细的考察，在游记中对轿子的具体构造做了细致的记述，并详细记载了讲究面子的上层人士对轿子的讲究，体现出了受尊敬、要面子的轿子文化的本质。

（官轿）木抬杠有非常别致的曲线，通常用于抬官员和他们的妻妾招摇过市。……冬天轿的周围封闭着用以保暖。大多数轿夫穿浅蓝色镶白边的制服，有些商人的轿夫穿红色制服，商号的名字印在制服背上。轿夫脚上穿的是草鞋，可以防滑。通常是两个人抬着轿子跑。……行进中换人，步速是不会减慢的，换下的人就跟在旁边跑，直到他该去换后面的轿夫时，后面的人换下后过一段时间又去换前面的人。很大的官员就要四人

甚至更多的人抬轿，换肩也更勤，速度也更快，以突出大官的显赫。（[英]徐维理《龙骨》）

抬轿子的苦力数量与坐轿人的地位、身份有着密切关系，所以仆人乘坐的轿子不能由两个以上苦力抬。对这一规矩，英国游历者威廉·吉尔颇为不满，并试图打破。

按中国的规矩，仆人一般不能坐由两个以上苦力抬的轿子，官员的仆人更是严禁这样做。但我觉得自己不应该受中国规矩制约，而且我的小厮们全都6英尺开外高，如果不给他们每人三名苦力抬轿，一定会落后好几英里。（[英]威廉·吉尔《金沙江》）

美国的E.A.罗斯也对这一文化现象进行了考察，他认为坐轿子在当地是一种身份地位的象征，因此"走路有损身份"的面子文化在上层阶级大行其道，也因为"面子"让上层阶级呈现出域外游历者认为的一种病态的群体形象，是受尊敬、要面子的轿子文化导致了一种非健康生活习惯的流行。

中国人认为走路有损身份，所以如果他有钱的话，只会坐轿子而绝不会走路。他们这样做只是为了自己的尊严而绝不是因为懒惰。如果一个非常健壮的苦力升为了"男伺"，那他会表现得像是患了脊髓痨一样，坐在轿子里而不会走路了。如果参加社访而不坐轿前往，那是很失礼的表现。在成都，外国官员在大街上散步，人们会因为他用双腿走路而认为他是一个外国苦力。有钱的中国人总是懒洋洋地躺在藤椅上，或是坐在轿子里。如果他是一个好色之徒，他会慢慢地变得越来越胖，行动也越来越迟钝；如果他是一个禁欲者，那他会变得越来越虚弱，脸色苍白。文人从来不做剧烈运动，除非他要用大毛笔练习书法。他很可能让指甲长到一定长度，然后用银色的套子保护起来。（[美]E.A.罗斯《19—20：世纪之交的中国》）

因为轿子在文化符号上的特殊性及隐喻性，以英国的约·罗伯茨为代表的部分游历者还主张以轿子为主要通行工具，是为了那份中国的面子，即，得到的尊敬与荣耀，如果走路便会受到糟糕的待遇，所以在约·罗伯茨看来，"轿子远胜过通行证""轿子是受人尊敬的不可或缺的标志"。

任何一位自尊的人在中国西部旅行都应当坐轿子,这并非只是一种交通工具,而是为了那份尊敬和荣耀。轿子是受人尊敬的不可或缺的标志。没有它,你就可能会被扔在公路边无人理会,会让你在渡口边傻等,会被安排住最差旅店里的最糟糕的房子,总是受到无礼的对待,甚至更糟糕的是,他们会将你与那些在国内难以生存下去而跑到中国来的贩子和劫盗相提并论。轿子远胜过通行证。([英]约·罗伯茨《十九世纪西方人眼中的中国》)

总之,在域外游历者游记中表现出的蜀人对面子的看重,彰显出近代中国的一种阶级性文化的特质,许多域外游历者也在游记中表现了他们在游历中对中国"面子文化"背后力量的敬畏之心,所以来中国后,有些游历者也会为了受尊敬、要面子而乘坐轿子,追求三人以上抬的大轿,或乘坐级别高的轿子。他们在巴蜀大地上只能入乡随俗,并感受到了"轿子比通行证更加重要"的"面子文化"的影响力。

第六节 多样而神秘——巴蜀人的习俗

蜀地偏居西南,巴蜀文化根植于古蜀文化,兼受中原文化的深远影响,因此在习俗上呈现出多样性、地域性、神秘性。也有部分习俗与其他地区共通,显示出整个中华文化背景下的"礼文化"。

日本的山川早水对蜀人送礼的描述,可谓详尽,记述了中国人送礼的"气势磅礴",呈现了巴蜀人的送礼盛况。

中国人送礼的规模颇大,将五六种至八九种东西盛于红色油漆的台座上,令人抬着,有礼单一并送来。这是一般习俗。我先看礼单,大多只收一种,其余表示感谢不予接受。

礼品抬进来时，气势磅礴，看起来是堂而皇之的礼物，但实际上都是一些微不足道的东西（来成都后方知）。（[日]山川早水《巴蜀旧影——一百年前一个日本人眼中的巴蜀风情》）

法国的武尔士对中国礼文化与送礼习俗的理解较深，故他自我评价"也确实礼数周到"。武尔士对送礼的细致描写，表现出他对中国"礼文化"与送礼习俗的尊重与接纳，同时也显示出巴蜀人对"礼"的重视：礼品放在绘成大红描金的托盘上，红色的长方形名帖，"区区薄礼，不成敬意"的谦辞，勉为其难只收取一点、给挑夫一大笔赏钱、奉上自己的名帖的"礼尚往来"等。

知府的使者带着礼物上了船，在绘成大红描金的托盘上，摆放着羊、鸡、鸭、糕点和水果，附送礼者的名帖一张，这是张长方形的红纸，上面写着他的姓名。礼帖的大小和字体的粗细要与其主人的身份成正比。

按照中国礼节，知府的使者向我这个贵客表达了主人的歉意：区区薄礼，不成敬意。

我正确无误，毫不失礼地回答说，哪里哪里，"大人"赠"卑职"以厚礼，于我是极大的荣幸，况且礼物丰厚，数量众多，只叹我腹小不能尽享。结果，为向他表示敬意起见，我勉为其难，取用了一小点。

在这点上，我也确实礼数周到，拒绝了大部分的礼物，给挑夫一大笔赏钱，退还了剩下的东西，又奉送上我自己的名帖。（[法]武尔士《长江激流行——法国炮舰首航长江上游》）

除了送礼时需注重礼节，蜀人在日常生活中也有着颇多讲究。英国的阿绮波德·立德记载了自己在中国节日、搬新家等多个场景中所遇的特殊的礼仪习俗，呈现出了蜀人在日常中各方面的风俗习惯。

昨天，我们的苦力问，他们该不该像在中国过节一样，来我们房间里行大礼；那样，我们得赏给他们每人500文钱才行。估计只有中国人能想出这种赏钱方式，为行礼付钱。和丈夫商量过之后，我们决定先给他们1000文钱，让他们自己去分。前提是，必须给我们行真正的中国礼。他们立刻进屋给我们下跪，并开始用头磕地。这场面让我们新雇佣的仆人很震惊，他说自己绝对不会这样做的，因为他毕竟曾在上海读过书。

商人搬新家了。搬家那天，我们弄了个大大的火盆，点燃之后，让两个苦力用竹竿抬着，像抬轿子似的在街上走。有人告诉我，买了新房一定要换掉大梁，以此表明换了新主人，否则还得偿还旧主人欠下的债。

商人的新房子很漂亮，尤其到了晚上。它包含两个院子，小院子在大院子的包围之内，闹中有静，幽静舒适。里里外外全都结着彩带，挂着红灯笼，房子四周还满是开着鲜花的花盆。由于刚搬新家，里里外外满眼红色，红色刺绣的垫子铺在椅子上，客人们送的深红色幛子挂在墙上，红色的地毯铺在最里面的屋子里。跟商行有关的人员，衣着很统一，全都穿着绸缎长衫，戴着有红缨的帽子，脚上蹬着高筒靴。

向我丈夫行礼的时候，他们都双手合拢，但又不是完全挨着，之后弯腰将手放到膝盖上，最后很快抬一下手，几乎碰到嘴。当时我正在自己的办公室休息，他们竟然没经过我允许，突然闯进来给我也行了同样的礼。我一下子惊呆了！（[英]阿绮波德·立德《穿蓝色长袍的国度》）

事实上，中国搬家习俗的形成原因主要有几点：一是对传统文化的传承，中国有着悠久的历史和丰富的文化传统，搬家习俗是其中的一部分，通过代代相传得以延续；二是祈求吉祥平安，人们希望通过一些特定的仪式和行为，祈求为新家带来好运、平安，避免灾祸；三是心理安慰，这些习俗给人们带来心理上的慰藉和安全感，让人们在面对新环境时感到更踏实；四是群体认同，共同的搬家习俗有助于加强群体的认同感和凝聚力；五是对生活的美好向往，体现了人们对幸福生活的追求和对未来的美好期待。

中国的搬家习俗因地域、民族等的不同而有所差异，常见的搬家习俗有：

选良辰吉日：选择一个适合搬家的好日子，寓意着新家的开始会顺利、吉祥。

不可空手入屋：搬家当天，第一次进入新家时，手上要拿一些贵重的物品，如米桶、存款簿、红包等，象征着家里未来会很充实，财富越来越多。

入宅后不再施工：搬入新家后，尽量避免再次施工。如果需要装修或改造，可以在搬家前完成或在入住数日后进行。

孕妇不参与搬家：在搬家过程中，尽量避免让孕妇参与，以免对她和胎儿造成不利影响。

神佛提前搬入：如果家中有神位，要提前将神佛搬入新家，并进行祭拜。

敬神和祭拜厨房：祈求新家的平安和富饶。

暖房：邀请亲朋好友到新家做客，增加新房的人气。

第二章 巴蜀游记视域下的社会生活

装饰和贴对联、拜门神：表达对新家的美好祝愿。

这些习俗反映了人们对新家的期望和祝福，希望新家能够带来好运和幸福。在现代社会，人们可能会根据自己的实际情况和文化背景对这些习俗进行适当的调整和简化。

所以从这个层面上来说，英国的阿绮波德·立德对搬家习俗的描述是真实的，再现出了巴蜀人民搬新家的习俗情状。

在婚礼习俗上，巴蜀地区延续了中原的文化内核，为游历者们展现了传统中式文化中的婚礼习俗。英国游历者T.T.库珀对此有较为翔实的记录。

虽然中国人知道墨守成规会带来许多痛苦，但中国人对"习俗"异常执着，这也阻止了他们移风易俗。婚姻和丧葬习俗更具代表性。这两种方式都是用最奢侈的形式来庆祝，如果是后者，通常会把死者的家属弄到赤贫的境地。婚姻仪式虽然代价高昂，却也没有产生太多的危害。丈夫和妻子直到结婚当天才能见面，在某些特殊情况下，他们也许可以偷偷地见几面。所有的一切都是由中间人或媒人安排的，他们通常是双方父母共同的朋友，具体是哪个媒人由提亲的父母做主。女儿到了出嫁年龄，父母就会为她找个合适的单身青年嫁了，一般不会在熟人里面寻找，然后，双方会请一个受人尊敬的共同朋友来操办此事。

媒人先见女方熟悉情况，包括家产、嫁妆、女孩的容貌和能力等，然后去男方那里，告诉男方父母某某家道殷实，有个女儿漂亮能干孝顺有气质，与他们的儿子很匹配。媒人会根据他能获得报酬的多少夸耀女孩的条件。如果双方对对方的条件表示满意，他会在两个家庭之间传递更多的信息，直到婚礼的日子定下来。良辰吉日已定，新郎要带着聘礼去见新娘的父母，礼单上写着双方的生日、年龄及新婚日期。一切妥当，媒人就会受到两家的热情款待。

大喜的日子到来时——这通常是在订婚几年以后——新娘由迎亲队伍接回新郎家，婆婆和其他婆家的女性在门口迎接，护送她到一个屋子里，新娘仍然盖着红盖头，新郎跪地迎她。然后，新郎向祖先告慰。新郎新娘一起喝交杯酒后，新郎才能揭开新娘的红盖头。这是新人第一次看到对方的脸，如果新娘相貌端庄，没有残疾，那么媒人就会得到丈夫家的丰厚回报;如果新娘貌丑，媒人会把新娘交给她的丈夫后尽快逃离。通常情况下，媒人受女方父母的恩惠，会夸张描述女孩的容貌，这也会造成很多痛苦，因为新郎即使对新娘不满意，婚礼已经举行了，也不能拒绝接纳她。（[英]T.T.库珀《拓商先锋中国行》）

传统中式婚礼习俗形成的原因主要有以下几点：

文化传承——中国有着悠久的历史和丰富的文化，婚礼习俗是其中的一部分，通过代代相传得以保留和延续。

道德观念——体现了儒家思想中的一些道德观念，如夫妻和睦、家庭和谐等。

社会意义——这些习俗有助于加强家族和社会的联系，维护社会秩序和稳定。

象征意义——每一个习俗都有着特定的象征意义，表达了人们对美好婚姻生活的向往和祝福。

历史演变——随着时代的变迁，婚礼习俗也在不断演变和发展，但一些核心的元素仍然得以保留。

传统中式婚礼习俗是中国传统文化的重要组成部分，这些习俗通常具有丰富的文化内涵和象征意义，常见的传统中式婚礼习俗有：三书六礼——三书是指聘书、礼书和迎书，六礼则包括纳采、问名、纳吉、纳征、请期和亲迎。这些仪式代表着婚姻的合法性和庄重性。射轿帘——当新娘的花轿落下后，新郎要持弓箭向天、地与新娘空射三箭，象征着逢凶化吉，能驱除新娘身上的"邪气"。跨火盆——新郎新娘一起跨火盆，取避邪之意，寓意以后的生活红红火火。挑盖头——新郎用秤杆挑下新娘的盖头，然后用手抚摸新娘头发，取称心如意、白头偕老之意。踩瓦片——岁岁平安，踩瓦片代表过去如瓦片般消解，古人重视男孩，踩瓦片也是希望新娘不要"弄瓦"，希望生男孩。交杯酒——新人用红线连着的两个酒杯喝交杯酒，象征夫妻从此之后就是一体，婚后要相亲相爱，和谐美满，同甘共苦。这些传统习俗在不同地区可能会有所差异，但它们都体现了中国文化中对婚姻的重视和祝福。

由此可见，英国游历者 T.T.库珀对巴蜀婚礼习俗的考察是真实的。

美国的司昆仑则关注到了蜀地大家庭式的居住方式与生活，农耕文明下家庭自给自足的生活样态，这也区别于西方的家庭文化与家庭的经济模式。

有钱人家一心要扩大他们的住宅，好让他们那多子多孙的家庭都能住在一个日益扩展的院子里，他们往往都能成功，住宅越建越大。他们的家仆：门房、守夜的、厨子及轿夫都住在侧院里。富裕的家庭往往会从牙婆手中购买奴婢、侍妾。这些奴婢和侍妾原本是城里或是周围四乡贫苦人家的女儿，被中间人要么是绑架，要么是买来的。买不起大宅院的商人就和他们的家人住在他们经营的店铺后面，几个小伙计也常和他们住在一起。伙计们除了照顾店铺外还得干家务活。生意做得不那么得法的商人及手艺人、工匠便只能租房子住了。他们将货物在大街上摆摊出售，或是送货上门。许多廉价的日常生活用品，包括一些熟食，便由家中的女人和儿童来制作，再由男人沿街叫卖。家境殷实的家庭或是小康人家，他们家中的女人一般不会随便到外面去抛头露脸。她们外出时都会坐在遮得严严实实的轿子里。但是也有例外的场合，比如节庆的日子里。每年农历正月十六，按照习俗，妇女也会和男人一样，到城墙上去闲逛，走动走动，以求来年有个好身子骨。（[美]司昆仑《新政之后：警察、军阀与文明进程中的成都：1895—1937》）

在丧葬文化上，蜀地也有着具有地域特色的丧葬习俗，对此，英国的T.T.库珀在其游记中表示颇为惊异：

我在忠县第一次注意到一个习俗，尽管我认为这在中国应该很普遍，但以前从未听说过或注意过。在街道的拐角，房子尽头的壁龛里，有长长的白色箱子，我知道那是棺材。当我问他们为什么被安置在那里时，他们告诉我，那是由各个城区提供的，目的是埋葬穷人。（[英]T.T.库珀《拓商先锋中国行》）

近代巴蜀之地埋葬穷人的习俗因地区和文化背景而有所不同。常见的方式有土葬，这是最常见的埋葬方式之一，穷人的尸体通常会被埋葬在土地中。据考证，近代巴蜀之地的人们埋葬穷人时会使用白色的箱子。这主要基于白色象征纯洁与安宁，希望逝者能在另一个世界得到安息。也因为经济因素，白色箱子可能相对比较便宜和易得，对于经济条件较差的穷人来说较为合适。还因为哀悼与纪念，白色是哀悼的颜色之一，用白色箱子表示对逝者的尊重和纪念。

除此之外，巴蜀还有许多具有地域特色的特殊习俗，如蜀地对于文字的讲究。

对废纸要"满怀无限惋惜之情将其焚烧"的珍惜，被日本的中野孤山称为"此乃该文字大国中不可忽视的习俗之一"。

他们不允许在文字上乱涂乱抹，也很忌讳把写有文字的纸扔在地上任人践踏。像我国那样用来擦鼻涕、擦屁股，则更是一大禁忌。一切废纸都要收进惜字塔中，并满怀无限惋惜之情将其焚烧。不过也有把废纸放在鼎中或干净的地上焚烧的情况。此乃该文字大国中不可忽视的习俗之一。（[日]中野孤山《横跨中国大陆——游蜀杂俎》）

中野孤山对中国敬惜字纸的文化习俗是敬重的。事实上，敬惜字纸在中国具有悠久的传统。《燕京旧俗志》记载："污践字纸，即系污蔑孔圣，罪恶极重，倘敢不惜字纸，几乎与不敬神佛，不孝父母同科罪。"于是，就出现了劝人敬惜字纸的善书，也就是所谓"惜字功律"。"敬惜字纸"是中国古代传统文化中的一种良好美德，是中国文化传统理念之一，代表着古人敬重文化的思想。字纸代表的是文化，敬惜字纸，也就是要敬重和爱护文化。汉字是中华文化的根基和重要组成部分，是中华民族精神与情感的重要载体。所以，敬惜字纸的思想内涵，不仅在历史上发挥过积极作用，在当今仍然有重要的现实意义。"敬惜字纸"的敬重文化的思想内涵，有助于我们珍惜和弘扬中华优秀文化，增强民族的凝聚力。

英国游历者威廉·吉尔则在游记中提到，巴蜀部分地区的人在指明方向上习惯用左、右代替南、北，显示出与北方颇为不同的一面。

重庆是一座弯弯绕绕的城市，道路蜿蜒曲折，当地人必须用"向左""向右"等词语指明方向。中国通常的城市都按一定规则建造，人们会说"向南""向北"等词语，而且已经习惯了这样的表达。在开阔的空地，即使对于北方某一点到底在哪里完全没有概念，也会这样说。这一习俗让外国人普遍夸大中国人有关指南针的知识。（[英]威廉·吉尔《金沙江》）

英国的阿绮波德·立德还记述了她在会客时所见的待客礼节，包括具有中国传统文化特征的房屋布局与陈设布置、待客的流程仪式等，描绘细致、真实，再现了中式会客的礼仪、会客之地的精心布置，以及会客时女士的表现。

有一次我去拜访一位夫人，我的轿子穿越了层层院落，在客厅附近停下，因为女主人一般在此会客。我在这儿下轿，直接步入正门。一个奴婢跑过来蹲下，让我抖动的双脚踩着她的肩膀下轿，然后我走入客厅。四周的墙壁旁，摆了几张小桌和雕木椅，椅子很大，分布在桌子两侧，笔直的椅背倚着墙。女士们互行中国的弯腰礼，右手放到左手上，置于胸前，缓慢地上下移动右手。然后仆人上茶，谈话开始。这种仪式向来枯燥乏味。地板多半由硬泥铺成，墙上刷得粉白，挂着长方形的卷轴字画，通常为名言警句，书法一般都很漂亮。屋子最里头摆着神坛似的供桌，上面立着祖宗灵牌，白镴烛台，还有花瓶、香炉、小香钵。在这张桌子及两旁的椅子上，不能悬挂任何刺绣，除非过春节或大宴宾客。上茶的时候，通常也上些小甜点，男访客喝完茶，一般就该起身告辞，但据我所知，还没有哪位女士遵守此礼。实际上，中国人一会客，就忘了时间，此乃一大缺点。大家心里想到什么就谈什么，所以一谈起来就没完没了。（[英]阿绮波德·立德《亲密接触中国：我眼中的中国人》）

整体而言，巴蜀地区的文化习俗既显示出了中原文化的一脉相承，也保留了自己所属地域的特殊性，让许多古老的习俗得到传承，尽显巴蜀风情之美。这些习俗展现出巴蜀人的乐观豁达——体现出巴蜀人民积极向上的生活态度；兼容并包——融合了多种文化元素，展现出开放包容的特点；热爱生活——从饮食、娱乐等方面表现出对生活的热爱和享受。巴蜀人重情重义——人们之间的情谊深厚，注重人情往来；尊重传统——对传统文化的传承和坚守。

第七节　吉祥——巴蜀人的节日

巴蜀各类节日活动热闹非凡，充满吉祥之意，且形式多样，内容丰富。英国的游历者阿绮波德·立德详细地记述了中国盛大的节日，对中国的传统节日——春节、端午节、清明节，以及不同季节中的节日进行了描写。呈现出了游历者对中国传统节日的好奇，以及对节日仪式神秘感的探究之心。

我认为中国人的生活，对于小孩子来说，倒是再惬意不过。这儿有盛大的节日：春节，那时会大放鞭炮；端午节，城市的每个地区出一条龙舟，水手们赤裸上身，发疯似的摇桨，喊声震天，小孩子听了定会很开心；清明节，全家人去乡下上坟，长长的队伍，官员们穿着长皮袄，坐着敞轿穿过整个城市，无数把鲜艳的大伞在前面开路，随从们穿着次一等的皮袄，骑着大马，两人一行前进。城里乞讨的娃儿这天可兴奋呢，他们在破衣服外面套上各种各样的奇装异服，或走路，或骑马，或被人抬着。他们构成了一道活动的风景，代表着社会最底层的居民。这天甚至会看到穿着短小方形上衣与紧身长裤的英国佬。春日，人们成群结队地迎春去，杀一头牛，献给河神。奇怪得很，二月份迎春的这一天，气候总像春天一样怡人；这天之后，冬季的严寒再次恢复。有时候，人们扛着火神的神像，四处游走，让火神看看蒙它庇佑的房屋。某个晚上，你会看见长江水面上漂浮着四里长的小灯笼，寄托对已逝者的哀思。有时，人们会做糯米团子，同时伴有一大堆仪式。（[英]阿绮波德·立德《亲密接触中国：我眼中的中国人》）

通常而言，春节是一年中最重要的一个节日。因此，许多游历者都有与此有关的记述。英国的徐维理，中国人都盼着过节，尤其是新春佳节，人们会进行各类富有吉祥意义的活动。

人们都盼着过节，尤其是传统的新春佳节。探亲访友，吃年饭，到庙里烧香，登高，上城墙，放生（把鱼放回河里，鸟放回天空）。没有电影院，没有收音机，买得起票的人可以去看川戏。多数人们只看街头演出，或在茶铺里呷茶听说书。某些节日能看耍龙灯和狮子舞更是莫大的乐趣，耍杂技的还表演一些惊险动作……（[英]徐维理《龙骨》）

英国的 R.F.约翰斯顿则补充了蜀地庆祝新年时会用的大头娃娃与鬼脸面具，以及卖对联、贴春联的活动。

中国的新年已经临近，人人都在准备过年，繁忙的大街上也不时地看到一堆堆节用的大头娃娃和鬼脸面具，以及其他新奇的糖果。我注意到有许多中国人都去一家大当铺典当东西，以便换一点钱用来过年。算命先生和写对联的师爷爷比比皆是，后者靠卖对联赚得微薄收入糊口。早起的人忙着往门上贴春联，以迎接新年。（[英]R.F.约翰斯顿《北京至曼德勒——四川藏区及云南纪行》）

T.T.库珀在游记中记载了过新年时游行队伍舞龙奏乐的热闹景象。

我们到达时，碰巧正值一年一度的新年游行。游行队伍沿着河岸行进，数百人穿着节日服装参加游行。

游行队伍主要由舞龙队构成，一条巨大的长龙，大约 50 英尺长。龙下面是一群奇怪打扮的男人，他们通过移动竹竿来模仿蛇的起伏运动。一大帮乐队也紧随其后，演奏

的音乐结合欢呼的人群，产生了震耳欲聋的噪声。（[英]T.T.库珀《拓商先锋中国行》）

新年时期，蜀地还会有"歌妓船"，英国的伊莎贝拉·伯德详细地记述了自己在蜀地过新年时的所见所闻，生动形象地为我们展现了蜀地过节时的喜庆、吉祥氛围。

新年终于到了，还是那样寒冷和晴朗，仿佛没有推迟六周（译者注：指农历春节比公历新年迟六周）。沿着繁盛的农庄，我惬意地散步，那地方的人都穿着节日的衣服。房屋都装饰了旗帜和彩带，甚至黄狗也在颈项上系了彩色的领结。从城墙上望去，可看到灰色的城市装扮得五彩缤纷，喜庆的声浪不时传来。城郊和河岸上的棚户区欢歌笑语，在爆竹和爆炸品上一般要花很多钱。帆船披红挂绿，"歌妓船"花枝招展，色彩光鲜。除了我的纤夫，人人都兴高采烈脱去旧衣，换上新装。

这是我在中国过的第二个新年，远在宜昌时，我已见到新年将至的景象，那里跟任何地方一样，提前一个月，柜台出现在街头，其上陈列着各色各样诱人的商品以招揽顾客。这是买便宜货的好机会，有许多小古董和绣花服装叫卖，这是任何其他时候不能到手的。因为要还债——按照惯例，神圣的债务关乎道德和尊严，许多家庭被迫与长期珍爱的藏品分别。街上，穿着节日盛装的人熙来攘往，孩子们身着新衣，头上扎有精巧的花，并且收到玩具和棒棒糖一类礼物。玩具店生意兴隆，热闹非常。

家家户户的门柱和门楣上都张贴着长条的红纸，用文字颂扬幸福与长寿，用合于礼仪的文句渲染吉庆的气氛，许多是在街道旁的桌子上写成的，那里备有毛笔和墨砚。每家店铺被这些张贴或悬挂的红纸和金花弄得鲜艳夺目，金花多半是绍兴制作的，人造的花和叶，常常很大，在铁丝上黄灿灿的，显得华丽。"歌妓船"也没少用这样的东西装饰。金花更多地用于庙里新年的祭祀，也用于家族匾牌每年一度的重新装饰。数以千计的蜡烛，纸质的烛芯，大小不等，从大腿般粗到指头大小，朱红颜色，上面画有幽默的图画和神话故事，同许多其他东西一起送到庙里献祭。种种上述的缎带和彩色纸带使得大街小巷，甚至夔府城外的棚户区，都呈欢乐景象。

节日前三天，人们就全面洗衣服、洗澡；洗刷门面、椅子、门窗，以及一切木制器具，虽然不像广东那样把船彻底腾空清洗（先前我在广东度过新年），但不少小船在河滩上被里外清洗。甚至连纤夫都洗了脸，显出暗淡的菜色。

那天向晚，家家户户响起喧闹的锣声和门前成串爆竹持续不断的爆裂声，意谓祛除邪气，防止其他的邪魔进入，而喧闹声成为一种兴奋剂。新年来临，祛除邪恶，防止它们侵入的意识同朝鲜施行的一样，在各家门口，人们将同居者的头发放在陶瓷碎片中烧掉,头发是在剪头和脱落时特意保存起来的。中国人与朝鲜人一样,相信自己被众多的鬼怪环伺着,主要是恶鬼,必须被吓走或劝走。([英]伊莎贝拉·伯德《1898:一个英国女人眼中的中国》)

新年作为最盛大的一个节日,全民欢庆的氛围尤为热烈。日本的中野孤山在游记中对中国传统春节燃放爆竹的习俗有精彩的描述:"其爆裂之欢腾、之痛快,比起我国来有过之而无不及",呈现出巴蜀人民在最为盛大的传统春节里,全民欢庆、阖家欢乐、人人祝愿来年吉祥安康的热烈氛围。

爆竹平时也在放,不过从岁末的二十五六日至新年的这段时间尤其盛行燃放爆竹。除夕夜,大街小巷都会放个通宵达旦,爆竹声吵得人几乎无法入睡。正月初一,去街上逛了一圈,看到燃放过的爆竹到处都是,狼藉一片。与我国在节庆日里放礼炮和烟火一样,遇到喜庆之事,一定要放爆竹。其爆裂之欢腾、之痛快,比起我国来有过之而无不及。([日]中野孤山《横跨中国大陆——游蜀杂俎》)

英国人 T.T.库珀在游记中记述了巴蜀人在新春佳节之时,互相祝福行礼的传统礼节,大家互相表达衷心美好的祝愿。

在停靠的地方,其他船上的老大,陆续来祝我新年快乐。用中国人传统的敬礼方式,他们握着双手在胸前抱拳向我弯腰作揖表示友好。我也以同样的方式回礼,并致以衷心美好的祝愿。([英]T.T.库珀《拓商先锋中国行》)

值得注意的是,新年的庆祝时间很长,且蜀地各类商业活动都会完全停止。英国的谢立山对此颇为惊讶,据他记述,在正月初四,人们仍然沉醉在节日的欢乐中。

在庆祝中国新年——春节的几天里,各种各样的商业活动都会完全停止;房屋、商店的大门全部紧闭,人们在光线昏暗的室内纵情地吃喝玩乐。在正月初四(2月11日),我们从重庆出发时,发现人们仍然沉醉在节日的欢乐中,还有很多人开始打破新年的沉闷,他们赌博、看大戏,尽情地享乐。([英]谢立山《华西三年》)

第三章　巴蜀游记视域下的人文景观

　　巴蜀人文景观历史悠久，素来是人文与自然极其和谐的区域性代表。19 至 20 世纪，在游历者的笔下，巴蜀的古建筑是最为靓丽的人文景观之一。巴蜀的古建筑文化自成一格，既拥有中国传统建筑的雍容典雅、辉煌壮观，也极富自然山水间的清丽、雅趣。古建筑不仅蕴含着浓厚的民族特色，更承载着巴蜀的厚重历史底蕴。游记中提及了许多古色古香、环境幽雅的庙宇，许多游历者驻足于曲径幽池、庭院回栏前，沉浸在庄严肃穆、闲适超脱的氛围中。游记中的夔州、涪州、万县等古城建筑亦别具特色，错落有致。其中琉璃青瓦、金铜碧石相缀，亭台轩榭、别院长廊相间，各富魅力，使游历者深刻地感受到巴蜀人的匠心独运。游历者在感受巴蜀建筑的古典意境的同时，也看到了古代巴蜀人民的建筑智慧。此外，不少游历者注意到了巴蜀地区"牌坊"这一标志性景观，感叹于这些装饰华美、精雕细琢的牌坊的艺术价值。

　　本章，笔者将对域外游历者游记中的巴蜀城市面貌、寺庙宫殿、亭台楼榭、崖洞石窟等相关记述进行梳理分析，以展现巴蜀游记视域下巴蜀人文景观所呈现出的巴蜀形象之美与巴蜀风情。

第一节　美丽而富特色的画卷——巴蜀城市面貌

　　巴蜀地区靠山临江，有着异于中原的城市风光。英国的游历者 E.H.威尔逊对大宁县的记述，呈现出巴蜀典型的依山临河的地理特征。

大宁县，海拔 750 英尺，是四川省最东面的城镇，坐落在河的右岸。河出峡谷在此形成一美丽的弯曲，绕城而过，宽约 100 码。小城有如楔入山坡上，其上筑有数百英尺的城墙。前面城墙临河而筑，商店、住屋和衙门都聚集近河边。山坡高处城墙内的土地都用作农田。此镇约有 400 栋房屋，是地方行政长官的驻地，以食盐和小杂货贸易而闻名，曾经是鸦片贸易中心。（[英]E.H.威尔逊《中国——园林之母》）

除了大宁外，英国游历者立德在游记中对成都进行了描绘，他称成都有一种"破旧光景"，这里的房屋低矮、陈旧，这里的空旷给人们带来了新鲜的体验，但在蜀人看来，这是一座拥有着悠久历史的名城，历史的积淀让成都显得古色古香。

成都是古代蜀国都城，自马可·波罗访问并在"建都"一章记载以来，在600年里逐渐衰落。但是，成都仍然不失为一座名城。成都如中国多数城市一样，拥有宽阔、平坦的街道（尽管街道有很深的车辙），然而房屋低矮、陈旧，除了一两座古色古香的庙宇。这些庙宇堪与日本任何庙宇相比，例如青羊宫，以及为纪念三国战争时代的英雄人物诸葛亮所建的建筑。这种破旧光景可能是因为缺乏木材，以及附近地区缺少建筑石料。与重庆的狭窄拥挤不同，这里的空旷带来一种新鲜感。（[英]立德《中国五十年见闻录》）

英国的伊莎贝拉·伯德坐船沿江而上，一路风光尽收眼中，描绘出了独特视角下独有的城市风貌，她对江边的城市有着详细的描绘，称之为"别具魅力、很适合观赏、庄重而干净"，呈现出江边城市的独有风情。

巫山对面是一条小支流，地方城市大宁附近盐井的盐从这条河输送下行，利特尔先生把那些小船当作威尼斯人的狭长平底船的原样复制品。巫山是灰色的、独特的，城墙依山丘的轮廓而建，田地、果园、美丽的树林都囊括入内。在1500英尺陡峭的山包上，常绿林中有座精美的文昌帝君庙，在同一座山顶上还有高耸的宝塔，是引人注目的标志，城镇虽然还算干净，却无繁荣景象，就此而言颇感失望。

长江上的这些城市别具魅力，很适合观赏，许多庙宇的屋顶是精致的曲线，玻璃样的绿黄色釉彩瓦，熠熠发光，消除了灰色的单调气氛。这个"云遮太阳的城市"缺乏活力，商业不景气，但庄重而干净，庙宇保存完好，使人难忘。特别是长生祠，有一面富

丽的墙，采用隆凸浮雕装饰，其中嵌入了尖齿的青铜匾牌。（[英]伊莎贝拉·伯德《1898：一个英国女人眼中的中国》）

对于临江城市涪陵，伊莎贝拉·伯德以女性的视角很细腻地将其描绘为"长江上最具特色的城市"。城貌独特、城中人生活状态独特，游历者穿行其间，心理状态也很独特——"怕中寻乐"。

涪州[①]或许是长江上最具特色的城市，建在岩石突出的脊梁上，层叠而上，在河段的最前面被陡峭的山峦所围绕，看起像个湖泊。靠城的一座山上有座精美的塔，宏伟的寺庙居高临下，极具气势。厚重的城墙里是深邃的门道，城墙不过 8 英尺高。狭窄的街道通向集市，甚至女人也背着背篓，篓中不是装着煤尘，就是装着小孩。我没法躲避密集的人群，登上城墙，从那里看涪陵的景色，颇为壮丽。然而，我的此举有点"怕中寻乐"。（[英]伊莎贝拉·伯德《1898：一个英国女人眼中的中国》）

许多游历者都会将面前的城市与自己国家的城市作对比。阿绮波德·立德认为重庆与英国的魁北克省、爱丁有些相似：

重庆像魁北克省一样，处于两江交汇处。它大小与里昂差不多，外形与爱丁堡有几分相似，城墙高耸，除了战乱暴动，日落时所有城门一律关闭，但有两扇城门延迟到日落后一两个小时才关。（[英]阿绮波德·立德《亲密接触中国：我眼中的中国人》）

同样来自英国的 T.T.库珀有着相似的感受，墙壁上的青色藤蔓让他想起英国的常春藤塔：

站在岷江河岸望去，嘉定宛然一幅美丽的画卷，刚好位于一座山的分水岭处，把成都河（城内流域称为岷河）与雅河、大渡河分开。该城建立在较低的砂岩峭壁上，四周砌有坚固的石墙。有些峭壁上雕刻着巨大的佛教神像，而墙壁覆盖着四季常青的葡萄类植物，城垛依稀可见，形成了一幅风景画。眼前风景不禁令人想起英国古老的常春藤塔。

[①] 涪州：秦置枳县，隋改涪陵县。元入涪州，1913 年复改涪陵县。1983 年改设市，1995 年升设地级市。1997 年划属重庆市，改置涪陵区。

([英]T.T.库珀《拓商先锋中国行》)

美国的威廉·埃德加·盖洛不仅描绘了万县的美丽，还将其城市设计与布局同中国传统文化中的风水观念相结合，并进行了分析，显示出巴蜀建筑背后所蕴含的中华传统文化，也展现出游历者对中华传统文化的了解程度，让万县的城市形象彰显出中国文化的审美特性。

万县这段江滨足有两英里长，中间有一条小河汇入大江，沿着江岸就是城区主道。一座美丽的石拱桥跨过一条宽约20英尺的小河。不过，它让人联想到的是"驴桥"（驴桥在此，愚者莫过），而不是天朝人的精明。桥梁的建筑师没有为洪水留出空间，一旦河水暴涨，人们只能涉水而过。按照中国人的观念，这座城市的风水极好。在北面有一个叫黑区的地方耸立着"天成堡"，它将恶鬼挡在了外面；南面是温暖的地区。大江对岸一排低矮的上风为建造宝塔提供了合适的场所，而这些宝塔又把好运带给了万县的商贾。据说"阴阳"或"男女"这两种相对的势力乃世间一切的源泉，即所谓"阴阳生万物"。在当地人的心目中，阴阳的亲和，使得万县财源滚滚。（[美]威廉·埃德加·盖洛《扬子江上的美国人》）

法国的武尔士则对云阳县城的独特风光进行了描写，并称之为"风景优美的云阳县城"。

我们经过了风景优美的云阳县（Yun-yang-hien）城，并未稍作停留。它的屋顶色彩丰富，衙门正面饰以陶瓷，沿江而立，分外艳丽动人。对面，右岸是大禹庙，他是古代中国传说中的帝王。

实际上，这是一栋迷人的两层建筑物，绿瓦覆顶。一条古道满布苔藓，从楼下一直通到江边，两旁是百年的参天大树。（[法]武尔士《长江激流行——法国炮舰首航长江上游》）

第二节 精巧、实用——巴蜀房屋建筑

巴蜀房屋建筑是中国传统建筑艺术中的瑰宝,其独特的建筑形象与巴蜀风情相互融合,展现出一种别样的美。这种美既体现在建筑结构上,也体现在建筑装饰上。伊莎贝拉·伯德在她的游记中对巴蜀房屋建筑进行了生动的描述,为我们理解这种美提供了一个重要的视角。这种游历者的观察视角不仅让我们感受到巴蜀房屋建筑所具的艺术魅力和文化内涵,也为我们理解中国传统建筑艺术提供了新的视角和思考方向。

房子的内部很美,墙、屋顶、刨平不刷漆而木纹精细的梁柱,全部用楔形榫头或木梢结合在一起。楼下是大木雕花窗,由枢轴转动开闭,高于人的头顶,除了某些礼品,所有的家具都是中式的,既简朴又风雅。楼上是几间低矮、不规则却很精巧的房间。分派给我的一间很大,大雕花窗户向着内院,另一面可以眺望城市和俯览江景。有段陡峻的阶梯通到一座敞开的木制楼阁,楼阁有塔式的房顶和热天纳凉的座位,这里既可以俯瞰许多邻居的房舍,也被人俯瞰。在这里,周围山顶上的避难所、一圈城墙、衙门、庙宇、宝塔,大片土褐色帆船和长江银色的闪光尽收眼底。([英]伊莎贝拉·伯德《1898:一个英国女人眼中的中国》)

法国游历者武尔士对部分巴蜀建筑的记述,让我们感受到中国部分建筑的"柱廊华丽、外观规整"之美。

法国领事馆几乎就在最高处,只有五福宫(Hou-fou-kong)的塔比它高。再下面是天主教医院,按照欧洲人对建筑物的看法,它堪称中国内地出类拔萃的建筑,柱廊华丽,建筑外观规整。([法]武尔士《长江激流行——法国炮舰首航长江上游》)

徐维理对成都的民居做了细致的描绘,文本中展现出一道植被环绕的宁静乡野之

景，显示出宜人的巴蜀风光。从他的记述中，我们可以感受到巴蜀地区的民居以其简朴而风雅的建筑之美吸引着人们的目光。从材料的选择到建筑的结构，都充满了浓郁的地域风情。例如，游记中所记的成都民居采用两头削尖的结实竹片作为板条，插在方木框架的边上，这种建筑方式不仅体现了巴蜀地区的竹木资源丰富，也体现了人们对自然材料的巧妙运用。

初看成都的民居，就使新来的人想起英国古老的板条灰泥屋。板条是用两头削得尖尖的、结实的竹片插在方木框架的边上做的，而这种竹墙的两面要涂上灰浆后再用石灰水刷白。（[英]徐维理《龙骨》）

此外，徐维理描述道："城里很多人家都有围墙。……墙的上部是一种连环花瓣的造型，用一对对青瓦的凹面相嵌，再敷上灰浆固定而成的。"这种围墙的样式不仅是为了美观，更重要的是具有实用价值，能够起到防盗报警的作用。这种设计充分展示了巴蜀人民对安全的关注和智慧。

城里很多人家都有围墙。……墙的上部是一种连环花瓣的造型，是用一对对青瓦的凹面相嵌，再敷上灰浆固定而成的。在中国，这种样式不仅是为了好看，而且也像其他的多数东西一样为了实用，最重要的作用是防盗报警。这种结构是如此的脆弱，谁要爬到墙上，就会压得瓦砾粉碎而落下墙，从而引得一家连一家的狗叫，直到整个街坊都警惕发生的情况。（[英]徐维理《龙骨》）

从游历者所述中我们可知，巴蜀房屋建筑所呈现出的建筑形象之美与巴蜀风情密不可分。巴蜀地区独特的地域文化和自然环境对建筑风格产生了深远的影响，无论是乡野间的宁静之景还是城市里的围墙设计，都体现了巴蜀人民对生活环境的精心营造和对实用性的追求。这些建筑不仅是人们生活的场所，也是巴蜀地区文化传承和发展的重要载体。

英国游历者爱德华·科尔伯恩·巴伯对巴蜀的农舍进行了细致的描绘，农舍形象之美与巴蜀风情相互映衬，展现了独特的地域文化特色。宽敞、舒适成为巴蜀农舍的主色调。房梁漆黑、与白墙相互搭配，加上四周大片的青枝绿叶，给人一种干净清爽、舒适宜居的感觉。这种简洁明了的色彩搭配，体现了巴蜀人民对生活环境的审美追求。

爱德华·科尔伯恩·巴伯仔细观察后发现，黑色的油漆不过是污垢，而墙壁的白色基本上源于风化。但这种看似破旧的农舍外观，实际上反映了巴蜀地区的自然环境和历史文化。在长期的风化过程中，农舍的外观逐渐呈现出一种与自然融为一体的质朴之美。

四川农舍的房梁看起来是统一漆成了黑色，配搭上粉刷过的白墙非常显眼，四周又簇拥着大片的青枝绿叶，是以乍看之下让人觉得它们非常干净清爽，舒适宜居。然而再看几眼，你就会发现这都是幻觉——所谓黑色的油漆不过是污垢，而墙壁的白色基本上源于风化。不过四川的这些农舍至少是比较宽敞……（[英]爱德华·科尔伯恩·巴伯《华西旅行考察记》）

英国游历者艾米丽·乔治亚娜·坎普在《中国的面容》中描述了她对巴蜀地区的板条灰泥墙和屋檐突出的房屋的观察：外观漂亮，内部空荡荡、阴沉沉，少窗子。这种设计可能是为了适应当地的气候条件，减少阳光直射和风雨侵蚀，同时也起到保护隐私的作用。而山路穿过房屋的设计反映了巴蜀地区的地形特点和人们的生活方式。这种设计使得房屋与山路融为一体，形成了独特的景观，更加突显了巴蜀地区的独特风情。

这一带板条灰泥墙和屋檐突出的房屋看上去十分漂亮，可里面却空荡荡、阴沉沉的，因为它们很少有窗子；那一点儿光线是从门和屋顶上的洞进去的。山路非常奇怪，常直接穿过房屋（绝大多数是饭店）……也许还可以留意到图中烟从墙壁的缝隙里出来。这样的烟囱由于全国各地都没有，很是引人注目。我想这也许就是我们觉得中国市镇的照片看上去这么不真实的原因。有时候你跨过一道门之后以为自己进了一家客栈，而事实上这是一条村里的街，完全用席子遮盖着，在长竿上从一个屋顶延伸到另一个屋顶，使得大白天里街道一片昏黑。（[英]艾米丽·乔治亚娜·坎普《中国的面容》）

从游历者艾米丽·乔治亚娜·坎普的游记中，我们可以感受到巴蜀的独特建筑风格与当地的自然环境、文化传统密切相关。这种独特的建筑风格和生活方式，构成了巴蜀地区独特的文化风情，也为中国市镇增添了一份神秘的魅力。

英国游历者立德在《中国五十年见闻录》中描述了他在巴蜀地区的所见所闻。他提到"沿途经过了很多石块堆砌的建筑，但是从万县开始人们很少使用石块；大部分房屋是土坯墙体、茅草屋顶，少数条件好的为砖瓦结构"，这种建筑风格反映了巴蜀地区的自然环境和自然资源情况。石块在这里被用于搭建"宝贵的积粪圈"，也就是茅厕。石墙和石板的使用体现了巴蜀人民对建筑结构的重视和对耐久性的追求。这种建筑风格与巴蜀地区多山的地形相呼应，展示了蜀地人民对自然环境的适应和利用。

我们沿途经过很多石块堆砌的建筑，但是从万县开始人们很少使用石块；大部分房屋是土坯墙体、茅草屋顶，少数条件好的为砖瓦结构。石块用于搭建宝贵的积粪圈（温格罗夫·库克就这么称呼茅厕），这是全中国的一大特色景观，在这里，厕所为坚固的石墙建筑，顶上为宽厚的石板，对于过往的行人极具吸引力，中国农夫为了积攒难得的肥料，非常需要行人的帮助。（[英]立德《中国五十年见闻录》）

此外，石块建筑也反映了巴蜀人民的勤劳和智慧。他们利用石块搭建积粪圈，积攒难得的肥料，为农业生产提供了重要的资源。这种对资源的巧妙利用体现了巴蜀人民的务实精神和对生活的精心规划。

第三节　自然与艺术的融合——巴蜀寺庙宫殿

巴蜀地区的寺庙宫殿融合了自然环境、宗教信仰和建筑艺术元素，呈现出独特的形象之美与巴蜀风情。巴蜀地区有着许多历史悠久的寺庙宫殿，日本的竹添进一郎以简略的笔触记载了许多寺庙，如张翼德祠、白帝城旧祀等。云阳县的建筑虽然大多矮小简陋，但南岸新修的张翼德祠却金碧辉煌，展现了巴蜀人民对英雄人物的敬仰和崇拜。

竹添进一郎在游记中还记述了白帝城的遗址。白帝城曾经祭祀公孙述，明朝时废弃，改祀昭烈皇帝。庭中有几株仙人掌，高达一丈，非常罕见。从殿门俯瞰瞿塘峡，即使不降雨，也能听到万雷轰鸣。周围老树环绕，阴森含风，让人顿忘三伏之热。这种宏伟的建筑与自然景观相结合，体现了巴蜀地区对自然的敬畏和对历史的尊重。

此外，竹添进一郎还记录了在武连驿住宿时参观的觉苑寺。这座寺庙创建于唐朝贞观年间，宋朝宝元年间赐"觉苑寺"一名。寺内有颜鲁公的"逍遥楼"碑，字体遒劲有力，非常珍贵。寺庙的建筑和文化遗产展示了巴蜀地区悠久的历史和文化底蕴。

　　云阳县城市矮陋，独南岸新修张翼德祠，金碧烂然眩人目。
　　一山临江而起，为白帝城遗墟。舍舟由山后螺旋而上，殿宇巍然。旧祀公孙述，明时废之，更祀昭烈。庭中有仙人掌数株，皆高过一丈，所罕觏。殿门俯瞰瞿塘，不雨而万雷作于脚底，绕殿多老树，阴森含风，顿忘三伏之热。徘徊移时，登舟则烈日赫赫，复在洪炉中矣。
　　宿武连驿，古武功冶也。北山觉苑寺，唐贞观中所创，至宋宝元始赐今名。寺有颜鲁公"逍遥楼"三大字碑，字径且尺，笔画遒劲，真可宝也。（[日]竹添进一郎《栈云峡雨日记》）

　　在游历者竹添进一郎的游记视域中，我们可以感受到巴蜀地区的寺庙宫殿以其独特的形象之美和丰富的文化内涵反映了巴蜀风情的独特魅力。这些建筑既是历史的见证，也是巴蜀地区文化传承的重要载体。
　　日本游历者山川早水在《巴蜀旧影——一百年前一个日本人眼中的巴蜀风情》中描述了他所见到的青羊宫八角堂。"门前立有一对残缺的石华表，全刻的是云龙缠绕的雕像，或许可作为火灾后留下的遗物"。这显示了历史的沉淀和沧桑感。"庭间有一所八角堂……基座由磨石筑成，呈八角形。设阶梯八处，堂挺立其中央。基端以石柱支撑八檐。柱色黝黑，全刻有金色飞龙。仰而望之，好像八条龙想同时跃上屋顶。观其内，筑有青铜所铸的老子骑牛像，牛如猪大小。此像就是此宫的本尊。仰望天棚，呈高高的隆起状，隔有小小的方格。材料全是本色木料。虽谈不上清雅，但是此堂实为青羊宫的重要场所。"这种建筑结构的精妙和雕刻的细致，展示了巴蜀地区的寺庙宫殿建筑对工艺和艺术的追求。

　　门前立有一对残缺的石华表，全刻的是云龙缠绕的雕像，或许可作为火灾后留下的遗物。庭间有一所八角堂，结构的精妙可谓是宫中的第一杰作，这也是我入清以来未曾见过的精巧建筑。现将其梗概记述一下。其基座由磨石筑成，呈八角形。设阶梯八处，堂挺立其中央。基端以石柱支撑八檐。柱色黝黑，全刻有金色飞龙。仰而望之，好像八龙想同时跃上屋顶。观其内，筑有青铜所铸的老子骑牛像，牛如猪大小。此像就是此宫的本尊。仰望天棚，呈高高的隆起状，隔有小小的方格。材料全是本色木料。虽谈不上清雅，但是此堂实为青羊宫的重要场所。

文殊院在北门的文殊院街，也是一个著名的大寺庙。据说，此寺多藏西藏佛。（[日]山川早水《巴蜀旧影——一百年前一个日本人眼中的巴蜀风情》）

在游记中，山川早水还提到了文殊院，"北门的文殊院街，是一个著名的大寺庙，据说，此寺多藏西藏佛。"这反映了巴蜀地区对佛教文化的重视。

除了青羊宫，巴蜀城中的祀庙也非常多，山川早水着重记述了其中的张恒候庙、江渎庙等，这些祀庙无不表现出蜀地历史之悠久。

在张桓侯庙中，建筑结构壮丽，碧瓦交辉。庙下石壁上刻有"龙吟"二字，为刘又丹所书。明代的汪安宅诗中也赞美了桓侯的忠义之心。这些元素体现了巴蜀地区人民对历史英雄的敬仰和对忠义精神的崇尚。

城对岸有新修的一座大庙，称为张桓侯庙。结构壮丽，碧瓦交辉，庙下石壁上刻有"龙吟"两个大字，为刘又丹所书。明代的汪安宅诗中曰："桓侯忠义铁心肝，云怕孤高雪怕寒。唯有五峰祠下水，年年犹濯汉缨冠。"（[日]山川早水《巴蜀旧影——一百年前一个日本人眼中的巴蜀风情》）

江渎庙是祭祀南渎大江之神的庙宇。江渎庙的建筑风格体现了巴蜀地区人民对自然神灵的崇拜和对历史文化的传承。

江渎庙在成都城内西南角，位于今天的成都文庙边，祭祀南渎大江之神。汉志曰，"秦并天下立江水祠于蜀"，从此蜀中才开始有江渎庙。今天的庙是隋朝开皇二年（582年）所建。唐天宝六年（727年）重修。王渔洋曾来做过祭祀。他所著的《秦蜀驿程记》，就是他那次来时沿途所记。（[日]山川早水《巴蜀旧影——一百年前一个日本人眼中的巴蜀风情》）

在诸葛亮祠中，文武百官的塑像栩栩如生，每尊像的牌位上记有官爵姓氏，面貌与其本人相称。殿外有出师二表的石刻，字体为篆书。水塘边的琴亭中放置着一把古琴，据传是孔明之琴。殿前的房舍供祭拜者休息，挂有岳飞书前后出师二表的拓本。此外，还有小庭院，花卉兰竹盆景排列其中，景致幽寂典雅。

左右的长廊配有文武百官之像。每尊像之牌位，记有官爵姓氏。面貌似乎与其本人相称。进入第三道门，有一个大殿，此乃诸葛亮祠。龛中祭有孔明的塑像，如先主塑像大小。坛下放着一个大香炉，一天到晚香烟缭绕。祭拜者，都在塑像前行跪拜之礼。龛左放着孔明铜鼓两个，径一尺余，长一尺三四寸，厚约二分。其面铸有花纹，周围附着几只蛤蟆（蛤蟆的数目大概是六个）。虽然为仿制，但可充分想象出其形状。

…………

殿之外壁上有出师二表的石刻，周围镶有边缘，字如拳头般大小，皆用篆书。殿右有一水塘，塘边有一伸入水中的楼亭，名叫琴亭。亭中摆着一把古琴，像是孔明之琴。殿前的房舍是祭拜者休息的地方。屋壁上挂有岳飞书前后出师二表的拓本。经此屋的小门再往里走，有一个小庭院，并排着花卉兰竹的盆景。从盆景的空隙间往前走，有两栋休闲庭园。窗棂帏帘、桌椅板凳极其整洁。如此地方在中国极为少见。每当祭拜祠堂时我必临此园休息。那种幽寂典雅的景致，令人忘记了天已近黄昏。

这些寺庙宫殿的建筑结构、石壁刻字、塑像、古琴等元素，共同营造出一种庄重、肃穆、典雅的氛围。它们既是宗教和历史的见证，也是巴蜀地区文化传承的重要载体。

事实上，庙宇在蜀地可谓随处可见。英国游历者爱德华·科尔伯恩·巴伯就记述了他所见的供奉峨眉山保护神的庙宇。他描述了他所见到的一座供奉雕像的殿堂，这座建筑是"中空的立方体，上面覆盖着一个半球形的穹顶，穹顶上立着金字塔状的冠。四面墙壁厚 12 英尺，大厅地面是边长 33 英尺的正方形，但随着高度上升，内部水平面逐渐变成圆形……衔接到穹顶边缘，不过穹顶距四壁形成的圆有一定距离……看起来更加飘逸。"整个建筑的设计巧妙，从正方形过渡到圆形的过程非常自然，给人一种和谐美感。

此外，爱德华·科尔伯恩·巴伯还提到殿堂中有许多壁架，上面放着一些据说是银制的小型肖像。这些细节展示了巴蜀地区寺庙宫殿建造者对细节的精细处理和对装饰的重视。

供奉这座雕像的殿堂本身也极为有趣。这座建筑是一个中空的立方体，上面覆盖着一个半球形的穹顶，穹顶上立着金字塔状的冠。四面墙壁厚 12 英尺，大厅地面是边长 33 英尺的正方形，但随着高度上升，内部水平面逐渐变成圆形——这个渐变过程十分赏心悦目，但不用术语便难以描述。勉强要说的话，就是四个角落各自砌有三道凹面造型，中间一道是一个两端凸出的椭圆形，其余两道则是球面三角形，就是这样，一个正方形自然而然地演变成了圆穹——只有当人试图用几何语言来描绘这个过程的时候才会感到奇怪，就肉眼看来，这个从正方形过渡到圆形的过程是非常自然的。四面墙的顶端都是四分之一圆形，衔接到穹顶边缘，不过穹顶距四壁形成的圆有一定距离，直径也大了几尺，看起来更加飘逸。穹顶是半球形的，制作光滑精巧。我觉得这座建筑在基础中用了石料，但除此之外它完全是由砖砌成的。墙上有许多壁架，上面放着一些据说是银制的小型肖像。（[英]爱德华·科尔伯恩·巴伯《华西旅行考察记》）

从爱德华·科尔伯恩·巴伯的记述中，我们可以感受到巴蜀地区的寺庙宫殿建筑在设计上融合了几何形状和空间的变化，给人一种独特而和谐的美感。这些建筑体现了巴蜀地区的文化特色和建筑风格，展示了建造者对细节和装饰的追求。

具有相同功能的还有英国游历者托马斯·布莱基斯顿所记述的重庆的寺庙，庙里的神像被当地船工供奉，船工祈求得到出行的庇佑。

托马斯·布莱基斯顿在《江行五月》中对一座寺庙展开描述，寺庙被院墙包围，周围林木苍翠，营造出一种幽静而神秘的氛围。庙里塑有佛像，其中一尊佛像骑着大象，展示了巴蜀地区对佛教文化的独特理解和表达。庙门外还有两尊泥塑朱漆的巨大神像，神像前燃着香烛，表现了当地人对神灵的虔诚敬仰。

此外，游记中描述的寺庙的建筑细节也体现了巴蜀地区的特色。"明晃晃的砖瓦屋顶完好无损，"显示出寺庙得到了精心维护。这些建筑元素展示了巴蜀地区人民对传统建筑工艺的重视和传承。

28日，继续我们的行程，穿过一个1英里多长的峡谷，此间，河道从另一列上面所提及的这种山脉中穿过，绕过一个弯向北行驶，接着又转而向西，然后河道南转，重庆便展现在我们眼前。下游2英里有一座围着院墙的寺庙，周围林木苍翠，庙里塑有佛像（其中一尊佛像骑着大象），庙门外还有两尊泥塑朱漆的巨大神像，像前燃着香烛。我们有些迷信的船夫跑去向这些神灵磕头跪拜。其地景色优美，寺庙似乎修缮一新，明晃晃的砖瓦屋顶完好无损，均表明该地区颇为繁荣。（[英]托马斯·布莱基斯顿《江行五月》）

第三章 巴蜀游记视域下的人文景观

英国游历者阿奇博尔德·约翰·利特尔则描绘了庙与石桥构成的独特的东方美景。他提到"其中一座称作万寿宫，门面墙装饰华丽，有一些嵌花铜匾，最醒目的一块刻着'仙力踪'……"这些装饰元素展示了巴蜀地区人民对艺术和工艺的追求，以及对宗教信仰的虔诚表达。

阿奇博尔德·约翰·利特尔还对一座庙宇展开了描述："庙宇建筑十分坚固，维修精良，装饰华丽；三进大殿和一个两层的亭子顺着临河一面延伸排列。庙的一侧有一道美丽的石桥，从石桥往上看，只见一条瀑布从一个陡峭的窄谷中飞泻而下，这是我所见过的最完整的一幅东方美景。"这一景观中自然与建筑融为一体，体现了巴蜀地区人民对自然环境的尊重和利用。

阿奇博尔德·约翰·利特尔还指出，"除了摘录佛教和道教经文的以外，（这些词句）装点寺院的作用。"这反映了巴蜀地区寺庙宫殿建筑在注重宗教意义的同时，也强调装饰性和艺术性，体现了对美的追求。

> 其中一座称作万寿宫，门面墙装饰华丽，有一些嵌花铜匾，最醒目的一块刻着"仙力踪"，这些词句没什么意义，除了摘录佛教和道教经文的以外，只起到装点寺院的作用。……（[英]阿奇博尔德·约翰·利特尔《扁舟过三峡》）

英国的伊莎贝拉·伯德则描述了一个由小型庙宇组成的小村庄，其展现出的建筑群庄严朴素又精巧别致，让人叹服。从她在游记中的描述可以看出，这座文庙与她之前见过的那些充满奇形怪状、高大凶猛的塑像的寺院和道观相比，显得朴实无华。文庙的建筑结构简单而庄重，红色的砂石建筑周围有宽阔的石坛，中央的石瓶和牌坊背面的平坛上有一个朴素的石祭坛和一块镌刻的碑铭。与其他寺庙不同的是，文庙内部没有那些高大凶猛的塑像，而是以"大宗师"的铁像为中心，周围有几面刻着铭文的墙壁，一切都显得庄重、朴实无华。

此外，伊莎贝拉·伯德还描述了她经过的一些小型庙宇组成的村庄和大型的庙宇群，其中最美的一座正面是石雕的。庙宇群附近有许多牌坊、李家庄或张家湾之类的村舍和大型的砖壁木架结构的农舍。在翻越富里根关口的途中，她还经过了一些外表更像蒂罗尔式而不是中国式的宽阔、完好、平缓的石梯。

庙宇有精美绿色的琉璃瓦大屋顶，以参天松柏和竹林为背景，那不同寻常的外观就不显得那么鲜明突兀。庙门临水而起,"岛"的其余部分都围着紫红色的宫墙。我在冰凉的水中蹚过 100 多码才走近它,发现一座朴素的长方形红色砂石建筑,是空敞的,周围有宽阔的石坛。中央的石瓶中有两株婀娜的棕榈和一座庄严的牌坊,背面的平坛上有个朴素的石祭坛和一块镌刻的碑铭,其后是一面有铭文的墙,被壁柱分隔成几大块,一切都庄重堂皇,朴实无华。这是文庙,与那些我有缘进去充满了奇形怪状高大凶猛的塑像的寺院和道观相比,是少见的朴质。当然"大宗师"是最伟大的人物之一,因为他已经被熔铸成铁的典范,在思想、社会秩序、文学、政府及训导中华民族的 4 万万人垂范了 2000 年。

  通过沙浦,那里简直就是一个由小型庙宇组成的小村庄,又过了青台,那里是大型的庙宇群,最美的一座正面是石雕的。我们从许多装饰华美的牌坊下经过,经过了一些中国的李家庄或张家湾之类的村舍和大型的砖壁木架结构的农舍,重新进入山地随后进入大山,登上一道 5000 多级的石梯,翻越了美丽的富里根关口,石梯宽阔、完好、平缓,有漂亮的护栏,维护得极好!这段阶梯从三浪沙的旅店和桥开始,外表上更像蒂罗尔式而不像中国式,的确,我每天无意中都有中国风景和建筑一定是像什么的先入之见,我希望读者在读完本书之前,也会丢掉这些是不是瓷盘柳树图案起源的成见。

  这座庙宇给我留下了美与雄浑的印象,是自然与艺术结合的产物。外面,参天的树木以其浓密的枝叶使较小的建筑景观迷失其中,汩汩的水声,鲜花绽放的灌木,浓烈的芳香飘浮在潮湿、静寂的空气中。屋顶上有精雕细琢的小尖塔和人物形象,甚至各道门前面的屏风都是精工雕饰的花格窗,而内部的美则是过去老一套的描述:非常光洁的黑漆圆柱,屋顶是雕工和漆工的完美奇迹,一切可利用的空间被盛誉的匾额和过去总督的赠品所占据,而神殿确实被富丽的彩漆描画得金碧辉煌,各代帝王御赐的锦幛在前面飘动。伟大工程师和他的儿子的雕像的对面,是用涂漆的浮雕雕成的最精细的长廊;在柱子上,在游廊里,凡是空间容许使用装饰的地方,都有雕凿成字或描金记录的李冰的名言:"深淘滩,低作堰"。([英]伊莎贝拉·伯德《1898:一个英国女人眼中的中国》)

  美国的威廉·埃德加·盖洛敏锐地感知到中式庙宇与他地的不同——其大多与夫子、关帝等有关,有着基础的教化作用。虽然威廉·埃德加·盖洛提到这些庙宇中的和尚和道士名声不佳,但这并不能掩盖庙宇本身所蕴含的文化价值。

  威廉·埃德加·盖洛在其另一本著作中提到,山上最吸引人的庙宇则是供奉李冰之子的庙,每年五六月份,香客们会从平原或更远的地方赶来祭拜。庙宇的位置、设计和建造都非常精美，庙里有堂皇的雕刻、精美的漆器，以及大量的还愿供品。此地两个李冰庙，一个供奉父亲，另一个供奉儿子。

（泸州）城里还有 66 座庙宇，诸如夫子庙和关帝庙之类，一大帮名声不佳的和尚、道士负责对人们进行教化。（[美]威廉·埃德加·盖洛《扬子江上的美国人》）

但山上最吸引人和最有名的是一座庙宇，不是供奉佛祖或普通菩萨的寺庙，而是崇拜李冰之子的庙，人们尊称他为"二王"。每年五六月份，香客们从平原上或更远处成群结队地赶来祭拜他们的大恩公。最常见的供品是公鸡和香纸，每年上香还愿或还愿的男人、女人和孩子有几万人。

庙宇的位置、设计和建造都极其漂亮。庙里堂皇的雕刻，美轮美奂的漆器，以及大量的还愿供品。更确切地说，有两个李冰庙，一个供奉那位设计并开始兴修整个水利系统的父亲，另一个供奉完成了整个水利系统的儿子。根据中国习惯，儿子的功绩为父亲增光，因此不得不调停一些可笑的争吵。（[美]威廉·埃德加·盖洛《中国十八省府》）

游记视域中的这些庙宇不仅是宗教活动的场所，也是文化传承和艺术展示的重要载体。它们反映了巴蜀地区的历史文化和建筑艺术，以及人们的宗教信仰，呈现出独特的形象之美和浓郁的巴蜀风情。这些庙宇对于了解巴蜀地区的历史和文化具有重要意义，同时也是中华文化宝库中的重要组成部分。

德国的著名学者费迪南德·冯·李希霍芬还在蜀地发现了一座美丽的孔庙，位于一片翠绿的柏树林里。游记中提到，这座孔庙的美丽部分是因为其所处的柏树林，部分是因为从这里可以眺望远处景色。这种与自然环境的融合，体现了巴蜀地区人民对自然的尊重和与自然和谐相处的理念。

此外，李希霍芬还描述了一片梯地，它由碎石和黏土构成，中间隆起着孤岛一般的陶土层，最终形成了大块的农田。这种地理特征在巴蜀地区很常见，反映了当地人民对土地的利用和改造，以及他们勤劳、智慧的生活方式。

最美的是大庙（Ta miau）——一个孔庙，部分是因为它位于翠绿的柏树林里，部分是因为从这里可以眺望远处。下山的时候来到了一个梯地，它把那幅巨大的中国地图上标示的河曲填满了，由碎石和黏土构成，黏土中又隆起孤岛一般的陶土层。由此开始出现较大块的农田。（[德]费迪南德·冯·李希霍芬《李希霍芬中国旅行日记》）

除了中原文化中的寺庙外，还有受到藏传佛教影响的寺庙。这类庙宇具有更多显著的宗教特性。英国的 R.F.约翰斯顿将峨眉山上的庙宇和缅甸佛塔做了对比，认为蜀地的庙宇更为朴素。

峨眉山上庙宇众多，但现今的房舍称得上是古建筑的却极少，由于气候潮湿和火灾，脆弱的木料寿命大大缩短。寺院建筑物很简朴，只是一些木结构平房。与柚木构造、雕刻华丽的暹罗佛寺和缅甸佛塔相比，它们只是一些装饰极少的朴素结构，其艺术价值微不足道。（[英]R.F.约翰斯顿《北京至曼德勒——四川藏区及云南纪行》）

英国的阿绮波德·立德也对寺庙进行了观察与描述：

在我们所在寺庙的后面还有一座寺庙，它的圆顶和砖墙在中国都很不寻常，据说，这里从未有人建庙，它是一夜之间突然出现的。就在那座庙里，有一尊普贤菩萨骑坐在一只大象上的铜像，大象的每只脚都立于一朵莲花之上，那画面精彩绝伦，美妙至极。（[英]阿绮波德·立德《亲密接触中国：我眼中的中国人》）

阿绮波德·立德也曾进入寺庙，里面十分干净、明亮，给他留下了非常好的印象。

三根柱子支撑着这块大石头，其露出江面的天数被人们记录了下来。水位极低时，可见它下方的两个拱形。渡过最后一个崆峪滩前，我们发现山上有个可爱的小庙，景色绝佳。这庙是我在四川境内见到的第一座，与中国其他寺庙不同的是，它建造精妙，扫洒得力，十分清洁，干净明亮的窗户上，镶着五彩的窗格。住持很礼貌，佛像也是新的。（[英]阿绮波德·立德《亲密接触中国：我眼中的中国人》）

英国的 T.T.库珀更细致地描绘了寺庙内部的场景，包括黑暗的拱道、旋转的圆筒等具有标志性的符号。

那是一座巨大的方形建筑，由粗糙的石头砌成，一排排的方形窗户，光线可以从窗户进入房间。事实上，这个地方更像一个监狱。我们穿过一扇巨大的木门，通过黑暗的拱道，拱道到头又是一个同样的木门。拱道的两侧各有一个架子，架子中间有四个圆柱，大约高四英尺，直径一英尺；每个圆柱都被固定在一个中心的枢轴上。喇嘛拨了它们一下，一个接一个地旋转着，他一边念咒语，一边用手捻着珠子。在每一个圆柱上都被涂上了藏文字符的大金字。喇嘛庙里到处都是这种圆柱，每个喇嘛都会转动圆筒，手捻佛珠。（[英]T.T.库珀《拓商先锋中国行》）

美国的 E.A 罗斯的文本中甚至透露出部分地区会供奉有着西方雕塑风格的神像，这也显示出巴蜀地区作为中西方文化交汇处的特性。

我们越往南走，迷信现象也就越严重。每座城门里面通常都有一个破破烂烂的小神庙。里面那些可怕的神像往往在手里抓着一个人头或眼球。路边也有很多神龛，里面供奉着一个古老的国王及王后的小神像，面容慈祥地坐在神位上。路边悬崖某块突出的石头上也会有香烟缭绕，过路人会放下背包，点上一炷香，对着插着几根鸡毛的、烟火萦绕的石头深深地鞠躬叩首。我们遇见过一队送葬者，他们唱着奇怪的挽歌，肩上抬着棺材，上面还有一只到坟地祭祀用的公鸡。沿着嘉陵江，你会在河水的转弯处看到一个方形石头柱子，柱子上面是一个男人的上半身像，就面对着转弯处。罗马人称之为守界神。为什么四川的守界神的头上有短短的卷发，以及罗马雕塑的风格呢？在同一河上，我们经过一大片刻有人脸的石崖，人称千佛洞。佛教信徒在悬崖上打出了几百个壁龛，每个壁龛里都有一个神像或圣人像，通常有真人大小，甚至更大一点。（[美]E.A 罗斯《19—20：世纪之交的中国》）

还有部分庙宇会建造在比较特殊的地方，如李希霍芬曾记述过一个建造在峡谷中的寺庙。这座寺庙与外世交通不畅，但也因此显得和平、宁静。

现在慢慢爬上最后一道山脊，到罗江（Lkiang）上方高 150 米的地方、在白马关（Paima kwan）附近的一座寺庙那里就通过了这道山脊。这是一座用石头建在小柏树林里的坚固的寺庙，旁边有个僧院。我在这里也没有看到佛像，只看到神坛上留着黑色长须的大个子金人。像当地的所有寺庙一样，这个寺庙秩序井然，保持得很洁净。……寺庙建

在峡谷中美丽的地方。这个地方显得格外和平而富饶。([德]费迪南德·冯·李希霍芬《李希霍芬中国旅行日记》)

  法国的武尔士甚至记述过一座坐落在悬崖上的庙宇,其到处散发着古老的气息,有着神秘的氛围。

  悬崖上面,或者说悬崖深处,有座庙宇。山坡侧面有条小径蛇行而上,通往庙宇。那有清澈的小溪穿过,小径覆满榕树类植物和绿色的竹子。
  几座碑门(用于纪念功德或表彰品行的石门)横跨过小径。走到小路尽头,迎面是一面精雕细刻的砖墙,屏住洞窟的入口。这就是庙宇。正中间是一座祭台,上面雕刻着四五米高的巨大佛像,面目古怪。
  院子里或左或右,直到边沿,矗立着许多高大庄严的佛教人物像,表情奇特。
  从拱顶到岩穴,都绿茵茵的,满布青苔,水滴连绵,滴落到地面凿出的坑里。
  所有这一切都被一帘竹子遮住,从江面根本看不见。
  此地庄严寂静。我不知道这是否就是建造者的初衷。但是,把庙宇建造在长江最为野性和动荡的端头,如果我是中国人,我会不由自主地把盘沱的这个庙叫作"险境尽头之门"。
  我们从庙里出来,又走了几步,在小径的拐角处,看到悬崖的岩壁上雕刻着一座巨大的半身像,看起来已经很古老了。
  在他身上几乎到处都凿有很小的壁龛,在几个壁龛里还燃着油灯,油溢出来,把佛像身上涂了厚厚的一层。
  有人介绍说,这是个治病的佛。
  如果人身上有什么地方不舒服,就到这里来,往佛像身上相应位置的壁龛里点盏灯。([法]武尔士《长江激流行——法国炮舰首航长江上游》)

  除了寺庙本身以外,还有许多寺庙的辅助建筑,如英国的阿奇博尔德·约翰·利特尔所记载的"钟鼓楼"。

  峡谷上方有一座美丽的寺庙钟鼓楼,登上寺庙的平台(供流动剧团作敬神演出用),看见一座3层的亭子,整个寺庙建筑精良,四周特别干净。从阶地再向前,便可见到城

镇及下面繁忙的港口。（[英]阿奇博尔德·约翰·利特尔《扁舟过三峡》）

此外，利特尔还记述了庙宇中的活泉眼，自然景观与建筑景观的融合成为此建筑群的主基调。

我们看不见水面以下的泉眼，但大量水流涌出来，泉水供应源源不绝。当地人告诉我们，泉水冬夏都一样。一座庙宇毗邻温泉，有大块石碑，碑文模糊，不可辨认，无从得知其建筑历史。中国的自然景观无一不充满对神灵的感激，这种虔诚感在四川特别明显。（[英]立德《中国五十年见闻录》）

总之，通过梳理域外游历者游记视域下的巴蜀地区的寺庙宫殿建筑，我们可以感受到这些寺庙宫殿建筑在设计和建造上充分考虑了当地的自然环境。例如，一些寺庙宫殿建在山上或依山而建，利用地形的起伏和山势的变化，营造出独特的建筑气势和景观效果。同时，建筑的布局和装饰也融合了巴蜀地区的文化元素和传统工艺，如木雕、石雕、彩绘等，展现了浓郁的巴蜀风情。此外，巴蜀地区的寺庙宫殿建筑还反映了当地人民的生活方式和价值观。一些寺庙宫殿不仅是宗教活动的场所，也是文化传承和艺术展示的重要载体。例如，一些寺庙宫殿中保存着古代的碑刻、壁画、雕塑等文物，这些文物不仅是历史的见证，也是艺术的瑰宝，反映了巴蜀地区的文化和艺术水平。

巴蜀地区的寺庙宫殿建筑以其独特的形象之美与浓郁的巴蜀风情成为当地文化的重要组成部分。这些建筑不仅是宗教活动的场所，也是文化传承和艺术展示的重要载体，体现出了巴蜀地区的繁荣和文化特色，具有重要的历史和文化价值。

第四节　高雅、幽静——巴蜀亭台楼榭、庭院花园

巴蜀地区有部分历史遗留下来的亭台庭院，颇负盛名，为许多游历者所喜爱。日本的山川早水记述了游人集聚的望江楼，是成都一道为人喜爱的风景。

事实上，材料中描述了望江楼，虽然名为"楼"，但实际上是一个园子的总称。这个园子是成都城外的"第一游乐园"，吸引了众多游人前来。园内到处是翠绿的树竹，幽静的小径和祠堂，还有柴门石梁和奇石陶砌，充满了中国传统的情趣。

过回澜寺顺流而下，到望江楼，旧名叫玉女津，是成都城外的第一游乐园。虽以楼命名，实为园的总称。城南各胜地，如武侯祠、双孝祠、二仙庵、青羊宫、杜少陵等可数的胜地中，此园才是游人最喜欢集聚的地方。门前的标牌写道：禁止携带妓女进入。园内到处树竹翠绿，幽径曲祠，柴门石梁，奇石陶砌，极具中国情趣。高楼低树点缀其间，任游人住宿游玩。至于普通酒饭，一般在园内小店皆可满足。（[日]山川早水《巴蜀旧影——一百年前一个日本人眼中的巴蜀风情》）

从游记中我们可以看出，在设计和建造上，巴蜀地区的亭台楼榭和庭院花园充分考虑了当地的自然环境。同时，这些建筑还反映了当地人民的生活方式和价值观。例如，园内的小店提供普通酒饭，满足了游人的基本需求。这种简朴而实用的设计理念，体现了巴蜀地区人民的务实精神和生活态度。

山川早水还记述了杜甫草堂，其在游记中描述了一座祠，它被树丛竹篁围绕，厢庑曲折，砌庭回槛，具有高雅的风格。祠中央的庭院中种植了木樨、木莲等名树，下面排列着兰竹。这些植物的选择和布置，既体现了巴蜀地区丰富的自然资源，也展现了当地人对自然的热爱和尊重。

此外，山川早水提到了这座祠中的亭榭，无论是叫看云亭、余清轩、慰忠祠、招魂亭、听籁阁还是俯青山房，它们的名字都充满了诗意和文化内涵。这些亭榭的命名反映了巴蜀地区深厚的历史文化底蕴，以及当地人对历史文化的传承和弘扬。

祠三面树丛竹篁围绕，厢庑曲折，砌庭回槛，皆具高雅风格。中央之庭中植有木樨、木莲等名树。其下排列有花卉兰竹，其亭榭取名叫看云亭也好，叫余清轩也好，叫慰忠祠也好，叫招魂亭也好，叫听籁阁也好，叫俯青山房也好，总之都是供游人休息之用。（[日]山川早水《巴蜀旧影——一百年前一个日本人眼中的巴蜀风情》）

德国游历者费迪南德·冯·李希霍芬在游记中对蜀地某座中式花园进行了描绘，展现出中式花园的雅致。假山、人工洞石和小径构成了一幅充满浪漫气息的画面，这些小径的尽头是圆形的月门，穿过月门，人们可以欣赏到令人愉悦的景色，如荷花池和凉亭。在这个梦幻般的花园里，一年四季盛开着各式各样的鲜花，使整个花园充满了生机和活力。

中式花园的设计和布局充分体现了中国传统文化中对自然的尊重和热爱。假山和人工洞石的布置，体现了巴蜀地区人民对自然山水的崇尚和追求。小径和月门的设计，则体现了中国传统文化中对曲径通幽、移步换景的审美追求。

这是一座典型的中式花园，简直就是一个艺术品。一座座小小的假山之间间或穿插着浪漫的人工洞石和散步的小径。这些小径的尽头通常是一个圆形的月门，穿过这道门，人们便可以欣赏一幅幅令人愉悦的景色：一个荷花池和凉亭。在这梦幻般的花园里，一年四季盛开着各式各样的鲜花。

修建这种住宅的那位富裕的中国人，大概从来没有想过要把房子出租，更别说租给外国人了。因为他们会糟蹋这所房子，加上门、窗和火炉，让房子敞亮、通风。因此，德国领事馆之所以能够得以租用这些房子，还得归因于目前动荡的局势。（[德]费迪南德·冯·李希霍芬《李希霍芬中国旅行日记》）

另外，中式花园中的植物选择也充分考虑了巴蜀地区的气候和地理特点。荷花池和各式各样的鲜花，不仅为花园增添了美丽的景色，也反映了巴蜀地区具有丰富的自然资源。

法国里昂商会成员也对庭院有所描绘，他们亦赞赏其外观上的典雅别致，只是对于院子内部的杂乱颇有微词。游记中描述了"四川省农业生产高度活跃，家庭财产分配极端，导致了大量独门独户的院坝散布在全省各地。"这些独立院坝一律是中规中矩的中式建筑，房屋框架由厚重、敦实的木材制成，下墙选石头、砖块修砌，上墙是土坯筑成，屋顶盖青瓦，或铺茅草，依主人的财力而定，颇有几分瑞士山区木屋的样子。房屋四周交错着几丛树木，多为青翠的竹子，整个村落外观秀丽如画，令人赏心悦目。

我们在内地考察已有半年，沿途所见村落众多，物产一致。无论古镇新城，还是乡间村落，所有建筑都按统一模式打造，千篇一律，毫无新意。

四川省农业生产高度活跃，家庭财产分配极端。覆盖全省的既有一定规模的村落，也不乏独门独户的院坝。在其他省份农村人口相对集中在各大村镇，商人、工匠也进驻村镇，开店谋业。而四川的地主及其"佃户"则倾向于脱离村镇，在自己经营的田间地头修筑自己独立的院坝，繁衍生息，因此全省各地可见大量离群索居的院坝散落其间。

这些独立院坝一律是中规中矩的中式建筑，偶尔也开阔、宽敞。房屋框架由厚重、敦实的木材制成，下墙选石头、砖块修砌，上墙是土坯筑成，屋顶盖青瓦，或铺茅草，依主人的财力而定，油漆成棕色或深栗色的木质屋架在白色外墙的映衬下耀眼突出，颇有几分瑞士山区木屋的样子。房屋四周交错着几丛树木，多为青翠竹子。整个院落外观秀丽如画，令人赏心悦目。

如果说这些院坝表面上还散发着干净整洁、舒适安逸之气息，那么你还是不要举步迈入门槛为好，否则的话，你可能会乘兴而去，败兴而归。（[法]法国里昂商会《晚清余晖下的西南一隅：法国里昂商会中国西南考察纪实：1895～1897》）

第五节　印度式造像的中国化——巴蜀崖洞石窟

上文提及体现宗教特性的寺庙，与之形似但更具艺术价值的是巴蜀地区的崖洞石窟。

日本的竹添进一郎记述了峭壁之上的佛像。竹添进一郎描述了千佛崖的壮丽景象，"断壁拔江而立"，崖面上镌有众多佛像，大小不一，姿态各异，刻画精巧，金碧辉煌。这些佛像有的高大威猛，有的小巧玲珑，有的直立，有的端坐，有的露出头面，有的微笑或皱眉，有的合掌，有的举手，形象生动，栩栩如生。这些佛像形神俱佳，线条流畅，展现了古代工匠的精湛技艺和卓越的艺术创造力。

此外，千佛崖尽头还有石柜阁和罗汉寺等建筑，其中罗汉寺是乾隆年间建造而成，寺内供奉着二十余座神像。这些建筑和神像反映了当时巴蜀地区的宗教信仰和文化传承，也是崖洞石窟的重要组成部分。

抵千佛崖。断壁拔江而立。唐利州刺史韦杭凿为栈道，镌佛像于崖面，尔后继镌者益众。有如巨人者，有不盈尺者，有立者，有坐者，有特露头面者，有笑若颦者，有合掌者，有举手者，刻画精巧，金碧辉煌。崖尽则石柜阁，与龙门、飞仙号为三阁。阁中罗汉寺，乾隆中所创。一农夫耕于山腹，获石似神像者二十余躯以禀官，官为募化作寺奉之即是。愚氓喜怪，犹可恕焉；官而诱掖之，何与？（[日]竹添进一郎《栈云峡雨日记》）

德国游历者李希霍芬在游记中描述了在重庆府的"石灰岩峡道"里，岩壁上到处都是凿的洞，绝大部分洞里安放着小庙、小教堂和佛教人物。这些崖洞石窟的开凿利用了当地丰富的石灰岩资源，展现了巴蜀地区人民的智慧和创造力。崖洞石窟中的小庙、小教堂和佛教人物的安放，反映了巴蜀地区宗教信仰的多元性和包容性。

第六天下午我们到了重庆府。在布勒克斯顿所谓的"石灰岩峡道（Limestone-Pass）"里终于再次出现了石灰岩，这里用石灰岩烧制石灰。岩壁上到处都是凿的洞，绝大部分洞里安放着小庙、小教堂和佛教人物。（[德]费迪南德·冯·李希霍芬《李希霍芬中国旅行日记》）

英国的E.H.威尔逊则注意到巴蜀石窟与北方石窟不同之处，他提到这些石窟在大宁河以西地区出现，而红色砂岩则是四川特色，这表明了巴蜀地区的地理环境对崖洞石窟的形成具有重要作用。

在距县城北门数百码处的一座庙旁，从船上我观察到建在石灰岩石壁上好像是蛮子的石窟。经询问得知附近有四五个这样的石窟。后面我会再提到这些石窟，但能在这个省的最东边记录它们的存在是很有意义的，因为其此前被认为是西部的特征。就实质上和地理上而言，大宁河以东地区应属湖北西部，而就在河的西面，作为四川特色的红色砂岩开始出现。（[英]E.H.威尔逊《中国——园林之母》）

英国的R.F.约翰斯顿还观察到崖洞中所雕刻的佛像在风格上的迥异，由于佛教是外来文化，因此在艺术装饰上更为贴近印度的风格，也可以猜测，作者所见崖洞或许是佛教文化传入的早期产物。

寺庙周围还有其他十分有趣的景物，那就是巴伯首先描述的史前人类崖居。紧靠寺庙的一处崖洞已改变了它原来的用途（不管原来做什么用），现在是一座小佛堂，佛坛、佛像、铜钟，一应俱全。嘉定附近有许多这类崖洞，整个四川"红色盆地"的崖洞数量更多。这些崖洞的来历，是中国考古学上未曾解决的问题之一。这些崖洞绝对是从砂岩上用人工挖出来的，挖掘者使用工具的技巧很熟练，但看不出什么艺术才华。令人奇怪的是，其装饰风格与中国艺术毫无相似之处，却更接近印度风格。（[英]R.F.约翰斯顿《北京至曼德勒——四川藏区及云南纪行》）

总之，巴蜀崖洞石窟呈现出了形象之美与巴蜀风情。崖洞石窟具有独特的建筑风格和雕刻艺术。崖洞石窟中的建筑结构精巧，雕刻细致入微，人物形象栩栩如生。这些崖洞石窟中的佛像、神像和人物形象，不仅具有宗教意义，还展现了巴蜀地区独特的审美观念和艺术风格。同时，崖洞石窟也是中国古代艺术的杰出代表，展现了中国古代文化的博大精深和独特魅力。这些崖洞石窟不仅是艺术的瑰宝，也是历史的见证，对于研究中国古代艺术和历史具有重要的价值。

第六节　精美、坚固——巴蜀桥梁

巴蜀地区靠山临水，长江将各地区切割开来，由此桥成为各地区连接、沟通的重要媒介。桥由此成为巴蜀地区一道独特的风景。

英国的爱德华·科尔伯恩·巴伯记述了当地的一座石拱桥，这座桥让他感到吃惊。这座双石桥十分古老，从它的设计中可以看出，造桥工匠在面对宽阔的河流时，过于谨小慎微，认为不能搭建拱桥。这反映了巴蜀地区桥梁建筑的一个特点，即在设计和建造过程中，工匠们注重实用和稳定，而不是追求华丽和壮观。

这座桥的简陋程度让我吃了一惊，因为四川民众时常不惜重金大量使用大型石工，而且四川的石拱桥在整个中国也是首屈一指。双石桥本身十分古老，当地人大概是觉得修葺比重建要更为划算，不过从它的设计本身可以看出造桥工匠过于谨小慎微，认为河流太宽不能搭建拱桥。（[英]爱德华·科尔伯恩·巴伯《华西旅行考察记》）

巴蜀桥梁的形象之美主要体现在其结构和造型上。巴蜀地区的桥梁多采用石拱桥的形式，这种结构既能够承受较大的载荷，又具有优美的曲线和独特的造型。石拱桥的拱形结构不仅能够提高桥梁的稳定性，还能使桥梁与其在水中的倒影形成完整的圆形，给人以圆满之美感。

此外，巴蜀桥梁的建筑风格也体现了当地的文化特色。巴蜀地区因其深厚的历史文化底蕴闻名，桥梁的建造也融入了当地的文化元素。例如，一些桥身上刻有精美的图案和文字，反映了当地的宗教信仰、社会生活和文化传承。

拱桥似乎是蜀地最为常见的一种桥梁类型，英国的阿奇博尔德·约翰·利特尔也对此有所记述。

河上横跨着一座半圆形桥，看不见桥墩，像一把弯弓一样，这是我所见到同类桥中最高、最优美的一座。（[英]阿奇博尔德·约翰·利特尔《扁舟过三峡》）

英国游历者谢立山则着重叙述了荣昌一座精美的"狮背桥"，这是一座精美的七孔桥，其独特的设计和建造工艺使其成为当地的标志性建筑。该桥横跨江水，连接了荣昌县城东西，为人们的出行提供了便利。同时，该桥的七孔设计也使其在江水中显得更加优美，为整个地区增添了一份独特的魅力。

谢立山还提到了一座有38个桥孔的石桥，其周围礁石遍布，桥孔高度很低，只有一个桥孔可以通过船只。这座石桥的建筑风格简洁而实用，与周围的自然环境融为一体，展现出了巴蜀地区独特的自然美和人文美。

"狮背桥"（Lion-ridge）横跨江水，这是一座精美的七孔桥，可以通向荣昌县城西，但我们没有从桥上走，而是乘船顺江一直向西航行了5英里。江面宽度常常达到100码；但即使航行的时间并不长，我们还是感觉乏味。江岸的左侧和右侧各自都伸出很多礁石，中间只留下一条很窄的通道，可以容纳一只小船通过。从我们停靠的右岸再往上走一点，有一座38个桥孔的石桥，桥的周围礁石遍布——这些桥孔高度很低，其中只有一个桥孔可以通过船只。我们的船通过桥孔时，船上轿椅的顶部和桥孔顶部之间几乎没有剩下空间了。（[英]谢立山《华西三年》）

巴蜀地区的桥梁以其独特的形象之美而闻名。由于该地区溪流众多，桥梁也相应地增多，而且多为石桥。这些石桥不仅为交通提供了方便，更是艺术品，展现了巴蜀地区独特的文化和审美观念。

美国游历者E.A.罗斯在游记中记述道："桥上往往雕有龙"，这是巴蜀桥梁的一个重要特征。龙是中国传统文化中的重要象征图案，代表着权力、尊贵和吉祥。E.A.罗斯看到的每个桥墩上，龙的头部朝向水的上游，尾部则指向河的下游，这种布局不仅具有装饰性，还寓意着龙的精神和力量能够顺水而下，保佑桥梁和行人的安全。

E.A.罗斯在游记中指出，在没有车轮交通工具的地方，桥梁通常呈现出"驼背"形的设计。一个高大的石拱横跨河的两岸，两边则是台阶，让人拾级而上。这种设计不仅考虑到了对行人的便利，还体现了巴蜀地区人民的智慧和创造力。石拱的造型简洁而优美，与周围的自然环境相得益彰，给人一种和谐、自然的美感。

> 由于溪流众多，桥梁也很多，而且多是造型美丽的石桥。桥上往往雕有龙，每个桥墩上，龙的头部朝向水的上游，尾部则指向河的下游。在没有车轮交通工具的地方，桥梁是"驼背"形的，一个高大的石拱横跨河的两岸，两边则是台阶，让人拾级而上。（[美]E.A.罗斯《19—20：世纪之交的中国》）

李希霍芬更详细地记述了石桥的结构，简述了这种石桥在功用上的优势。同时，他在游记中提到的红色方形砂石造成的石桥，就是巴蜀桥梁形象之美的一个典型代表。这座桥跨越了一条宽且水势汹汹的河，展现出一种宏伟、壮观的美。16根坚固的桥墩支撑着整座桥的重量，使其能够经受住时间和水流的考验。桥墩之间经由15个又宽又尖的桥拱连接，这种设计不仅增强了桥梁的稳定性，还使得整座桥在视觉上更加美观。这座桥的宽度达到了12米到15米，足够容纳行人、车辆和马匹通过。这种宽敞的设计不仅考虑到了实用性，还为行人提供了一个欣赏河景的绝佳位置。与这个地区的其他桥梁一样，这座桥状态完好，没有一块石头是损坏的，这充分体现了巴蜀地区人民的智慧和对建筑工艺的精益求精。

> 路从南城门出去，经一座美丽的、全由红色方形砂石造成的石桥，跨越了那条至此已经很宽且水势汹汹的河。这座桥歇在16根坚固的桥墩上，桥墩之间经由15个又宽又尖的桥拱连接。桥有12米到15米宽，跟这个地区的所有桥梁一样状态完好，没有一块石头是损坏的。（[德]费迪南德·冯·李希霍芬《李希霍芬中国旅行日记》）

英国的 R.F.约翰斯顿在游记中着重叙述了较为别致的"篮子桥",其建造方式简单而巧妙。人们用枝条编织成大篮子,装满松散的石头后沉入河底,然后在篮子顶上放置同等长度的木板,就形成了一座桥。这种建造方式充分利用了当地河道较浅的特点,不仅能够满足人们的通行需求,而且费用低廉。

事实上,篮子桥存在着篮筐腐烂后石块逐渐沉陷、木板被淹没的问题,但它仍是巴蜀地区桥梁的重要代表之一。这种简单而巧妙的建造方式体现了巴蜀人民的智慧和创造力,也为我们提供了一种思考建筑与环境的关系的视角。

这个地区(指洪雅镇)河道较浅,景致的一个特点是篮子桥。枝条编织的大篮子装满松散的石头后沉入河底,各个篮子相隔约10英尺,再将同等长度的木板放置在篮子顶上便筑成一座桥。这种设施的优点是费用低廉,但河水的作用使篮筐腐烂后,石块逐渐沉陷,木板便被淹没。雅河这一河段无航运之利,岩石和急流遍布。不过从雅州可坐长木筏到嘉定,除雨季高峰外,一年四季均可通航,很少发生重大事故。([英]R.F.约翰斯顿《北京至曼德勒——四川藏区及云南纪行》)

与篮子桥类似的造型简单的桥梁还有泸定桥,美国的埃德加·斯诺对泸定桥进行了记述。泸定桥能够横跨在又窄、又深、又急的大渡河上,并以其独特的设计和险要的位置成了当地有名的铁索宣桥。红军战士在长征中曾经沿着峡谷间迂回曲折的小道,赤足向泸定桥出发,一路上克服了无数艰难险阻,最终成功地渡过了大渡河。

安顺场以西四百里,峡谷高耸,河流又窄、又深、又急的地方,有条有名的铁索悬桥,叫作泸定桥。这是大渡河上西藏以东的最后一个可以过河的地方。现在赤脚的红军战士就沿着峡谷间迂回曲折的小道,赤足向泸定桥出发,一路上有时要爬几千英尺高,有时又降到泛滥的河面,在齐胸的泥淖中前进。([美]埃德加·斯诺《红星照耀中国》)

英国游历者 E.H.威尔逊对索桥还做了一种文化定义,认为其是偏远地区的标志。

这一天当中我们经过数座由单条缆索构成的"索桥";缆索很粗,用竹篾编成。这种桥是交通不便、偏远地区的标志。在石泉县附近我们经过一座竹索吊桥,与前面描述的相似,在开坪镇又有一座这样的桥。([英]E.H.威尔逊《中国——园林之母》)

威尔逊对于蜀地的桥梁，整体而言呈赞赏态度。他对于蜀地桥梁所展现出的建筑美学异常喜爱，并不吝啬自己的赞美之词。E.H.威尔逊在《中国——园林之母》中记述，巴蜀地区的桥大多采用红色或灰色砂岩建造，这些材料不仅美观，还十分耐用。石桥的设计多样，从1孔到12孔都有，有些桥背向上拱曲，有些则采用罗马拱架结构。此外，还有堤上的桥和叉架构造的桥，这些桥的建造方式各不相同，但都充分考虑了地形和环境的特点。

在新都县[①]附近，有一座长达120码（约110米）的叉架桥，是此类桥的一个样本。成都东门外的九孔桥和姚家渡的20孔桥也采用了红色砂岩建造。而汉州城外的一座廊桥则是用木材构建，长120码，宽6码（约5米），架在8个石桥墩上，名为金雁桥，是E.H.威尔逊在旅途中所见最漂亮、装饰最华美的木桥。

沟、渠、溪流无数，上面都架有桥，并得到很好的维护，反映了对建筑工程人员最高的信赖。桥多用红色或灰色砂岩建造，很少为木材构建。石桥通常从1孔至12孔都有，有时桥背向上拱曲，但通常还是采用罗马拱架结构。另外还有堤上的桥和叉架构造的桥，不是所有桥都有扶栏，有单独一块石板横架在狭窄的水沟上的桥，也有多块石板架在一排建于溪底的桩柱之上的桥。新都县（Sindu Hsien）附近有这种叉架桥的一个样本，长达120码。成都东门外有一用红色砂岩建成的九孔桥，普遍认为马可波罗游记中提及的即为此桥。姚家渡（Yao-chia-du）也有像这样的桥，但有20孔。就在汉州城外有一用木材构建的廊桥，长120码，宽6码，架在8个石桥墩上。此桥名为金雁桥，是我在旅途中所见最漂亮、装饰最华美的木桥。（[英]E.H.威尔逊《中国——园林之母》）

英国的爱德华·科尔伯恩·巴伯更是认为，蜀地的桥梁胜于中国东部的同类建筑。不过他也认为蜀地桥梁的设计存在瑕疵，但整体而言瑕不掩瑜。

巴伯在游记中写道，这些桥梁像是华丽的堤坝，庞大而壮观，给人一种完美对称的美感。这些桥孔也别具特色，乍一看是圆形，但走近了会发现顶部似乎有些尖，给人一种顺其自然的感觉。这种独特的设计风格，让巴蜀地区的桥梁在中国东部的同类建筑中脱颖而出。

不过众所周知，这些高塔除了有改善四周风水的用处外，也是让当地土木行会挣钱

[①] 新都县：现为四川省成都市新都区。

的好机会。

川人愿意斥资修建如此造价高昂而又没有实际用途的建筑，说明他们具有相当的财力。不过相比之下，省内星罗棋布的大量桥梁更能够证明他们的富有。这些庞大的桥梁就像是华丽的堤坝，要不是桥孔的弧度总是有些瑕疵，它们几乎是完美对称的。这些桥孔乍一看是圆形，可走近了看就会发现顶部似乎有些尖，偏偏却又尖得不够明显，见多识广的旅行者不免会觉得修桥的人似乎是在圆孔和尖孔之间摇摆不定，最后决定顺其自然。这种桥没有一块明显的拱心石，以至于它的顶点就是两块拱石之间的结合处，看起来越发不够美观。不过这些桥梁非常牢固，远远优于中国东部的同类建筑。（[英]爱德华·科尔伯恩·巴伯《华西旅行考察记》）

日本的山川早水立于桥梁之上，更流露出俯仰古今的伤怀之意。桥本身也是巴蜀的诗歌意象中不可分割的一部分。山川早水在游记中记述的万里桥，作为南门街唯一的通路，容纳着繁忙的交通和喧闹的人群。然而，尽管历经沧桑，这座桥依然屹立不倒，它的形象之美在历史的沉淀中愈发显现。桥的两侧虽然破烂不堪，但正是这种破旧感，让人感受到了岁月的痕迹和历史的厚重。

站在桥上，倚栏俯仰古今，游历者可以感受到时间的流逝和历史的变迁。这座桥见证了城市的兴衰和人们的生活变化，它成了一种记忆和情感的纽带。对于游历者来说，他们不仅可以通过桥梁了解当地的历史文化，还能够感受到这座城市的独特魅力。

忆往昔，虽然历史上的事情不值得伤感，可是，如今的万里桥作为南门街唯一的通路，喧闹、拥挤一刻也没有停息，加之桥的两侧破烂不堪，饮食、废品摊点，比比皆是。依栏俯仰古今，真实难以想象。与其说我现在是置身于实地，不如说对眼前此景的感慨更为深切。（[日]山川早水《巴蜀旧影——一百年前一个日本人眼中的巴蜀风情》）

第七节　形象生动、造工优美——巴蜀雕像

域外游历者视域下的巴蜀雕像所呈现出的形象之美，体现在其独特的艺术风格和宗教形象上。

日本游历者中野孤山在游记中提到的大理石释迦牟尼像和铜制巨象，都是巴蜀地区有名的雕像。这些雕像以其精湛的工艺和独特的艺术风格吸引了众多游历者的目光。释迦牟尼像以大理石雕刻而成，展现了释迦牟尼佛的慈悲和智慧。而巨象的象牙长六尺（两米）有余，尖端分开，呈树枝状。巨象四周由菱形石柱包围，柱与柱之间的间隙仅能容下一只手。这种精细的雕刻和巧妙的设计，展示了巴蜀地区工匠的高超技艺。

寺院里有名之物有大理石释迦牟尼像和里院的巨象。巨象是铜制的，象牙长六尺有余，尖端部分开，呈树枝状。四周由菱形石柱包围，柱与柱之间的间隙仅能容下我的一只手。不知是什么迷信，来此朝拜的人要把手伸进去摸到象体才会满意，大概与我国摸观音堂里的宾头卢罗汉类似。（[日]中野孤山《横跨中国大陆——游蜀杂俎》）

伏虎寺中的佛像以其精湛的工艺和独特的艺术风格吸引了游历者的目光。据爱德华·科尔伯恩·巴伯记述，这些佛像每一座都至少有真人大小，其中几座巨型塑像的面容、着装、神态都各不相同。这种精细的雕刻和巧妙的设计，展示了巴蜀地区工匠的高超技艺。

我们路过了许多寺庙，攀爬了一段长长的石阶，最终抵达伏虎寺（Fu-hu-ssǔ，"降服老虎的寺院"）用早餐。这座寺院住有40名僧人，数不清的木质回廊里供奉着八百多座佛教圣贤塑像，每一座都至少有真人大小，其中几座巨型塑像的面容、着装、神态都各不相同。一位中国工匠正在给一座四面佛像进行最后的润色，那佛像有32只手臂，高约12英尺，造工优美却完全不似中国风格。（[英]爱德华·科尔伯恩·巴伯《华西旅

行考察记》)

美国游历者威廉·埃德加·盖洛在其游记中有记,他在火烧田附近发现一些雕像分布在峭壁上的洞穴门口,呈现出多样化的风格。其中一些雕像被雕刻成了人脸的形状,具有高度的写实性和艺术性。例如,一块突出的岩石被雕刻成了人脸,上面的一扇门构成了嘴巴,突出的石头则成为鼻子,鼻子的两边还有雕造出来的眼睛和眉毛。雕像的面部特征灵动有趣,给人以强烈的视觉冲击。

此外,一些洞穴门口还雕刻着与埃及图案相似的图案,这些图案中的人物被认为是战神,他们紧握着战斧,形象威严而有力。有些雕像呈现出侧面像,他们的脚伸向外面,穿着带多道褶皱的过膝战裙,这种褶皱的设计增添了雕像的动感和立体感。

离开叙州①的第二天,我们从黄江到了泰町场。我们启程顺利,到9点才吃早饭。两个小时后,我们接二连三地在峭壁上发现了一些洞穴。这些有趣的历史陈迹是在鼠山山顶附近发现的。过了位于崇山峻岭之上的火烧田,再往前走一小段,在道路下面几码处的地方,可以看到一系列直立的石脸。在这些石脸上雕凿成了12个英尺高、18英寸宽的门。其中有块突出的岩石被雕刻成了人脸的形状。在这个脸上的一扇门构成了嘴巴,上面一块突出的石头就是鼻子,鼻子的两边还有雕造出来的眼睛和眉毛。其中一个门通向八角形的房间,房间高4英尺,有10英尺见方。在外面所有峭壁上的洞穴门口都有雕刻一些图案,跟埃及的图案十分相似。很显然,这些图案中的人物是战神,因为他们都紧握着战斧,斧背长而尖。有些人物是侧面像,他们的脚伸向外面,他们穿着带多道褶皱的过膝战裙,不是那种长而直的褶皱,而是七层的短褶。其他雕像脸庞丰满,而且我还注意到有一个是斜眼。有些人物像是立体的浮雕,形象生动;有些则是平面的线雕,艺术性较差。([美]威廉·埃德加·盖洛《扬子江上的美国人》)

美国游历者E.A.罗斯在其游记中提到的石柱上的守界神像具有罗马人的特点,这种融合了不同文化元素的形象,反映了巴蜀地区人民开放包容的心态。这种创新精神,让巴蜀雕像呈现出独特的美感。

从守界神像可以看出,巴蜀地区的雕像艺术并不局限于传统的表现形式,而是积极地融合了外来文化元素,创造出了独特的艺术风格。这种创新精神,让巴蜀地区的雕像

---

① 叙州:现四川省宜宾市叙州区。

在中国乃至世界的艺术史上都占据了重要的地位。

　　沿着嘉陵江行走，我们来到河水的转弯处，看到对面有一个方块的石柱子。上面是一个男人的半身像，罗马人称他为守界神。看到这里我有了疑问，为什么四川石柱上的守界神，有罗马人的特点呢？（[美]E.A.罗斯《变化中的中国人》）

第八节　自然崇拜——巴蜀石碑石柱

　　域外游历者视域下的巴蜀石碑石柱所呈现出的形象之美，体现在其丰富的历史文化内涵和独特的艺术风格上。蜀地有非常多的碑柱，日本的山川早水断言"蜀碑之富，绝不亚于江北各省"，这反映了该地区历史文化的繁荣。这些石碑石柱上的文字和图案，记录了蜀地的政治、经济、文化等方面的重要信息，对于研究蜀地的历史和文化具有重要的价值。

　　但蜀碑之富，绝不亚于江北各省。但是历来的访碑家全倾向于秦晋齐鲁等地，而将蜀碑等闲视之。记蜀碑的有宋朝的王象之，著有《蜀舆地碑记目》（收录于金华丛书和函海）；有清朝李调元的《蜀记补》（收录于函海），无一遗漏。记载有碑名、所在地，也记载有文字的概略，读本书可知其详情。（[日]山川早水《巴蜀旧影——一百年前一个日本人眼中的巴蜀风情》）

　　英国游历者爱德华·科尔伯恩·巴伯特意对路边的一些奇特的石碑石柱进行了临摹，他认为这应该是一种自然崇拜的标志。是人们向守护神祈福的工具。这些石碑石柱是当地宗教信仰和文化传承的重要见证。人们向守护神祈求多子多福，将自己的心愿刻在这些石柱上，表达了他们对生活的美好期望。这些石柱高3至8英尺，中间横着一块方正的石板，整根柱子都由砂岩雕成，柱子上的雕刻和石板上的文字都展现了当地工匠精湛的技艺。

此外，这些石碑石柱还呈现出一种自然之美。它们矗立在路边，与周围的砂岩山壁相得益彰，形成了一幅自然与人文相结合的美丽画卷。这些石碑石柱的存在，不仅为当地增添了一道独特的风景线，也为游历者提供了一个了解当地历史和文化的重要窗口。

这群柱子看起来和达摩及白佛寺都没关系，完全来自另一种宗教。人们向当地守护神祈求多子多福，这些石柱是他们许愿或还愿的产物。从考古学的角度来看，它们应该是一种常见的自然崇拜标志。这些石柱高3至8英尺，中间横着一块方正的石板，整根柱子都由砂岩雕成。它们在路边成对矗立，破破烂烂一共约30根。一片低矮光滑的砂岩山壁上刻着同样成对的同类浅浮雕，数目达到200根以上。这些浅浮雕的年代已不可考，而路边的那些柱子虽然破烂不堪，其中有一些看起来年代却不是那么久远。当地人很熟悉这些石柱的许愿功能，说它们叫作桅杆。不过当我问到船桅和子孙满堂有什么关系的时候，他们中没有人可以回答我，看起来也并不关心答案。（[英]爱德华·科尔伯恩·巴伯《华西旅行考察记》）

蜀地的石碑石柱还有一种功用——美国的E.A.罗斯认为，还可以起到纪念和表达崇敬的作用。但无论如何都具有敬神祈福的意味。

E.A.罗斯在游记中提到，在大道交叉口的高墙、城门和大炮，构成了一幅美丽的拱形图画，拱形的顶部便是寺庙，而附近的道路上有一长排纪念碑，这些纪念碑是游客为表达自己的崇敬之情而留下的纪念物。这些纪念碑的存在，不仅为寺庙增添了一份庄严和肃穆，也反映了游客对该地区的文化和历史的尊重。

在大道的交叉口，有一道高墙，城门横跨大路，过路人一眼就能看到对面的大炮，仿佛一幅美丽的拱形图画。寺庙建在这种地方的顶部。我见过路面有一长排纪念碑，这些是那些参观过圣地的游客为表达自己的崇敬之情，留作纪念用的。我们经过此处的时候，有个来自巢湖的丝绸商跟我们同行。为了祈福，他在神像面前烧了一炷香。他的做法非常马虎草率，丝毫没有想过向神虔诚地祈祷。（[美]E.A.罗斯《19—20：世纪之交的中国》）

第九节 独特、精美——巴蜀塔楼

域外游历者视域下的巴蜀塔楼所呈现出的形象之美，体现在其独特的建筑风格和地理位置上。塔楼就是其中一种英国的托马斯·布莱基斯顿就记述了他在江津①所见的高达13层的宝塔。

托马斯·布莱基斯顿提到的江津宝塔有两座，各高13层，是他在中国所见层数最多的塔。这些塔楼的建筑风格独特，下半部分宽大，上半部分则急剧缩小变细，这种设计不仅使塔楼更加稳固，还增添了一份独特的美感。

此外，两座塔楼分别位于大江右岸和左岸，地理位置优越。一座坐落于陡峭之处，周围有保存完好的围墙；另一座则位于高耸突兀的山冈上。这种地理位置的选择，不仅使塔楼成了当地的标志性建筑，也为其增添了一份神秘和庄严。

> 江津尤其值得关注的便是其宝塔，有两座塔各高13层，是我在中国所见层数最多的塔。其中一座与县城的一样，在大江右岸，坐落于陡峭之处，其外环以保存完好的围墙；另一座位于左岸高耸突兀的山冈上。两者塔身都是下半部分宽大，上半部分则急剧缩小变细。尽管层数很多，但并不十分高大。（[英]托马斯·布莱基斯顿《江行五月》）

根据用途可对塔楼进行分类。英国的阿奇博尔德·约翰·利特尔在游记中曾提及一种动乱时期用作示警的塔楼，即烟塔。

> 从宜昌至重庆，一路上每隔二三英里，就临河修造一个这样的小塔；塔身白色，正面画有一个灿烂的红太阳。这些塔称作烟墩，即烟塔。清帝国中部常有战乱，动乱时期，人们在塔内烧刨花，青烟四起，以示告急。（[英]阿奇博尔德·约翰·利特尔《扁舟过三峡》）

---

①江津：现重庆市江津区。

美国的威廉·埃德加·盖洛记述的则是一类防止"财气"流失的白塔，由此可见巴蜀地区的部分塔楼还会起到"风水"上的作用。

叙州美丽的白塔就耸立在岷江和长江交汇处东边一角的高坡上。这个位置正对着叙州府，又在大江的江岸上，所以被认为风水非常好。它的特别功能就在于防止该城的财气顺江水流走。（[美]威廉·埃德加·盖洛《扬子江上的美国人》）

具有相似功效的塔楼还有加拿大游历者莫尔思笔下的"宝石辟邪塔"。

在一些山顶还保留着"城市庇护所"的圆齿状城墙，人们在战乱时前来避祸。一些寺庙修建在美得让人窒息的地方，有些现在还可以进去，有些已经残破不堪。城市附近的高山顶上，可以看见竖立的塔楼，用来保护城市免受水汽灵怪的侵害。在一处地方，我们还看见一座占地面积为几英亩的"宝石辟邪塔"，修建在一座150英尺高城堡形状的孤崖上。（[加]莫尔思《紫色云雾中的华西》）

英国的爱德华·科尔伯恩·巴伯则记述了他所见的一座有着奇特外观的古塔。

巴伯在游记中提到，四川的古塔都是正方形的，与欧洲人熟悉的多角形石头建筑不同。这些塔是用砖砌成，外部涂有一层经久耐用的白色灰泥，也就是著名的石灰。这种建筑风格体现了中国人对石材的大量运用和对耐久性的追求。

此外，这些古塔的建筑风格随着地域变迁而逐渐变化。在东南省份，一座塔各层尺寸是从下到上按比例递减的；然而在入川以后，会出现一些上下层差不多大小甚至是看起来头重脚轻的高塔。这种风格的变化，反映了不同地域文化在建筑上的影响和融合。

简州的这座塔是用石灰砖头建造的，四面微凹，每一层都有假门和圆窗，层与层之间的塔檐并不显眼。虽然它和大众印象中的古塔大相径庭，但它不仅是一座"货真价实"的塔，历史还十分悠久。东面墙壁的上方有一副佛祖的浅浮雕，刻有铭文"释迦牟尼舍利宝塔"。这些历史文化元素的存在，为这座塔增添了一份神秘和庄严。

我们在城门外5分钟路程的地方看到了一座外观奇特的庙宇，心想进去后一定会有什么独特的发现，可进入庭院之后才发现它并不是庙宇，而是一座四周环绕着低矮房子的古塔。欧洲人所熟悉的宝塔都是多角形的石头建筑，而四川的古塔都是正方形的。虽然中国人大量使用石材，但这些塔却是用砖砌成，外部涂有一层经久耐用的白色灰泥，也就是著名的石灰。若是一名旅行者漫游中国，他会发现这些美丽建筑的风格随着地域变迁而逐渐变化。在东南省份，一座塔各层尺寸是从下到上按比例递减的，然而在入川以后，渐渐会出现一些上下层差不多大小——甚至是看起来头重脚轻——的高塔，以至于一座塔的侧面看起来就像是一把拉开的弓。再往西走，即我们现在所到之处，就出现整体为正方形，顶部几层非常低矮的古塔。简州的这座塔是用石灰砖头建造的，四面微凹，每一层都有假门和圆窗，层与层之间的塔檐并不显眼，若不是它的最上面一层是一个突兀的顶尖，它看起来简直就像英国教堂的钟楼一样。这座塔和大众印象中的古塔大相径庭，然而它不仅是一座货真价实的塔，历史还十分悠久：东面墙壁的上方有一副佛祖的浅浮雕，刻有铭文"释迦牟尼舍利宝塔"……（[英]爱德华·科尔伯恩·巴伯《华西旅行考察记》）

英国的T.T.库珀也曾记述过一座颇具趣味的九层宝塔——报恩塔。

随后，我们离开茶馆，参观一座著名的九层宝塔——报恩塔。这座塔建造得非常精美。沿着一条小溪，我们穿过了一个华丽的石门，进入一个别致的花园。花园里面有常青树、山茶花、灌木丛，还有一个池塘。我们登上宝塔，从塔的顶层可以看到周边的壮丽景色。虽然重庆市的大部分公共建筑都因为或多或少遭到忽视而变得荒废，这座宝塔及寺院里的其他建筑物，却被保护了起来。（[英]T.T.库珀《拓商先锋中国行》）

第十节 巧思、完备——巴蜀水利工程

域外游历者视域下的巴蜀水利工程所呈现出的形象之美，体现在其完备的灌溉系统和对土地资源的充分利用上。巴蜀得以拥有如此强盛的农业实力，坐拥"天府之国"的美誉，离不开完善的灌溉技术的覆盖。英国的阿绮波德·立德就记述了这种灌溉工程对于农业生产的重要性。

阿绮波德·立德在四川第一次见到了一种用小径和水渠分隔的菜地，这种菜地的设计可以防止大雨过后菜被淹没，体现了四川人民对水利工程的深刻理解和巧妙运用。

阿绮波德·立德还记述了格莱斯顿先生的观点，他认为在他们家乡，能够用来种菜的土地很少，而四川人民则能够充分利用山地、湿地和沼泽地等看上去贫瘠的土地来种植瓜果蔬菜。这种对土地资源的充分利用，不仅体现了四川人民的勤劳和智慧，也展现了他们对自然环境的尊重和保护。

像格莱斯顿先生一样，也能忙里抽闲考虑一下培育桑麻之类的小事：

"……他们平整出一块菜地，长30英尺，宽五英尺，用小径和水渠分隔其间，防止大雨过后菜被淹没。我第一次见到这种菜地是在四川。那里的灌溉工程极其完备；他们似乎完全领会了前人所思所作的要领。在我们家乡，能够用来种菜的土地少之又少，希望我家能开创先例，开垦那些看上去贫瘠的山地或湿地、沼泽地，用于种植瓜果蔬菜。虽然在山谷中种植茶叶获利较大，但是我仍然相信，倘若我的计划得以实施，整个地区就不会有人因穷困而抱怨。……"（[英]阿绮波德·立德《亲密接触中国：我眼中的中国人》）

蜀地的水利工程在全世界都颇负盛名，美国的威廉·埃德加·盖洛将其同长城一起称誉为中国的巨大工程。

中国人完成了一些引人注目的巨大工程。看看那条建在崇山峻岭之上和悬崖峭壁边缘的、长达1500英里的长城吧，也看看大运河和富饶的四川省的水利灌溉系统吧。（[美]威廉·埃德加·盖洛《扬子江上的美国人》）

在这些水利工程中，都江堰最具代表性。美国的E.A.罗斯记述道：

离成都几十英里外，有一座著名的古老的都江堰，从西藏高原融化的雪水进入岷江灌满了都江堰。两千多年前，工程师李冰（从那时起就被奉为神，并在许多寺院里受到供养）带领众人大战源流于峡谷的岷江，将江水一分为二，驯服了岷江，使岷江那冰冷、牛奶色的水蜿蜒穿过交错的渠道，发光地、沙沙声地、汩汩声地流进"花园王国"，穿过杏树、石榴树，路过桑林、竹林，灌溉了三千到四千平方英里的农田。（[美]E.A.罗

斯《变化中的中国人》）

　　都江堰所形成的灌溉网基本覆盖了成都平原，这极大提高了成都水资源的利用率，带动了成都地区农业的发展。

　　我们从成都南门出城，走过城墙外护城河上的小桥，继续穿越成都大平原，向西南方向行进。清澈的溪水轻快地向南流淌，在平原上与灌溉沟渠形成了一张完美的水网，人们在平原上还修建了水闸系统，在夏、秋两季开闸放水，这里就会变成一片广袤的稻田。正如大家可能想到的那样，平原上的这些水力不能被浪费掉，因此，大多数的溪流岸边都建有小磨坊，可以给稻谷去壳或将小麦磨成粉。（[英]谢立山《华西三年》）

　　而这套水利系统的建成则归功于李冰父子，其建造原理时至今日也令人叹服。英国的E.H.威尔逊分析道：

　　成都平原的富饶归功于一套完整、巧夺天工的灌溉系统，由一位名叫李冰的官员及其儿子约建于2100年前。这一灌溉系统的总枢纽位于平原西部最边缘的一座城市——灌县，奔流于群山中的岷江由此而出。灌溉系统的原理基于一个简单的理念，但细节上是非常复杂的结合。首先把堵在前面一座叫离堆（Li-tiu）的小山凿通，把水引入并分流到平原各处。通道被打开，在渠道上方不远处，用一"V"形的坝将岷江水一分为二，称为南河和北河。（[英]E.H.威尔逊《中国——园林之母》）

　　对于都江堰水利工程的设计原理，美国的威廉·埃德加·盖洛也进行了细致的分析。

　　李冰决心筑坝拦水，把水分到东方和东北方。人工堤坝将承受巨大的压力，尤其在洪水期，于是李冰采取了几个聪明的手段。最让人料想不到的、最成功的维修方法是劈开一座山，让岩石而非土堆承受水流的冲击力。
　　在这些水利工程的周围区域兴起一个大而重要的中心城镇是不足为奇的。从成都到西藏的大道位于两条渠道之间，与干线运河交叉，直至劈山的北半部。这里有一个县城，筑有城墙，每天都有集市，这种情况不同寻常。县城里经常住有一万人左右。大道一直

向西延伸，在藤桥峡谷有一座用竹子编成的漂亮的吊桥。([美]威廉·埃德加·盖洛《中国十八省府》)

日本的中野孤山亦对此颇为敬畏，他从地形构造、水流水势上展开了一番分析，认为"李冰父子其功绩，并不亚于大禹"。

由彭县①往西走七十五清里到灌县。此县是秦时蜀守李冰进行岷江疏水工程的地方。因此，此地不只四川，乃至全中国都很有名。其县城背靠山，面临水。此水就是内江，是李冰开凿的。入县城后再由西门出去，沿江行至山岩之上，有一关，叫镇夷关，就是古玉垒关。出关往下走到江岸，有三座大庙。东面的叫禹王宫，西面的叫杨泗庙，中间的叫二王庙。

由分水鱼嘴顺流而下，到县城前，有一巨岩突立于内江之上，称之为离堆。堆上有庙。即伏龙观。有一亭立于堆的上端，亭基宽阔，可铺十张榻榻米。亭后有空地若干平方，以石环绕。依栏俯江，脚底离水面，目测约三丈。水触堆发怒，翻起白色泡沫，有蛟龙飞跃，鼋鼍狂舞之气势。离堆古时与对岸岩壁的宝瓶口相连，为了疏通江水，被李冰凿断。所谓内江即指此地。江水流至城下分成两支，最后再分数支。全由李冰父子疏通而成。留下大川小河无数。李冰父子其功绩，并不亚于大禹。([日]山川早水《巴蜀旧影——一百年前一个日本人眼中的巴蜀风情》)

美国游历者G.A.凯尔更是称其为"文明世界的杰作"。

都江堰水利工程位于四川都江堰市城西，至今为止，是全世界年代最久、唯一留存、以无坝引水为特征的宏大水利工程。2200多年来，至今仍然连续使用，发挥巨大效益，李冰治水，功在一时，利在千秋，不愧为文明世界的杰作，造福人民的伟大水利工程。由于这里的水资源有些来自高山积雪融水，所以，无论是春季多雨夏季多旱的季节，那里的水资源都非常丰富。([美]G.A.凯尔等《绝版长江：1910年代的铁路营造与沿途风物》)

都江堰的建造对整个成都平原来说都是意义非凡的，成都自此成了物产丰饶的"天

---

①彭县：现为四川省辖县级市，由成都市代管。

府之国"。加拿大的莫尔思记述道：

公元前，著名的中国人李冰打通了山脉，开创了都江堰水利灌溉工程。从那时起，成都平原就再也没有遭受过大的洪涝灾害，成了名副其实的"天府之国"。（[加]莫尔思《紫色云雾中的华西》）

总之，域外游历者视域下的巴蜀水利工程所呈现出的形象之美，不仅体现在其完备的灌溉系统上，还体现在其对当地资源的充分利用上。这种形象之美，既是巴蜀人民智慧的结晶，也是中国传统文化崇尚自然、尊重环境的重要体现。

第四章 巴蜀游记视域下的经济

　　巴蜀地区矿产资源丰富，其所呈现出的农耕文明下的富庶、繁荣，作坊式的矿藏，对特色产品的挖掘与应用，无不展示出农耕文明下巴蜀人民持有的人与自然和谐共处的经济观，也显现出一种别样的自给自足的自然经济化的风情。这一现象在众多游历者游记视域中更能显现客观性，笔者摒弃了游记中殖民主义的视角，从一种客观的观察视野去审视与体悟域外游历者游记中对巴蜀经济的考察与记载，笔者发现，巴蜀人民在交通不便、信息闭塞的农耕文明环境中体现出的是一种天人合一、自给自足、与自然和谐相处的状态，所以在游历者视域中便彰显出了一种神秘感、一种想探访到底的冲动，也情不自禁地写下对巴蜀的富饶与特色的溢美之词。尽管工业文明与农耕文明下的经济状貌是截然不同的，但也并非可用"落后"与"先进"进行简单化的评价，从域外游历者的游记中可以看到，他们对中国古老的，自然化、农耕化的各种技术表示出由衷的赞叹，对巴蜀农耕文明下的创造性智慧不乏赞美之情，成都、重庆、万县、泸州等主要的城市也呈现出并不逊色于西方的繁荣之状，这进一步呈现出巴蜀经济繁荣状态下别样的巴蜀景象。

第一节　富饶、特色——巴蜀农业

一、土地肥沃——巴蜀物产富饶之象

域外游历者在游记中对巴蜀之地富饶景象的描述众多，既表现了游历者初到巴蜀时为巴蜀农业所震撼，也呈现出巴蜀的富饶在当时并非假象。如日本的中野孤山所记：

……还是在民族的强健和物产的富饶方面，最具优势者当推古代巴蜀，即现今的四川省。此地真可谓大清帝国之第一宝库。然而，它四面山峰犬牙交错，处处峻岭重峦叠嶂，既有湍急峡江阻隔，又有万丈山脉横亘。唉，交通至难，交通至难矣！（[日]中野孤山《横跨中国大陆——游蜀杂俎》）

这种"民族的强健和物产的富饶"的农业形象，让中野孤山将巴蜀视为"大清帝国之第一宝库"，可见其对巴蜀地区的赞叹。但巴蜀地区的独特地形也让中野孤山发出了"唉，交通至难，交通至难矣！"的感叹，这进一步衬托出巴蜀之富饶是那么的吸引人、那么的令人向往。

同时，中野孤山在具体描述四川天然物产之富饶时，赞美之情溢于言表，称之为"中华第一"。

四川土地肥沃，人种强健，天然物产富饶，说它居中华第一也绝非言过其实。迄今为止，四川之所以鲜为人知，是因为它土地偏僻、四面环山、东有三峡天险、北有秦蜀栈道，交通至艰至难的缘故。因而，天赐的丰富资源基本上保持着原始状态。在中国这个天下宝库里，天府之国四川所展现的壮丽景观，令我等叹为观止。（[日]中野孤山《横跨中国大陆——游蜀杂俎》）

英国的游历者爱德华·科尔伯恩·巴伯在《华西旅行考察记》中称巴蜀地区为"全中国农业最为兴盛的地区"：

然而在大量农民的辛勤劳动和精心耕种之下，这里可说是全中国农业最为兴盛的地区。它的地势说不上有多么险峻峥嵘（虽然某些山峰和洼地之间的高度差距可达1500英尺），不过祥和的乡村景色却也不至于让人觉得单调。道路曲折迂回，一转弯就能看到崭新景色，处处都是岩洞、梯田和幽谷。当旅行者攀至山脊，茂密的树木每每遮掩住了两边的农田，给人一种与世隔绝之感。（[英]爱德华·科尔伯恩·巴伯《华西旅行考察记》）

爱德华·科尔伯恩·巴伯产生的祥和、隐逸性的与世隔绝之感，更衬托出游记视域中巴蜀农业的发达，是令人向往的诗性之地。

英国人T.T.库珀在游历巴蜀地区的巴塘山谷时，文学性感悟与中国观物式的表述方法将巴蜀地区比较多见的山谷比喻为"伊甸园"，形象地表现了巴蜀地区土地的富饶、农业的物种丰富，展现出一片生机盎然的农业胜景。

站在我们的位置俯视巴塘山谷，山谷里种着成片的青稞和豌豆，一望无际。这块平原面积不大，大约三英里见方，有多条金沙江的支流穿过。得益于河水的灌溉，在这个荒凉的山区中形成了一个美丽的绿洲，就像一块绿色的宝石。这个伊甸园土地非常肥沃，每年能收获两茬作物。各种蔬菜如土豆、黄瓜、大白菜、萝卜、南瓜、韭菜、洋葱和菠菜长势很好；还有各种大小和味道不同的水果，比如梨、桃子、核桃和西瓜，收成也不错。家禽、羊肉还有金沙江支流里面的鱼在市场上应有尽有，而且价格便宜，丝绸、茶叶和针线也容易买到。（[英]T.T.库珀《拓商先锋中国行》）

T.T.库珀以游历者的视角描述他感受到的巴蜀地区的变化之美，从"土地荒凉而壮美"到"美丽肥沃的山谷""点缀着几户人家"的桃花源似的农业景象，有一种中国山水画的美感，呈现出一种别样的巴蜀农业之象：

离开东罗山走了两天，来到一个叫河口的城镇，它坐落于长江支流雅砻江的左岸。一路走来，沿途的土地荒凉而壮美——在东罗山山顶就已经感受到了。越过崎岖的山峰，又穿过大片松树林,进入了美丽肥沃的山谷,山谷点缀着几户人家,村户周围种着郁郁葱葱的青稞和豌豆,还有一棵棵胡桃树。世界上比这个山谷里的核桃树好的不多。([英]T.T.库珀《拓商先锋中国行》)

英国游历者威廉·吉尔在《金沙江》中有记:

富饶的成都平原,即使在最干旱的年份,水稻也不会颗粒无收,因为从雪山之巅流入的河流源源不绝地补充路边那闪耀在阳光下满盈的河水,汇聚成灌县的大河。汹涌的急流冲刷着多石的河床,泛起泡沫,再经过灌溉工程控制,将河水分流为无数小河,蜿蜒穿过美丽的平原,再被分入运河及更小的槽沟,最后用简易踏车抽取上来,让每亩土地都获得持续灌溉。因此,即使周边山外的土地全因饥馑和瘟疫而恐慌荒凉,这得天独厚之地仍然呈现着舒适宁静。([英]威廉·吉尔《金沙江》)

威廉·吉尔以其敏锐的视角触摸成都平原得天独厚的先天水资源酝酿出的富饶之象,并呈现着"舒适宁静"之境。这种得天独厚还表现在巴蜀地区"丘陵、浅山和平原,湿润多变的气候,为四川农业的发展提供了优异条件"。

英国游历者伊莎贝拉·伯德以女性敏锐细腻的笔触写下她的那一份带有温情与爱的表达:

四川是个有无限资源的富裕省份,我相信,就我的所见所闻,贸易和农耕阶级的生活良好,能够买得起奢侈品,但我确曾见过"红色盆地"的几个过度拥挤的地区,那里人民的情况——温良、快乐、勤劳、真诚,深深地打动了我的同情和怜悯……([英]伊莎贝拉·伯德《1898:一个英国女人眼中的中国》)

上述游记不仅描述了农业的富饶之象,还有一些人文的关注与表达,如"贸易和农耕阶级的生活良好,能够买得起奢侈品"等,这是富饶带给人们的实惠。

伊莎贝拉·伯德在描写云阳的山村景象时,以细腻的笔触、感性与直觉捕捉到山间乡村、农作物与人文之景的交叠,呈现出迷人的青绿山水、"妩媚的图画";并以自己在本国的所见进行对比,表现出她对这样肥沃美丽的地区缺乏动物的疑惑,她对该地区缺少动物的惊讶也呈现出她骨子里面对自己国家的生活环境的满意。

云阳上游山川开阔，丰饶的青绿十分迷人。亮红色的沃土、油菜的金黄、庄稼和甘蔗的新绿，构成妩媚的图画。有时可以见到设有祭坛的庄严神龛，下面点着香，增加了暗绿色植物的反差；每一处木架砖壁的坚实农舍都有竹丛，常青树林里有精致的庙宇，一片繁荣的景象。无怪乎先前的旅游者对这个省赞不绝口。

遍地的油菜成熟后可榨油。人们的烹调既无黄油又无脂肪，如果没有含油丰富的物质，饮食就不完善。进口的和本地的煤油可以取代菜油用于照明，但菜油作为食用将日益增长。在这样肥沃美丽的地区，缺乏动物真不可思议。没有放牧，没有马拉车道，农舍附近有马、有牛、有羊的欢愉场面更是闻所未闻。爱吠而胆怯的黄狗，丑陋的水牛，看样子都像大洪水前的幸存物种，对外国人异常厌恶，说明是家畜。（[英]伊莎贝拉·伯德《1898：一个英国女人眼中的中国》）

伊莎贝拉·伯德对风箱峡上游观所见之景与物的描写，也彰显出沿江两岸呈现出的另一种富饶之象——人与自然和谐之景象：

风箱峡上游的风景，说不上雄壮，却是多姿多彩，河谷与侧面的山谷总是宽窄交替，远山森林覆盖，积雪消融，山顶上有庄严的庙宇，下面散布着村庄，独具特色：刷成白色的农舍，黑色的屋梁，几排山墙，多重房顶，还有橘树环绕，每处斜坡和平地都是精耕细作的庄稼，金黄色的菜籽花盛开，平添了绿叶的魅力，一点不显得单调。

....

宽阔的漂石河岸，强大的"鼓涌漩流"，高度耕植的地区，悦目的峡谷层层叠叠向上溶入群山的斜坡，怡人的农田，阳光和煦，非常奇特的灰色城墙的城市，泊于城下的大队帆船，由席棚搭建的市镇向他们供应必需品。我们到了夔州府。（[英]伊莎贝拉·伯德《1898：一个英国女人眼中的中国》）

我们在阅读以上两段游记时，随着作者视线的移动，我们可以跟随作者随性素朴的描写感受到中国人在不同地域上遵从与自然和谐相处之原则而创造的富饶之象，我们能感受到长江两岸的山、森林、庙宇、村庄在和谐交融中，在人与自然的和谐相处中所呈现出的那种蓬勃生机。

英国游历者R.F.约翰斯顿在《北京至曼德勒——四川藏区及云南纪行》中有记：

道路①有时候穿越起伏不平的山峦，山坡上种满了水稻、油菜、小麦、玉蜀黍和其他许多作物，一直开垦到山顶；有时道路要穿过富庶的、人口密集的平原。

成都平原上繁荣的城镇和村庄比比皆是，土地得到了最大程度的开发利用。庄稼有稻米、小麦、茶树、烟草、玉蜀黍、罂粟和油菜等。罂粟尚未开花，黄色的菜花使土地变成金灿灿的海洋。平原位于这个富饶省份的心脏部位，有可通航的水路（岷江）与扬子江相连。（[英]R.F.约翰斯顿《北京至曼德勒——四川藏区及云南纪行》）

游记中起伏不平的山峦，山坡上种满的许多农作物，对土地最大程度的开垦，富庶的、人口密集的平原，繁荣的城镇和村庄，多样的庄稼，犹如金灿灿的海洋的菜花，与扬子江相连的可通航水路，等等，融合成了繁茂、昌盛的富饶之象，在英国游历者台克满的《领事官在中国西北的旅行》中也有类似的精彩描述：

从绵州②开始，道路在低缓的丘陵中穿行，经90里抵达罗江县③（Lochiang Hsien），再从罗江县下行，来到平原上的德阳县④（Teyang Hsien），之后继续经过汉州⑤（Han Chou）和新都县（Hsintu Hsien）抵达成都。罗江、德阳、汉州和新都这些县城都是生活富裕、人口稠密的区域中心城市，依次相距约50里行程，在陕西和甘肃全境就找不到类似的县城。成都平原是世界上闻名遐迩的土地最肥沃、人口最稠密的区域之一，稻田种植面积广阔。稻米收割在即，与往年一样有望取得一场大丰收。据说，在全中国地方管理体系当中，油水最充足的职位就是四川成都平原和广东部分地区的县长位子，从能够大捞一笔的角度来讲，县长一职要比道尹的职位更让人垂涎三尺。（[英]台克满《领事官在中国西北的旅行》）

英国人E.H.威尔逊的《中国——园林之母》中也有精彩而细腻的描写：

从垭口我们直下到一山谷，然后很快来到一片金色的麦地，种有小麦和大麦。麦子已成熟，人们正忙于收割。经过一座碉堡废墟，数栋西番人农舍和一座喇嘛寺，路通向

---

①此处指从万县到成都的道路。
②绵州：今四川省绵阳市。
③罗江县：今四川省德阳市罗江区。
④德阳县：今四川省德阳市。
⑤汉州：今四川省广汉市。

一草山的山顶。下坡数百英尺后,我们见到松潘县城坐落在一狭窄、风景明媚的山谷中,四周都是金色的麦地。岷江的源头,一条清澈、欢快的溪流蜿蜒流过,形成一连串优美的弯曲。在田间一片繁忙景象,男人、女人和小孩(多为当地部族人)忙于收割,他们穿着古雅的民族服装,全像图画中一样粗犷而健康,一边劳作,一边歌唱。在西藏似的蓝天之下,整个地区沐浴在温暖的阳光之中。这农业丰收的繁忙景象使我们这些经历艰难险阻、穿越具有壮丽景色和新奇植物的荒山峻岭、困乏和筋疲力尽的人都从内心感到高兴。([英]E.H.威尔逊《中国——园林之母》)

似乎只要来到巴蜀之地,就会直观感受到巴蜀之地的富饶之象,G.A.凯尔等在《绝版长江:1910年代的铁路营造与沿途风物》中也有此类的描述:

成都平原是个大约64公里宽、130公里长的小盆地,人口总数为460万,每平方公里的人口为3728人,通常来说,这样的人口密度是非常之高。而且成都平原土壤肥沃,灌溉便利,耕种密集,农作物产量高。……

这样优良的自然条件,使得成都平原成为中国最为富饶的土地。成都平原的主要作物是水稻和小麦,一年双收。由于成都平原的土壤并不是十分适合棉花生长,所以种植面积不大,总体产量也不多。但是,烟草和甘蔗的产量不小。其他农产品还有蔬菜、油料,以及各种各样的豆类,等等。有人这样说过,美国能够生长的农作物在成都平原都有栽种,而且许多美国不能生长的作物,那里也能生长,甚至许多农作物,连美国农民从来都没听说过的,这里都有。

所有这些山脉、丘陵、河流周围都实行密集耕种。

该流域灌溉条件优越,两侧的丘陵地带都被开垦成梯田。这些梯田从远处看,就像平台屋顶建筑一样,层层叠叠。由于自然环境好,土地灌溉的水资源充足,所以农作物的产量也很高。这里(指四川盆地)人口分布稠密,良田成片,景象繁荣。([美]G.A.凯尔等《绝版长江:1910年代的铁路营造与沿途风物》)

这种富饶之象还呈现在该地种类繁多、产量极高的农作物上,如:

那儿梯田和平地上除了栽种小麦和水稻外,还种植了一年双收的其他谷物,这也是那里的主要农作物,像玉米、甜菜、马铃薯、坚果、豆子、甘蔗、大麦、燕麦,等等,桐油也是那里的主要的经济产物之一。

该地区(指涪江遂宁河段的一条大支流)也实行密集耕种,主产水稻和小麦,夏季收水稻,春季收小麦,一年两收。不过在地势较高的地带,实行一年一收。大麻、靛青、玉米、甜菜、坚果、甘蔗、大麦、丝绸,以及桐油是这里的主要农作物和经济产物,还有许多其他种类的庄稼和蔬菜。([美]G.A.凯尔等《绝版长江:1910年代的铁路营造与沿途风物》)

加拿大人莫尔思在其《紫色云雾中的华西》中对成都平原丰富的物产的描述,也呈现出巴蜀农业的富饶之象:

成都平原地区面积近5000平方英里。年内农作物种植的时长可以达到12个月,蔬菜数量丰富、品种繁多。这里也是稻米、小麦、玉米、大麻、烟草、甘蔗、豌豆、红薯、橙子、桃子、葡萄等许多谷物、水果的重要产地。核桃、花生产量也很大。丝绸行业尤为出名。这里还通过昆虫的作用在水蜡树上生产白蜡,这种白蜡也很出名。本地也出产大量的菜籽油。此外油桐坚果提取的植物油是一个很大的产业。([加]莫尔思《紫色云雾中的华西》)

瑞士人冯铁·费瑞实·高思曼以"中国的粮仓"之美誉称赞巴蜀农业的繁荣,他在《走进中国》中有这样的描述:

四川是中国最大和最富饶的省份,被称为中国的粮仓。四川盆地的东面海拔较低。温湿的气候和肥沃的土壤奠定了农业丰收的基础。这里主要种植稻子和谷物。每年10月到翌年4月,四川盆地经常笼罩在浓雾之中,但是南方的各种水果却在这里长势喜人。有一句老话说:听见狗叫,太阳照耀。飞机降落前,我们从空中俯瞰大地,惊奇地发现这里的每一块平地都被充分利用。那些屋顶上铺着厚厚的稻草的农舍看上去是那么诱人,以至于我们在从机场去宾馆的路上一致强烈要求参观农村公社。我的朋友,一位全心全意的瑞士农场主更是举双手赞成。([瑞]冯铁·费瑞实·高思曼《走进中国》)

二、气候、土壤的不同——巴蜀差异化、特色化的农业之象

巴蜀大地上有土地肥沃的成都平原,也有土地贫瘠的山地,而巴蜀人民能因地制宜,找到与本地气候、土壤相适宜的农业模式而耕之、经营之,呈现出一种多样化、特色化的农业之象。

美国人斯蒂文·郝瑞对米市①经济的考察,便彰显出与成都平原不一样的农业之象。此地的人们能自给自足,主要农作物多为粗粮,对绿色的蔬菜不感兴趣,走山路时会随意从路边拔出"圆根"以解渴,散养家畜,等等,均彰显出独具一格的农业之象。

米市在经济上基本还处于一种自给自足的状态。主要的农作物是土豆、玉米、荞麦和燕麦,人们还种植少量的大豆、蚕豆,在仅有的巴掌大的坝子上,也种植水稻。彝人用来做酸菜的圆根是这里主要的蔬菜。跟大多数彝人一样,米市的人们对绿色的菜蔬并没有太大的兴趣。走山路,渴了饿了,人们可以随意从路边的圆根地中拔出扁圆形的圆根,削去皮生吃,新鲜爽口的圆根顿时带给行路人一股清凉的惬意。

米市主要的作物是玉米、荞麦、土豆、燕麦和大豆。主食是土豆和荞粑,大部分玉米用来喂猪,在这里,人们不把猪关在圈里饲养,而是散牧,猪在屋外或家里与狗、猫和鸡一起喂食。全村在坝子上只有22亩稻田,因此,招待米饭是一种特殊的款待。([美]斯蒂文·郝瑞《田野中的族群关系与民族认同——中国西南彝族社区考察研究》)

白乌镇②的农业种植呈现出因地制宜的特点,这在美国人斯蒂文·郝瑞的《田野中的族群关系与民族认同——中国西南彝族社区考察研究》中有详细记载:

滔滔的安宁河水就从村边流淌而过,自然不愁充足的水源以供灌溉。加上河谷温暖适宜的气候,人们在同一块田地上,可以种植春麦和夏稻两季作物。旱地多种玉米,而玉米大都用来喂猪。家家户户的房前屋后都有长年绿色的菜园子。一眼望去,青青的藤蔓从菜地沿墙而上,菜园墙上躺着大大小小的南瓜。菜地里或菜地四周大都种有苹果、

---

① 米市:今四川省凉山彝族自治州喜德县下辖米市镇。
② 白乌镇:今四川省凉山彝族自治州盐源县下辖白乌镇。

李、核桃、枇杷、柿子等果树。

白乌镇位于凉山彝族自治州西南部的盐源县城东北面。镇所在地海拔2600米，处于迎风的高原，这也是大多数盐源人居住的地方。这里由于地势太高，不能出产稻子，倒是生长苹果的好地方。这里的人们正在发展苹果种植，再过几年苹果或许将取代传统的农作物如玉米、土豆、大豆和荞麦。

诺苏从事农业生产，在二半山和高山种植荞麦、玉米、土豆，同时也养殖牛，绵羊、山羊、猪和其他的牲畜。（[美]斯蒂文·郝瑞《田野中的族群关系与民族认同——中国西南彝族社区考察研究》）

德国游历者费迪南德·冯·李希霍芬在《李希霍芬中国旅行日记》中写了梓潼县[①]、江津的农作物、蔬菜与谷物轮种、重庆的橘子、成都北部的农田，既呈现出当地人因地、因时、因气候而耕的特点，也呈现出各区域的农业特色。

到了梓潼县，山路便结束了。尽管（高地的）山脊大约比村落高出约350米，仍旧围在四周，但所有的几乎都是坡度十分柔和的地区。没有冲积地，但是有水稻梯田的平坦的山谷在低矮的丘陵之间横七竖八地分叉，形成一张很难让人辨清的网。所有这些地方都种着小麦、大麦、豌豆、蚕豆、少量的鸦片，正收获花生（Arachis）。稻田里都是水，还在准备种植的阶段。随后有烟叶、一些棉花、甜薯、大豆等。蚕桑树仍旧很重要。果树很少，自从进入陕西以来所见到的柿子和枣树根本看不到了，梨子很少，但质量很好，橘子也是如此，是我在中国见到的第一拨令我想起西西里橘子的橘子。一切都表明这里气候湿润。（[德]费迪南德·冯·李希霍芬《李希霍芬中国旅行日记》）

李希霍芬在游记中对蜀地农作物与树木交替出现的特点有记：

四川的作物的特别之处在于农作物和树木交替出现。橘子树像个厚厚的阔叶屋顶罩着小麦和油菜，但很少见有比江津的橘子园里的麦子长势更好的。桐树、枣、果树、桑葚、茶、白蜡树、都生长在田里和坡上。（[德]费迪南德·冯·李希霍芬《李希霍芬中国旅行日记》）

①梓潼县：今四川省绵阳市市辖桐梓县。

对蔬菜与谷物轮种情况的记载也呈现出彼时不同地方的区域特色及差异化的农业之象：

> 第一茬农作物早已过去。有些地方的小麦已经收割、脱粒，麦子长得很好，结的穗饱满而沉甸甸的。大麦（六节穗的）也是如此，但还没成熟。这里的油菜籽很普遍，荚果都还绿着，但已经长成了。油菜有4—5英尺高，很少有更高的。……豌豆已经结果，这些日子一直是我每天必吃的蔬菜。它们很嫩，也有那种可以带壳一起煮的豌豆。蚕豆占据了一大部分的土地，蚕豆荚长成以后，人们就把蚕豆叶摘下，晾干以后磨碎，放起来喂猪。这里养的猪是白色或黑白斑的，同欧洲的品种类似，同中国其他地方的品种迥异，或许它们是经云南引进的。水位高时被漫过的沙质河岸上多见荞麦，是成熟期为三个月的作物。在成都府，它跟蔬菜、萝卜等一起作为第三茬作物播种在水稻和小麦之间。这里没有燕麦，小米我也没见有。泸州和重庆之间种了许多烟草，叶子已经很长了。烟草之后接着就是玉米。现在种着小麦、豌豆、蚕豆和油菜的地方，随后会种上水稻、大豆、高粱和玉米。最后，在这里还多次见到葡萄树。茶树我在江边根本没看到，桑树很少。（[德]费迪南德·冯·李希霍芬《李希霍芬中国旅行日记》）

李希霍芬对重庆的橘子更是情有独钟，称之"可以同我们最好的西里西亚的橘子媲美""平均个头更大""唯一能同欧洲的橘子媲美的橘子"，这也彰显出巴蜀农业的特色与优势。

> 这里的橘子完全可以同我们最好的西里西亚的橘子媲美，这里的甚至平均个头更大。它们跟那些薄皮、离皮的橘子一样好剥，有最好的香味，又甜又嫩，嫩得能吃得一点不剩，它们入口即化。这是唯一能同欧洲的橘子媲美的橘子。次优的应是厦门所谓的库利（Kuli，音译）橘，那种橘子的皮是与果肉分离的。（[德]费迪南德·冯·李希霍芬《李希霍芬中国旅行日记》）

李希霍芬对成都北部农田的描述也体现出了巴蜀农业的差异化与特色化：

> 接着便登上了昨天提到的梯地，这是一片宽阔平坦的地区，一开始比平原高出50米，渐渐地向西南方升高。该砖红壤梯地上仍旧人烟稠密，尽管比之平原已是远远不如。

房屋独自散落各处，但也有村庄，其中几个村子里有集市。这里的农田不适合种植越冬作物，基本种水稻，所以目前都注满了水；此外还可见许多大麦、蚕豆、小麦、豌豆和油菜，跟在平原上一样。这里的农田不如下面的那么茂盛，但砖红壤土地上也能获得相当好的收成。（[德]费迪南德·冯·李希霍芬《李希霍芬中国旅行日记》）

在英国人谢立山《华西三年》中也有类似的描述：

除了种植上述作物的土地外，峡谷中剩余的土地都是稻田，稻田里蓄着水，以备夏季播种。稻田里常常会浸泡数月的水，水面上常被漂浮的水生植物所覆盖，这些水生植物以后可用作肥料。稻田里还可以养鱼；早春时节，从山边割一些芦苇与杂草，捆成小捆，再将一捆捆芦苇和杂草绑在竹竿上，然后将竹竿放入长江浅水处，再在竹竿上压石头以增加重量。

我趁着市民代表来访的机会，收集了关于平原出产的产品，以及宁远城区矿产资源的资料信息。这里在不同季节分别种植水稻、罂粟、棉花、红花、各种水果、药材和染料、桂皮、豆类、小麦、玉米，与此同时，附近的山区还发现了铜、锌和铁。这里种植有大量的桑树，生产丝并向云南出口。（[英]谢立山《华西三年》）

三、秉持人与自然的和谐——巴蜀人独有的中国农业智慧

英国人托马斯·布莱基斯顿在其游记《江行五月》中对中国人所独有的农业智慧表现出浓厚的兴趣，并且进行了详细的描述。

关于农业耕作方面，我发现自己5月7日的记载说，大量小麦和大麦正在收割。就在田地里用手工脱粒，即将麦穗在筐上用力摔打，麦粒便落入其中，这和广州附近的中国人打稻谷一样。不过，在其他地方，我们也看到使用连枷的。依我之见，它们要优于英国所用的连枷，前者击打谷物的那部分是由两块及以上的部件连接而成的，可以使击打面更大。如今，若非脱粒机业已取代老式方法的话，我们就要在这方面好好地向中国人请教了。（[英]托马斯·布莱基斯顿《江行五月》）

第四章 巴蜀游记视域下的经济

英国人谢立山在《华西三年》中对巴蜀人民的农耕技术尤其关注，并表现出浓厚的兴趣，也给予了高度赞誉，呈现出了巴蜀人民遵从人与自然和谐相生的观念，利用自然器材、原始且富有创意性的农耕技术尽显巴蜀人民的农耕智慧。

这里的捕鱼方法值得简短描述。渔夫们捕鱼既不用鱼线也不用鱼钩，需要的只是一根长长的竹竿和一个圆形竹条编制的篓，竹篓底部敞开，顶端有一个入口。渔夫蹚水进入稻田，水深通常及膝；右手握竹竿，以半圆形的范围猛扫着面前的水面，直到他看见鱼身的银条闪现或有鱼钻入泥塘，这时渔夫会猛地向前蹿过去，用左手一直抓着的竹篓罩住鱼出现的位置。然后，渔夫从竹篓顶端的入口处伸手进去，在竹篓里摸索他的猎物，我可以说，他很少会落空。捕到的鱼有六英尺长，渔夫将鱼从肩头上抛进绑在背上的小竹筐里。接下来，渔夫又重新开始稻田捕鱼。（[英]谢立山《华西三年》）

谢立山对巴蜀的竹轮车灌溉也有详细描述，并称之为"一个很有独创性的灌溉设施发明"。

在峡谷狭窄的部分，我注意到了一个很有独创性的灌溉设施发明。这条河流比周边田地大约要低十英尺，但田地的灌溉是通过排水渠而不是依靠浇水。为了灌溉田地，当地人建造了一个大而轻的竹轮车。竹轮车周长约四十到五十英尺，厚度两英尺。在竹轮的外围插入很多劈开的竹筒，每个竹筒间隔不远，形成竹轮车的轮叶，当水流冲击轮叶时，竹轮会随之旋转。有一些外端封闭的短竹筒以稍微倾斜的角度被固定在竹轮车的轮缘上。当轮子转动时，这些竹筒被浸入水中并装满水，然而，当这些竹筒旋转到竹轮车顶部时，水被倾倒入几乎和轮子高度一样的一个木制水槽中，再用竹管从水槽中将水引到需要灌溉的田地里。这个灌溉设施不需要人工操作，一个接一个的水轮会独自默默地履行它们的职责。（[英]谢立山《华西三年》）

对于水轮水车灌溉技术，美国人 E.A.罗斯在《19—20：世纪之交的中国》中也有详细描述：

大多数农作物都是靠着自然流下来的岷江水灌溉的，而一些高地上的农作物的灌溉水则是用竹子建造的水轮水车提上去的。这些水车水轮就像弗雷斯大转轮一样，好像一张蜘蛛网垂直地挂在沟渠上。水流打击着固定在水车轮四周的小竹筒里,一个个竹筒装满水以后,就会随着水车轮转动,一直往上升,到达顶部,再浇灌到田地间。竹筒有手臂大小,两个竹筒之间的距离也有一定尺寸。农民根据这种方法,可以将水提高到离原来水位线35英尺高的地方。([美]E.A.罗斯《19—20:世纪之交的中国》)

又如,英国人谢立山对巴蜀人民的水稻脱壳技术的描写也呈现出中国人所独有的农业智慧。

水稻脱壳也使用类似的流程。在普通的水车上安装一根长轴,穿过长轴中心在车轮两侧各嵌入一块伸出车轮几英尺的木板,两块木板间形成一个直角。随着车轮旋转,木板下降,与一个杠杆接触在一起,接着压下和放松杠杆,杠杆的远端挂着一个大约两英尺长的笨重石头。当放松杠杆时,石头下降,落入一个通常用混凝土砌成的中空容器,里面放有稻谷。车轮转一圈,杠杆会被压下与放松四次,当稻谷脱壳完成后,杠杆被推到一边,把稻谷从混凝土砌成的中空容器里取出来,然后进行筛选。([英]谢立山《华西三年》)

这种彰显巴蜀人民农耕智慧的农业技术在英国人徐维理的游记《龙骨》中也有体现,书中对收割稻谷的场面进行了详细的描述。

盛夏,田渐渐干了,成熟的稻谷变成金黄色的,收获的日子到了。手拿稻谷,将一把把的稻谷打在木桶上,在桶的背面立着竹席以免谷粒溅出。

通常是两人一起打谷,天气炎热,光着上半身,裤脚挽得高高的。两个人有节奏地轮流将成熟干燥的谷子打在桶上。他们浑身黝黑,背上淌着汗珠,粘满谷草灰尘,肌肉随着谷把的挥舞而鼓动。烈日下,农妇们把打下的谷子担去铺在晒席上晒干。谷子担走了,来年又放水淹田,把谷茬犁进田里备种。([英]徐维理《龙骨》)

在域外游历者的游记中,我们可以窥见巴蜀人民的农业灌溉智慧与巧思。如英国人艾米丽·乔治亚娜·坎普在《中国的面容》中对成都平原的灌溉网的描述,彰显出她对巴蜀水利工程与农业智慧的赞叹。

而这两大支流又被再分成许多别的支流,组成了一张灌溉成都所在的全部平原的灌溉网。这是公元前200年之前一位有才干的太守建成的,今天仍在使用的原先的系统把贫瘠的平原转变成了一片沃土。当然,在随后的岁月之中也作了许多改进,建筑了堤坝来控制水流。离开成都以后,我们能见到不少这些堤坝,对它们简单和成功的结构很感到惊讶。([英]艾米丽·乔治亚娜·坎普《中国的面容》)

《晚清余晖下的西南一隅:法国里昂商会中国西南考察纪实:1895~1897》中对成都实用可行的灌溉体系进行了详细的描述:

平原某些地区,源自省城的河水依势流到低洼处,沿河居民借助竹子做成的简易提水轮盘汲取河水,灌田浇地。轮盘的直径有长6米和10米两种。每年在准备给稻田注水栽秧的时候才临时搭建这些机器,或称之为"犀斗水车",既节约劳力,降低成本,又完全满足生产需求。我询问过一位业主,他告诉我说水车的成本,包括在河里铺设引水道的劳力,一共要10到20两银子,相当于40到50法郎。水车的确只用一季,也就是两个月或三个月吧。由于雨季河水上涨,河床频繁变化,安装固定的水车几乎不大可能,使得这套灌溉体系愈发实用可行。([法]法国里昂商会《晚清余晖下的西南一隅:法国里昂商会中国西南考察纪实:1895~1897》)

这种遵从人与自然和谐相处理念而创造的农耕技术在煤矿开采中也得到了彰显。美国人威廉·埃德加·盖洛在《中国十八省府》中对成都的煤矿开采技术进行了描写,称其"古老但高明",并称中国人是"任何其他人都无法仿效的一个民族"。

成都的燃料供应都是来自山区,烧炭工在那里工作,甚至还挖煤。人们把煤屑扔进深坑,盖上土,让它在地下闷燃。当周围的煤层烧到通红时,浇上水,在咻咻的白烟声中,煤层被分解成长条的煤块。这一古老的方法或许能给西方的煤窑主们一些有益的启示。可是约翰逊博士评述美国人的话经常被用到中国人身上:"任何其他人都无法仿效的一个民族"。([美]威廉·埃德加·盖洛《中国十八省府》)

这种农耕智慧也体现在工匠的技术层面,并彰显出一种独特的中国智慧。如英国人徐维理在《龙骨》中对成都补碗匠技术的精巧与精细表示赞叹:

我们带了一些相当漂亮的"沙拉碗"到中国来，在开箱时发现有几个被压坏了。朋友们说："不要紧，找一个补碗匠来。"于是找来了一个补碗匠，他坐在院子里的小凳上开始工作。他靠拉弓快速地旋转钻头，在碗片上钻出很小的孔，然后再把碎片钉在一起。技术之高明，如果不看碗的底面，很难认出它们曾经打坏过。

中国的方桌坐八个人，圆桌可坐十至十二个人。饭碗可以单个地买，也可以和菜碗、酒杯、调羹和调料碟成套地买，每套十个甚至更多。碗打烂是常见的事，补碗匠补好后，仍然可以保持餐具成套。（[英]徐维理《龙骨》）

第二节　矿产丰富、技术独到——巴蜀工业

巴蜀地区的工业在众多域外游历者的游记里有很多的描述与记载，四川的工业是众多游历者着重关注的一个方面，19世纪60年代，第二次工业革命如火如荼，巴蜀工业的部分面貌，诸如地下蕴藏着丰富的矿产资源、农耕时代中国独有的工业技术等有所呈现，虽不全面，但彰显出巴蜀富庶之地的特征。同时也可看出部分游历者对未被合理开采的资源的惋惜。

一、农耕性与繁荣——盐业

在众多巴蜀游记中，对盐业的开采与加工的描述、记载与考察较多，呈现出农耕时代巴蜀盐业的状况，并彰显出其独有的盐业景象，也彰显出中国农耕文明下巴蜀人民对制盐技术的思考与创造。

（一）巴蜀盐业的开采呈现出农耕文明的特性

在巴蜀地区，人们开采井盐所使用的工具和操作的方法无不彰显出农耕文明下巴蜀人民的农耕智慧，更呈现出一种工业文明与农耕文明融合的独有特点。许多游历者在游记中的相关描述都体现了这一特征。

路右多盐井，皆深约二三百丈，广不过尺。汲井之方，巨竹穿节，接数竿为一长筒，底施兽皮，以深插水，水排皮上，涌填筒中，便引出之。皮乃塞底，而水不漏。有一大篾系筒，袅袅不绝，远接于车，以绕车轮。牛挽车转，筒则冉冉出井，牛又逆行，放筒下井。盖牛之行有顺逆，而筒之出井缓，其放之也急，以轻重不同也。筒已出井，有槽承水，以笕注锅中，煮之为盐。每斤价七八文，至宜昌则三倍矣。（[日]竹添进一郎《栈云峡雨日记》）

在丘背山腹设有粗糙的大轮盘。轮盘上缠有连接起来的破竹条，顶端接有圆筒形铁管，还装有活塞。这就是蜀人的盐井。人们在距海洋千里之遥的大陆中部、从数千寻的地下汲取天然之物，并加以利用。其民创之业，令人赞赏；其天赋良土，令人羡慕。（[日]中野孤山《横跨中国大陆——游蜀杂俎》）

当竹筒（即卤水桶）从盐井里被提上来之后，工人显然无法把它就着尾巴一头的竹片立起来，于是便把它的另一头夹在我先前看到的架子上。

随后工人就会给水牛卸下套子，把卤水桶放回盐井里，井底卤水的压力会将阀门打开，桶里随之再一次灌满了卤水。这时候他们又将水牛套到绞盘上驱动绞盘转动，周而复始。四川的盐井就是这样运作的。

工人将盆中的卤水通过结实的竹管注入平底锅，用煤炭生火煎盐。他们使用的煤看起来很轻，同时也往煤里大量浇水以便让火烧得更旺。操纵阀门的工人非常耳背，完全不理会我的问话，而棚子里绞盘运转起来声音很大，所以看管水牛的工人也听不清我的提问。不过当晚我们碰到了一个内江商人，他在繁荣的自流井（Tzǔ-liu-ching）盐场有一口井——那地方在内江西南方，要整整走一天才能到。不论是关于他的盐井本身还是当地盐业的运作过程，他对我都是知无不言，言无不尽。（[英]爱德华·科尔伯恩·巴伯《华西旅行考察记》）

还有英国人立德在《中国五十年见闻录》中对攀枝花的制盐业的描述，英国人谢立山在《华西三年》中对自流井镇的井盐生产的记载、卤水井与火井的描述、白盐井采集现场的考察等，还有《晚清余晖下的西南一隅：法国里昂商会中国西南考察纪实：1895~1897》中对川中独特的盐场的考察与描述，均呈现出当时巴蜀盐业所具的农耕文明性质，并兼具依山而建、就地取材的巴蜀风情。

攀枝花的制盐业：

离开顺庆①，我们在迷宫般的山岭中盘旋上下行走了两天多，然后进入一处狭窄的山谷，这座山谷就位于风景如画的攀枝花市境内。在阳光照耀之下，城墙和高楼构成了一幅美丽的图画，如果我们有相机就能拍下来。一条宽阔而清澈的小溪从市镇中流淌而过，沿着砂石台阶逐级落下。小溪上一座小桥凌空飞架，堪称四川最美的桥梁。攀枝花市是盐业产区中心。我们在山间遇到成群的小黄牛，和苦力一样，往顺庆府运盐。我们路过许多原始的盐井，每口井上方都架起一个竹辘轳，上面缠绕着绳索，竹节依次绑在一起，拉起中空的竹筒，末端装上阀门，就这样将卤水汲取到地面上来。盐井分散在各处，谷底和山腰都有，没有什么明显的分布规则。经过询问，我们得知是由专家选择盐井地址，按照中国的传统，他们根据选址成果获取报酬。这些盐井深达200到800英尺，相对于四川省西部大型盐业中心自流井来说，算是比较浅的。两名男子就像在磨坊里那样，通过踩踏辘轳抽取卤水，每天早晚工作，中间时间用于汇聚盐水，全天劳动一小时左右。几乎每处农庄都有私人盐井。尽管盐水资源稀缺，但是价格仍然很低，盐坯在当地每担20元。一般在铁锅内蒸煮卤水。这里没有煤炭和天然气，而是用草作燃料，两名男子在炉灶旁不停添加这种迅疾就燃为灰烬的材料，直到水分蒸发完毕。马匹在夜里嚼过干玉米和稻草之后需要更换草料，然而在光秃秃的山坡很难找到一块草皮喂马。在这个地区，我看到妇女跪在地上寻找草根，以极大的热情寻找这种紧缺的物资。（[英]立德《中国五十年见闻录》）

自流井镇的井盐生产：

在自流井镇开凿盐井所使用的机器简陋不堪，但由于该地区的盐井都处于砂砾岩地带上，因此开凿深井的难度并不大。工人们在准备进行凿井的地点竖起一个竹制杠杆装置；将一个重量超过100磅的铁钻头用竹绳固定在杠杆的较细端；在较粗端的两侧建脚手架，并搭上厚木板；几名工人同时从厚木板一端跳向另一端，使杠杆变成一个支点。这样，100多磅重的铁钻头就会被吊起来，然后再被放下，从而对砂砾岩形成撞击力。一名工人站在正在凿的盐井边，当杠杆将要落下时负责转动钻头、扭动竹绳。（[英]谢立山《华西三年》）

---

①顺庆：今四川省南充市辖区顺庆区。

卤水井与"火井"的制盐技术：

　　再回到盐井旁的大型卤水池，我看到工人们使用竹筒将卤水从大卤水池运送到灶房中较小的卤水池里，我下一个要参观的地方就是灶房。灶房一侧的地面上用砖砌了好几排炉灶，灶上都留有圆形开口。每个炉灶上放置一口直径约4英寸的铁制的浅口平底圆锅，里面装满了用开口竹筒运送过来的卤水。燃料在哪里呢？原来在每个平底锅下面，都有一个外面包裹着石灰的竹管，上面安装有铁制的燃烧器，火苗就是从这里喷出的。在蒸发制盐的过程中，一些更细小的竹管不分昼夜地一直在喷出火苗，为灶房照明，从不停止。接下来，我又被带去观看获取燃料的"火井"（"fire-well"）。它离卤水井很近，"火井"修建得非常谨慎，全部竹管外面都裹上了一层石灰，以免气体从气嘴顶部泄漏到灶房。所有的"火井"几乎都位于小镇内，毫无疑问，这里蕴藏着丰富的石油资源，而石油蒸发气体或是天然气为自流井镇提供了天然的燃料。但当地人从未从这些火井开采加工石油。整个自流井镇的空气中都弥漫着一种臭气，这使人不禁想起了煤气厂，然而，这里并没有像在美国俄亥俄州（Ohio）的一些地方那样，这些气体被用于街道照明。这里所有的盐井均由私人公司经营，并受政府控制。政府还在自流井镇设立了一个机构，所有贩盐生意都必须通过该机构来进行。每斤盐的实际成本价格是13或14个铜钱，但政府却设法按每斤盐22或23个铜钱卖给买家。（[英]谢立山《华西三年》）

白盐井采集现场：

　　白盐井采盐没有使用竹筒、绳子与水牛，用小木筒就足够了，小木筒上用竹子固定好两边，作为提起水筒的手柄。其中一口盐井，在盐井的中间位置建了一个工作台，从工作台把盐水筒递给上面的工人。我们从盐井来到蒸发间，发现了一排排顶部开了圆孔的泥炉，圆孔中松松地放入锥形锅（Cone-Shaped pans），这些锅用邻近地区开采的铁打造而成，锅的高度从一英尺到两英尺半不等。当一口铁锅被充分加热后，即倒入一满勺卤水，卤水咕嘟咕嘟地往上冒出气泡，盐分沉淀下去，在铁锅内表面留下含盐沉淀物。这样的过程一遍一遍地重复，一直到形成盐饼——大约四英寸厚、与铁锅形状一致的盐饼，这时就可以从铁锅上刮剥下中空的锥体盐块，准备着拿到市场上出售。制盐人必须小心保持锅底湿润，否则，锥体形的盐会裂开，那样将不适合经受在驮畜背上的艰难运输。在白盐井以西七英里的黄土山脉地下，当地人发现了一种烟煤，制盐的泥炉就使用这种烟煤做燃料。白盐井每日产盐量不超过两吨。盐井的成本,包括政府的税收,大约为每磅三枚半便士。由于该地区人烟稀少,供应盐的区域比人们通常想象的范围要大。([英]谢立山《华西三年》)

川中独特的盐场:

当我们一行从四川特有的、起伏不平的红色砂岩山丘来到这修筑在河谷上的城市,看到川中其他地区绝无仅有的一道道景致(许许多多为盐场上作牵车动力的牛群提供饲料的牧场)我们顿时耳目一新,俨然进入到一个全新的地区。不过,此处景观之特色并非仅此而已。

还有盐场上那些由成千上万座竹子天车构成的、令人意想不到的独特景致。随文附带收录的图片让人一目了然,无须我们在此赘言。天车有的伫立地面高达40多米,用来支吊竹筒管道。管道由多根竹子套接组成,长达300米到600米不等,偶尔还有更长的。天车吊起竹筒汲采、吊出卤水。竹筒管道上下两端系着竹子编成的缆绳,向上绕过固定在天车顶端的滑轮,向下在距离地面不高的地方绕过第二个导向滑轮,随后缆绳再盘绕在一个由牛群牵拉的卷扬机绞盘上,有的也由男女劳力代替。入夜,这片天车林立的地方筑成一道道妙不可言的景致。([法]法国里昂商会《晚清余晖下的西南一隅:法国里昂商会中国西南考察纪实:1895~1897》)

巴蜀大地依托农耕文明创造自给自足的盐业,也呈现出巴蜀人民的农耕智慧,而这种农耕智慧也是几千年来支撑中国盐业发展的重要动力。进入工业时代以后,盐业生产便有了更多具有颠覆性的改变,也难怪生活在工业时代的游历者在看到巴蜀盐业的生产状况后提出了以机器代替人力、畜力的设想与展望。

英国人爱德华·科尔伯恩·巴伯在《华西旅行考察记》中就有对制盐业引入蒸汽动力的思考:

在中国境内诸多制造业中,蒸汽动力应该会在制盐业提取卤水的这个环节上起到最为立竿见影的改善作用。我在内江[①]看到的盐井最深不过300英尺,但自流井的盐井深超2000英尺。连接了绞盘和井口轮子的齿轮并不具备加速的功能,所以每个提卤站的

---

① 内江:今四川省内江市。

水牛都必须一步步走完和井深同等的路程。为了盈利，工人们会驱赶它们跑得尽可能快，"这速度总是要了它们的命"。一个两全其美的办法应该是让它们可以在拉得更用力的同时放慢它们的步伐，但不管怎么说，水牛都完全不适合这份工作。如果用蒸汽机或是黄牛来代替水牛的话，这个过程所需要的人手也并不会减少。在目前的系统下，光是一个提卤站就需要一名工人来操纵阀门，一名照看牛棚，还要一个男孩来牵着水牛转圈。如果使用蒸汽机来完成这一环节，盐场的提卤工数量并不会减少，而一旦卤水产量大幅度提高，厂家就可以雇佣更多的煎盐工。（[英]爱德华·科尔伯恩·巴伯《华西旅行考察记》）

总之，从这些游历者的游记当中，我们真实地感受到当时农耕文明影响下巴蜀盐业的发展状貌。巴蜀人民依托农耕智慧，就地发掘与创造采盐工具，用牛力、人力作为开采动力，呈现出一种原生态的、带有浓郁农耕特性的巴蜀盐业之状。

（二）农耕文明下巴蜀盐业的繁荣之状

农耕文明下，巴蜀地区呈现的是一种自给自足的经济模式，没有大规模的、工业化的盐井开采，只有遍布巴蜀各地的盐井，巴蜀盐业呈现出繁荣的、作坊式的发展状态。

从众多游历者对三峡地区制盐业的不同记载中，我们可以窥见当时盐业的繁荣。如日本人山川早水在《巴蜀旧影——一百年前一个日本人眼中的巴蜀风情》中对夔州府的制盐业的描述：

府城对岸的沙滩中有一地，名叫臭盐碛。当水大落河床露出，当地人构筑板房，建临时工厂，挖坑取水，熬煎取盐，即所谓井盐。官府为之设盐局。从所收盐税来看，其产量不少，可谓山溪自然之财源。四川自古就有天府之称，从区区臭盐碛亦足可窥其一斑。（[日]山川早水《巴蜀旧影——一百年前一个日本人眼中的巴蜀风情》）

英国人 T.T.库珀在《拓商先锋中国行》中对夔州府的盐业状况也有详细考察：

从峡谷出来的时候，我们的视线停留在夔州府左岸边。这里一个临时建起的村庄，呈现出一片繁忙景象。男男女女都在煮盐，在低于水位线的河岸附近有几个盐井，它们只能在冬季的 11 月到来年的 3 月使用，在夏季水位上升时这里就会被淹没。

这些井大约有12英尺深，井旁边立着两块板，相当于轴毂的作用。井底四个光着膀子的家伙将装好的盐水，通过轴杆传给站在井外的人，然后由这个人再传递到河岸边。这样盐水就被运到小泥灶上煮起来。煮盐使用的燃料都是非常精细的煤，因为周边煤矿资源很丰富。这些盐都属于官盐，为当地的官员带来了大量收入。（[英]T.T.库珀《拓商先锋中国行》）

英国人伊莎贝拉·伯德在《1898：一个英国女人眼中的中国》中对夔州府的煮盐情景及周边的怡人风景也有详细描述：

我们向上航行，水流不急，但有些麻烦。我们总是受到一条大货船的骚扰，它带有70个纤夫，紧随在我们后面，总想让它的纤索从我们的桅杆顶上过去，所以争吵在所难免。我们看到了一个镇，烟气腾腾，样子像在制造和加工产品。我第一次在中国看见这种景象。的确，它表面上热气腾腾、蒸汽迸发，却少有烟尘，因为"制造业"正烧着类似于无烟煤的当地煤炭。夔府（或称为夔州府）下面，枯水季节有大片的沙岸，在冬季的几个月里，许多煮盐工在此安居，他们在沙滩上挖出盐井，用煤火蒸发产品中的水分，过程粗糙，盐的色泽差，而其他许多类似盐井的产品是四川的主要出口之一，是一项大税源。

宽阔的漂石河岸，强大的"鼓涌漩流"，高度耕植的地区，悦目的峡谷层层叠叠向上溶入群山的斜坡，怡人的农田，阳光和煦，非常奇特的灰色城墙的城市，泊于城下的大队帆船，由席棚搭建的市镇向他们供应必需品。我们到了夔州府。（[英]伊莎贝拉·伯德《1898：一个英国女人眼中的中国》）

英国人E.H.威尔逊在《中国——园林之母》中对云阳县盐业、温汤镇盐业、四川盆地的盐业等进行了详细的记载：

云阳县[①]质量较高的盐：

路上可见有盐、少量的小商品及包括杜仲等多种药材货担往来。盐是云阳县产品，禁止进入大宁县，据说云阳盐的质量优于大宁所产。（[英]E.H.威尔逊《中国——园林之母》）

[①]云阳县：今重庆市云阳县。

温汤镇的盐：

温汤镇是一个相当大的镇子，是我们离开宜昌以来所遇到的最大的一个，建于一陡峭的山坡上，两边是清澈的山溪，背面是很高的石灰岩峭壁。在西南边，这些峭壁裸露向阳。大量的盐生产于此。盐水井位于前滩，紧靠山溪，盐产量取决于溪水的状态。水位愈低，可得盐水愈多。当夏季洪水期，生产会停工。出产的盐白色，粉末状，质量中等，16两秤每斤值26个铜钱，销往本县北部和西部各地，但不能进入开县县城。附近有粉煤生产，用于煮盐。（[英]E.H.威尔逊《中国——园林之母》）

四川盆地的盐矿资源分布：

红盆地内的矿物资源种类不多，但有大量的盐矿散布于整个盆地境内，并在不同的深度，从几乎接近地面至深达3000英尺进行开采。在东部，例如夔州府的温汤井（Wen-tang-ching），是河水冲刷岩石，直接使盐矿暴露出来，然而在西部，如嘉定府（Kiating Fu）下方数英里岷江左岸的无定桥（Wu-tingchiao），盐矿深达500英尺。在沱江（To River）左岸的自流井（Tzu-liu-ching），盐矿最丰富，其深度1000～3000英尺。

在盆地内约有39个地区产盐，每一处都是政府专营，产、销均严格控制。估计年产量约30万吨。在自流井，盐卤水用天然气蒸发，在其他地区则燃烧煤炭。在钻深井时，说不定是钻出盐井还是气井，但无论哪一种都同样有价值。天然气的存在说明石油还在更深层。（英国人E.H.威尔逊《中国——园林之母》）

盐从开采到熬制，到搬运，再到售卖，各个环节无不彰显出当时农耕文明背景下的产业特质，这在众多游历者的游记中均有体现，也再现了巴蜀独有的盐业景象。

如英国人阿奇博尔德·约翰·利特尔在《扁舟过三峡》中描述了四川某处盐业生产的情况，呈现出其游历视域中的巴蜀盐业风情：

看见水蒸气从一个竹墙仓库中逸出，我们便走进去看看；这是一座政府的储盐仓库，所有的盐包都已搬走，节俭的仓库管理员正在燃烧扫集起来的东西，以及泥地的表层，从中蒸发出一些乌黑发亮的盐。政府的垄断使得不可或缺而通常非常便宜的盐变得这样宝贵，以致产地虽近在咫尺，甚至就在河床上，像我们来时所见那样，零售价却是50铜钱1斤，相当于2便士1磅。地处扬州的盐沼和四川的盐井之间的汉口，盐价涨至每斤80铜钱。（[英]阿奇博尔德·约翰·利特尔《扁舟过三峡》）

英国人阿绮波德·立德对巴蜀某处大片盐场的描述：

附近有大片的盐场，那里被开采出来的盐井和搭起的井架得有成千上万座。（[英]阿绮波德·立德《穿蓝色长袍的国度》）

德国人费迪南德·冯·李希霍芬在其游记《李希霍芬中国旅行日记》中对五通桥盐井有所记述，并称五通桥盐井出产的盐"最白，质量最好，数量众多"。

航行不久便看到左岸有个大盐场，挨着丘陵是众多盐井高高的钻杆，相互之间隔着不远的距离。我想停下来看看那井，但却获知我们马上就到另一些紧挨着江的盐井。但之后并没见到，等我得知已经路过我一直想看的著名的五通桥（Wu tung tschiau）盐井时已经太晚。我早先听说这些盐井远在下游的，现在不幸错过，令我久久难以释怀。这里的盐最白，质量最好，数量众多。（[德]费迪南德·冯·李希霍芬《李希霍芬中国旅行日记》）

生产出的盐需要售卖给消费者，离不开盐运。因"蜀道难，难于上青天"，所以盐运也成为巴蜀地区别有的产业，诸如重要的盐运码头、盐运挑夫、繁忙的航运等。

英国游历者谢立山便对重要的盐运码头——綦江进行了考察与记载：

县城位于綦江的左岸，綦江是长江的一条支流，綦江城也因此得名。綦江城作为通往贵州东北部的贸易枢纽，具有相当的重要性，而且，县城又与长江的水道相连，因此成为与四川省盐业贸易的重要入口。与四川、云南不一样，贵州境内没有盐井供给盐，至少在贵州境内还没有发现盐井，泸州（Lu chou）的船只将綦江设为航行终点，从綦江开始，盐由脚夫运送。（[英]谢立山《华西三年》）

英国游历者E.H.威尔逊则对巴蜀的盐运之道与盐运挑夫有简要记载：

我们所走的这条路被称为"大盐路",但在一天的行程中我们只遇到4个挑盐人。确实如此,在整个旅程中我们实际上没有遇见有货物运输。在这荒野山区人口非常稀少,不能给外来的贸易提供机遇。([英]E.H.威尔逊《中国——园林之母》)

G.A.凯尔等在《绝版长江:1910年代的铁路营造与沿途风物》中对射洪县繁荣的盐井、繁忙的盐运进行了简要描述:

该地(射洪县)的其他产业也比较发达,附近的盐井遍布各地,河流上每天来往的船只川流不息,承载着繁忙的食盐运输。([美]G.A.凯尔等《绝版长江:1910年代的铁路营造与沿途风物》)。

食盐最终带来丰厚的利润,从众多游历者的考察中所呈现的数据及销售的各环节与相关细节描写,让我们感受到当时盐业带来的巨大市场影响与利润收入,这对促进巴蜀经济的发展产生了巨大的影响。

英国人伊莎贝拉·伯德就对四川盐业的收入有过考察,也呈现出盐业销售所具的中国特性。

盐由政府垄断。政府销售所有出产的盐,自行定出价格,全部销往农村,赚得巨大的利润。据说四川产的盐给政府带来了200万英镑的收入!在某些地方,盐井延伸到近3000英尺深……([英]伊莎贝拉·伯德《1898:一个英国女人眼中的中国》)

英国人威廉·吉尔在游记《金沙江》中对四川盐业的产量与售价进行了考察:

盐井中的人专心致志地工作。他们基本不受我们的干扰,耐心礼貌地回答我们提出的无数细节问题。据说这里共有40口盐井,每口井每天产盐100斤(130磅),如此算来,每年应该出产890吨盐。

政府用自己制定的价钱将这些盐全部买走,然后发往全国销售,获利颇丰。我后来从重庆一位银行家处了解到,四川省盐业给当地政府每年带来600万两白银的收入,大致相当于200万英国标准纯银。售价约18文钱1磅。按1600文钱相当于1两白银计算,该省年产盐237 946吨,这个数量有点难以置信。([英]威廉·吉尔《金沙江》)

英国游历者艾米丽·乔治亚娜·坎普在《中国的面容》中对盐泉开采的情况、盐泉资源的所属问题、盐业人的精神等进行了考察：

离开宜昌之后的第九天我们来到一个从远处看我们还以为是着了火的村子里，因为其中有浓烟升起。不过后来弄清楚它原来是最著名的盐泉之一，一星期左右之前由于长江水降刚刚在河床上现身的。人们马上开始在它旁边搭起窝棚，将盐加工待用；他们在那里住到春天，那时江水涨起，又把他们赶回岸上。这些盐泉是该省最有价值的产品之一，然而主要的盐泉都离四川中部较近，全是政府垄断的。麦可温医生说——作为中国人异乎寻常的耐心和持之以恒之一例——有时候要用 40 年来钻一口盐井。（艾米丽·乔治亚娜·坎普《中国的面容》）

总之，通过巴蜀游记视域中的盐业发展情况，我们可以真实、客观地感受到近代巴蜀盐业所呈现出的样貌——规模作坊化，开采农耕化，搬运航运化、挑夫化，销售政府化，也能看到巴蜀盐业文化的独有性与地域性特点。

二、农耕性与富饶——矿产资源

巴蜀有着丰富的矿产资源，尤其以丰富的、优质的煤矿资源著称。域外游历者在对巴蜀矿产资源的描述中毫不吝惜他们的溢美之词，也呈现出巴蜀矿产资源的富饶。英国游历者 T.T.库珀在《拓商先锋中国行》中便对夔州府拥有全省最好的矿产资源、雅州丰富的矿产资源有简要描述，英国人爱德华·科尔伯恩·巴伯在《华西旅行考察记》中对会理州的矿产资源也有详细的考察与记载。

夔州府有省内最好的煤炭资源：

夔州府是进入四川省后在长江上的第一个税关。它坐落在河的左岸，景色宜人，有许多气派的庙宇。四周的土壤非常肥沃，生产大量的鸦片和蔗糖。省内最好的煤炭也主要产自这里。（[英]T.T.库珀《拓商先锋中国行》）

第四章 巴蜀游记视域下的经济

雅州①丰富的矿产资源：

雅州地区的矿产资源非常丰富，煤、铁、铅和铜都非常充裕。整个四川的铁和铜也大多产自这一地区。但是，这座城市和周围地区最大的财富来源是"砖茶"，它为成千上万从事茶叶生产和运输的人提供了就业机会。这种特殊的茶树主要生长在雅河两岸，与出口到欧洲的茶叶不同，这种茶树通常有 15 英尺高，茶叶粗大，也不需要特殊照管，一般种在田前屋后。农民炒制小量的茶叶卖给雅州的茶商，雅州茶商垄断了茶叶市场，但需要向政府交纳巨额费用。（[英]T.T.库珀《拓商先锋中国行》）

会理州②的矿产资源：

这里的经济来源完全依靠来往的商队和矿窑，所有交通不便或者缺乏矿业的地区都赤贫如洗。主要商品包括鸦片、棉布、棉花、生铜、铸铜（为了避开政府垄断，商人会把铜铸成锅碗盘盏之类的东西）、生锌和山里的野产（毛皮、野兽骨头、鹿角、麝香和药用植物）。我以前的一些报告里已经描述过了鸦片和棉布交易，在这里就不重复了。金属是唯一的当地产品，其中包括著名的白铜，一种看起来像是德国银的合金。（[英]爱德华·科尔伯恩·巴伯《华西旅行考察记》）

从这些相关记述中，也可窥见巴蜀大地煤矿的丰富性。如英国人 R.F.约翰斯顿在《北京至曼德勒——四川藏区及云南纪行》中的描述：

第五天的路上，我看见几处煤层露头。这里似乎有丰富的煤储量，不过煤矿开采并未掘进地表多深。县城的旅店使用的就是这种煤，燃烧得很旺。（[英]R.F.约翰斯顿《北京至曼德勒——四川藏区及云南纪行》）

又如，G.A.凯尔等在《绝版长江：1910年代的铁路营造与沿途风物》中对四川东部与中部丰富的煤矿资源的考察与记载：

---

①雅州：今四川雅安。
②会理州：今四川省会理市。

东部盆地主要有岩盐、钙芒硝、石膏、石灰岩、天青石、石油、天然气及部分铁、黏土、砂岩等沉积矿产。煤矿也是当地一种非常重要的矿产资源。

从该地区的一般地理特征和当地的煤矿含量的判断，该盆地的煤矿应该是十分丰富的。然而，从我们目前的探测资料来看，中部四川盆地的煤层应该是比较深的。（[美]G.A.凯尔等《绝版长江：1910年代的铁路营造与沿途风物》）

英国人E.H.威尔逊在《中国——园林之母》中对四川盆地内矿产资源的考察记载更为详细，他用专业的眼光对煤矿展开了分析，呈现出了四川盆地煤矿的藏量丰富与易开采的特征。

贮存量大小不一的煤矿散布于全盆地内，而且通常离盐井不远。煤的种类从褐煤到无烟煤均有，一般质量较差，只有一两处较好，主要在龙王洞（Lung-wang-tung），位于重庆以北数英里。

前面说到红盆地内有煤和其他矿藏，须做一些解释。虽然盆地大部分地区内水成砂岩的层理处于未受干扰状态，然而，贯穿盆地有数条上升带，其下石灰岩在很深处隆起。这些石灰岩每每形成轴心，沿其两侧是高度倾斜的地层，其间通常可注意到与轴相邻是一双层煤的生成带，两侧紧接着是位于边缘的红色砂岩地层。B.Richthofen估计四川境内有煤矿藏的地区之大可能超过中国其他各个省的面积。但可能有十分之九地区的煤矿都深藏于超级重叠的地层之下，除了极少的例外都无法开采。在上面所提及的隆起带，与之相邻的煤生成带虽窄，但很长，因此在河流深切的地方，煤带易在地层裂痕处暴露出来。采煤用水平横坑，在一暴露面向内采挖。在盆地全境一般都能购得煤炭。煤是区内最普通的燃料。（[英]E.H.威尔逊《中国——园林之母》）

英国人E.H.威尔逊还对四川境内的金矿与石油进行了考察，并记载了"冬季粗放的淘金"与"少量的金砂"的成因。

石油在蓬溪县[①]有少量发现，有一当地公司试图开发，但结果不理想。

其他次要矿产数量不大。贵重金属如金、银在盆地本身虽无，但盆地西面的山区不仅有金、银，而且有铜、铅、锌等矿。

---

① 蓬溪县：今四川省遂宁市市辖蓬溪县。

关于金子还应提一下，冬季粗放的淘金在长江、嘉陵江、岷江无数露出河床的卵石岸边进行。在长江上，这一不确定的工业首先值得关注的是宜昌以下约50英里向西至接近峡区这一段，但不多见。此项工业由受雇用的农民进行，回报可观。这些金砂可能都是夏季洪水期由长江及其较大支流带下来的。在红盆地内尚无含金石英的记录。在其西部和西北边境山区有数量大小不同的含金石英发现，而这一地区的主要河流或是发源于这些山区，或是流经该处。这一事实说明，这少量的金砂是从远处含金的地层通过河流搬运而来。（[英]E.H.威尔逊《中国——园林之母》）

G.A.凯尔等在考察四川盐井时注意到了石蜡基石油，这让他对四川盆地蕴藏的石油所具有的潜力发出慨叹。

在平原中心地带的北部，有成千上万口盐井，深度从60至150米不等；在南部，有的盐井的深度超过了600米。有时候会有很多热气从深井里冒出来，这些热气连同被蒸发出来的食盐都被当地的人们很好地利用了。另外，在四川顺庆等地还藏有丰富的石蜡基石油。从以上的叙述可知，该地区的地下资源确实非常丰富，也让我们确信，这个广袤的盆地蕴藏的石油大有开发的潜力。（[美]G.A.凯尔等《绝版长江：1910年代的铁路营造与沿途风物》）

域外游历者所描述的矿产资源情况，呈现出巴蜀大地立体化的矿产景象。
重庆的采煤现场：

在一个村子里，我看到一堆巧妙的燃料，用煤粉掺上黏土捏成小圆球，大小适用于中国的轻便炉灶。我顺着煤迹来到山坡上一个木头柱子撑住的小洞。高不到3英尺，宽不到2英尺。一些妇女背着一篮煤粉，艰难地从这个可悲的洞里爬出来。一条细小的水流从洞底流出。沿着峡谷全程，直到重庆和过了重庆，都可以见到数以千计的这类原始的作业现场。（[英]阿奇博尔德·约翰·利特尔《扁舟过三峡》）

剪刀峡的煤窑：

有几个烟煤煤窑正在开采。这一带引人注意的是，不仅住家，连本地的大小船只都

用煤作燃料。煤炉的构造特别，以低矮的瓦管作烟囱。（[英]阿奇博尔德•约翰•利特尔《扁舟过三峡》）

四川品质良好的采煤产业：

矿山开采似乎不须交税，官员们满足于在货物运输过程中收取过境税。矿山离河岸8里，即2英里多，岸边设一仓库以便售煤，买主经水路将煤运往重庆。从矿区到石家梁（仓库），每担（100斤）运费27铜钱，而到重庆30里水路的运费只要14铜钱。煤的售价（从石家梁交付时）每担（133磅）大块的130铜钱，小块的110铜钱，也就是每吨6先令。这是质量很好的烟煤。

按照李希特霍芬所说，构成四川高原地表的沙岩下面的煤层，是世界上最广阔的煤田之一。许多东北—西南走向的山脉陡然崛起，使水平地层翘起而易于到达，凡是这种地方的煤层都已被开采。在这样的地层中，简单的水平方向的坑道比较容易开采到煤。这些山脉被河流切割，构成峡谷，露出不同地层的完整切面，其中就蕴藏着煤层。（[英]阿奇博尔德•约翰•利特尔《扁舟过三峡》）

这些古老的方法、独到的技术彰显出巴蜀人民与自然和谐共存的生态观，也由此外化出一种自然的巴蜀风情。如，美国的威廉•埃德加•盖洛在《中国十八省府》中记载了成都古老但高明的煤矿开采技术：

成都的燃料供应都是来自山区，烧炭工在那里工作，甚至还挖煤。人们把煤屑扔进深坑，盖上土，让它在地下闷燃。当周围的煤层烧到通红时，浇上水，在咻咻的白烟声中，煤层被分解成长条的煤块。这一古老的方法或许能给西方的煤窑主们一些有益的启示。可是约翰逊博士评述美国人的话经常被用到中国人身上："任何其他人都无法仿效的一个民族"。（[美]威廉•埃德加•盖洛《中国十八省府》）

英国人T.T.库珀对重庆丰都采石作业现场的描述，也彰显出采石工的灵巧与智慧。

在那里，河边有许多采石场，很多采石工在辛苦地工作。有的在修整石块，有的用铁楔和大铁锤把大块的砂岩劈成方形，石块重达二三十磅。我观察劈石头的人的工作，他们表现出了极大的灵巧，每个人都挑选一块没有裂缝的巨大砂岩，挖出大约 3 英寸深，相距 18 英寸的小洞，标出所需的方形石块的轮廓。然后，把一块楔形的铁钎插进每个洞里，旋转着击打，直到石头裂开，留下一块大的方形石块，接着用锤和凿子进行修整。锤子的使用需要非常专业的技术，因为手柄是由柔韧的藤条制成的，大约有一个手指那么厚，四英尺长。（[英]T.T.库珀《拓商先锋中国行》）

域外游历者对巴蜀矿产资源的关注与描写，再现出农耕文明时期中国工业的启蒙发展状貌。如英国人爱德华·科尔伯恩·巴伯在《华西旅行考察记》中描述盐源县的铜矿与产盐时记载城里有五六眼盐泉。而加拿大人莫尔思在《紫色云雾中的华西》中详细地记载了四川无比丰富的矿产资源，他在描述四川丰富但欠开发的资源时，则称"四川就像被宏伟石墙围起来的花园"，在记载矿产资源时，也对巴蜀自然风景展开了描写，呈现出巴蜀雄奇的风景与别有的风情，也显现了巴蜀地区矿产资源开采的难度之大。

盐源县的铜矿与采盐：

盐源是一座很小的城市，四周都是山丘，山中出产大量铜及一些银。它的名字意为"盐巴泉"，城里也的确有五六眼这样的泉水，产出的盐不仅够当地人食用，还销往整个西昌。（[英]爱德华·科尔伯恩·巴伯《华西旅行考察记》）

四川无比丰富的矿产资源：

在外行眼中，四川的矿产资源似乎很丰富。……四川西部还有大量的银、铜和锌资源。……沿岷江和长江沿岸有大量的采矿活动正在进行……现在川内仍有大量的煤炭、铁、盐资源，几乎和几个世纪前一样保持原样未被开发。在四川和西藏边界的由于埋藏得过深，开采耗费的实际成本和产出还有待考察。自贡很多盐埋藏，据托冯男爵的估计，该省煤炭矿藏量比中国其他省份矿藏量的总和还多，但是在 1 英里深的地方。为了开采这些盐，已经花了 40 多年时间。盐水一般利用大型水平转轮开采，转轮上是竹子制造的箍圈，由水牛拉动，有些地方也开始用蒸汽锅炉做动力。自贡也有天然气井，估计这个地区的地下有一大片石油矿藏。中国人有很长的利用天然气来蒸发盐水的历史。（[加]莫尔思《紫色云雾中的华西》）

四川丰富但欠开发的资源：

四川地区面积 170 000 平方米，几乎和法国一样大。虽然省内资源丰富，但开发严重不足。从地理位置上看，四川可以称得上躺在"世界屋脊"的屋檐下。"西藏阿尔卑斯山"拔起的巨大山脉好似自由奔跑般进入，形成了盆地地形，因此山脉纵横，景象壮丽。四川就像被宏伟石墙围起来的花园。

四川省溪流遍布，有丰富的冲积形成的山谷。依据自然条件，四川被分为东部和西部。东部因为大部分地区由红砂岩组成，瑞奇托冯（Richtophen）男爵称之为"红色盆地"。东部聚集了齐备的产业和财富，呈现一片繁荣的景象。西部地区则恰恰相反，具有中亚高原地理条件的基本特征，既不肥沃，也不繁荣，居民稀少。在西部边陲，少数民族彝族仍然在那里居住。（[加]莫尔思《紫色云雾中的华西》）

三、驰名与精美——纺织业

在域外游历者的游记中，我们可以看到巴蜀纺织业所呈现出的独特的巴蜀工业图景，并具有驰名与精美的特点，既体现在丝织品的质地和工艺上，也体现在巴蜀人民对美好生活的追求和对传统文化的传承上。

从丝绸的质地和工艺来看，巴蜀纺织业具有独特的地域特色。从日本人竹添进一郎在《栈云峡雨日记》中的记载，以及山川早水在《巴蜀旧影——一百年前一个日本人眼中的巴蜀风情》中的描述，可见蜀地纺织业所彰显出的地域特色。

蜀地式微的丝织业：

如蚕丝不及江南之多远甚，价亦视南省所出多寡为低昂。即以极盛之年言之，转贩于他省者，不能过于十万金也。（[日]竹添进一郎《栈云峡雨日记》）

成都驰名的蚕织业：

现在四川还以蚕业驰名。就成都来看，几十家的机房并排之处也有好几条街，杼梭之声如众鸟之合鸣。但是所生产出来的东西，仅止于绫罗绸缎，丝质染法皆颇为粗劣。

其中有一种名叫巴缎的,蜀人以为那就是今天的蜀锦。当然那并不是古传的织法。([日]山川早水《巴蜀旧影——一百年前一个日本人眼中的巴蜀风情》)

从以上可以看出,虽然蜀地的"蚕丝不及江南之多远甚",但成都的蚕织业仍然驰名于世。

从巴蜀人民对美好生活的追求来看,巴蜀纺织业的发展体现了人们对生活的热爱和对美的追求。从英国人徐维理在《龙骨》中的描述便可窥见这一巴蜀风情:很多农户把养蚕作为他们的额外收入,农妇们会小心地保存蚕卵至春天桑叶长出来时,再将蚕卵放在怀中保暖孵化。微小的幼蚕转到簸箕里用桑叶喂养。农妇们养蚕时是非常细心的,她们用竹筷将蚕转到干净的桑叶上。蚕吃得很多,也长得很快,当蚕快变成蛹时,它的胃口就减弱了,蚕从吐丝器中吐出双丝,自缚成茧。成都的蚕茧多半是金黄色的,不过茧的颜色会因蚕吃的桑叶品种不同而有所不同。这些细节都展现了巴蜀人民对生活的热爱和对美的追求。

成都闻名于世的丝织业:

很久以来,成都就以丝绸和织锦闻名于世。很多农户把养蚕作为他们的额外收入。蚕蛾将蚕卵产在纸上,农妇们会小心地保存至春天桑叶长出来时,再将蚕卵放在怀中保暖孵化。微小的幼蚕转到簸箕里用桑叶喂养。农妇们养蚕是非常细心的,她们用竹筷将蚕转到干净的桑叶上。蚕吃得很多,也长得很快,当蚕快变成蛹时,它的大胃口就减弱了,蚕从吐丝器中吐出双丝,将它们自缚于其中绕织成茧。成都的蚕茧多半是金黄色的,不过茧的颜色会因蚕吃的桑叶品种而有所不同。([英]徐维理《龙骨》)

成都精细的棉花纺织:

当时成都还没有工厂。很多手工制品都是由小型的家庭作坊制作的,这往往就成了妇女额外的雇佣。……她转动大轮子,带动线筒管,新纺的线就绕在管筒上了。因为这是在家里工作,白天临街的木窗板总是卸下来,让光线更好。我很感兴趣,总想看看她们在干什么,然后再和干活的人闲聊几句。在我看来,棉花在纺线人手里就像变魔术似的,她不断地用指头搓捻着,棉条消失,线就变出来了。她们让我试一试,我什么线也没有弄出来,大家都开心地笑了,证明洋人真是笨,连最简单的事也做不了。([英]徐

维理《龙骨》）

优雅的成都——支柱产业丝织业：

……成都显然是四川省内贵族、绅士式的闲散生活之都。甚至从它的支柱产业来看，那用来纺织丝绸、锦缎的复杂而精巧的织机也为这个地方平添了一份优雅的情趣。（[美]司昆仑《新政之后：警察、军阀与文明进程中的成都：1895—1937》）

从对传统文化的传承来看，巴蜀纺织业体现了巴蜀人民对传统文化的尊重和传承，如英国人徐维理在《龙骨》中的描述。美国人司昆仑在《新政之后：警察、军阀与文明进程中的成都：1895—1937》中对优雅情趣的描述，让读者感受到纺织丝绸、锦缎是一种优雅的情趣，也让读者感受到巴蜀人民对传统文化的尊重和传承。

同样，从丝绸的质地和工艺上来看，嘉定丝织业也具有独特的地域特色。虽然嘉定的丝绸在上海的欧洲商人眼中是驰名产品，但最好的原料都被送到了成都和重庆，织就的产品也称为嘉定丝绸。

英国人T.T.库珀在《拓商先锋中国行》中描述了嘉定丝绸的"徒有虚名"：

嘉定府的居民非常善良，温和有礼，我独自在城市周边无拘无束地闲逛。在逗留的最后一天下午，我还去城里的丝绸街闲情漫步。嘉定的丝绸在上海的欧洲商人眼中是驰名产品，所以我希望闲情漫步之余能看到除了织布机以外的其他奥秘。然而，这里仅仅织造劣质的丝绸，最好的原料都被送到了成都和重庆织成美丽的纺织品，称为嘉定丝绸。所以说，产品名称只是与丝绸原料的产区有关。至此，我对嘉定生产的丝绸产品没有了那么高的期待。（[英]T.T.库珀《拓商先锋中国行》）

英国人伊莎贝拉·伯德在《1898：一个英国女人眼中的中国》中描述的丝织业体现出了嘉定人民对美好生活的追求，也体现了他们对生活的热爱和对美的追求。

嘉定府[①]驰名的丝绸：

据说有5万人口的嘉定府是个重要的商业城市，因为三条大江——岷江、雅河

---

① 嘉定府：现为四川省乐山市。

（青衣江）和大渡河——在这里形成交汇，在一段不长的距离内，河流就像一个湖泊。它或许是本省养蚕和丝织最大的中心，也是白蜡贸易的东面边界。它的白丝绸在光泽和颜色的纯净方面都是非凡的。这是个富裕的城市，是最为肥沃最为可爱的地区的首府。此外，它还是朝拜峨眉山寺庙和"佛光"的出发点，城墙是鲜红的砂岩，很少是用坚硬的青砖砌筑而成。南门对火神严密关闭。一条漂亮的上坡路，碧绿宁静，是住宅的街道，通向西门，中国内陆教团和加拿大卫理公会在这里有其驻地，恩达科特先生的花园里有一些非凡的石头住宅，因此而被巴伯先生在关于中国西部的报道中翔实描写。嘉定在鸦片和木材贸易方面也像丝绸与白蜡一样。丝绸和雨伞商店也很显眼。从任何角度看这个城市都很美丽。（[英]伊莎贝拉·伯德《1898：一个英国女人眼中的中国》）

伊莎贝拉·伯德所描述的"嘉定府是个重要的商业城市，因为三条大江——岷江、雅河（青衣江）和大渡河——在这里形成交汇，在一段不长的距离内，河流就像一个湖泊。它或许是本省养蚕和丝织最大的中心，也是白蜡贸易的东面边界。""这是个富裕的城市，是最为肥沃最为可爱的地区的首府。""此外，它还是朝拜峨眉山寺庙和'佛光'的出发点，城墙是鲜红的砂岩，很少是用坚硬的青砖砌筑而成。南门对火神严密关闭。一条漂亮的上坡路，碧绿宁静，是住宅的街道，通向西门，中国内陆传教团和加拿大卫理公会在这里有其驻地，恩达科特先生的花园里有一些非凡的石头住宅，因此而被巴伯先生在关于中国西部的报道中翔实描写。"这些细节都展现了嘉定人民对美好生活的热爱和对美的追求。

"丝绸和雨伞商店也很显眼。从任何角度看这个城市都很美丽。"这种优雅的情趣正是嘉定人民对传统文化的尊重和传承的体现。

巴蜀地区的蚕织业历史悠久，技艺精湛，产品丰富多样。从游历者的游记中，我们可以看到巴蜀各地蚕织业所呈现出的独特巴蜀之美。

环绕綦江的丘陵覆盖着茂密的栎树灌木丛，大量的蚕宝宝被放置在栎树树叶上饲养。养蚕业是四川最重要的产业；每一户人家，只要在宅地上有桑叶可摘，就会从事养蚕业。四川处处都有小集镇，所有的集镇五天赶一次集。很多商人前往那里，在适当的季节收购蚕茧或鸦片。除了桑树叶与栎树叶外，还需要大量的柘树（the Cudrania triloba）和桑树（Hance）叶喂养蚕的幼虫。嘉定（Chia-ting）附近是四川丝绸文化的中心，我在这里获知，这些树叶特别适合幼虫的胃口，蚕吃了树叶之后，所产的蚕丝质量上等，数量丰厚。我经常看见装满白色与黄色蚕茧的小木桶摆在路边出售，这是一户家庭所生产的产品。照料、饲养、喂食蚕虫，以及采摘、收集蚕虫所食树叶的职责，全都落在了妇女与儿童的肩上，为了使蚕卵加速孵化，妇女还会将蚕卵放在温暖的胸脯处。（[英]谢立山《华西三年》）

綦江地区的丘陵覆盖着茂密的灌木丛，为大量蚕宝宝提供了理想的饲养环境。养蚕业是四川最重要的产业之一，家家户户都会养蚕。嘉定附近更是四川丝绸文化的中心，这里的树叶特别适合幼虫的胃口，蚕吃了树叶之后，所产的蚕丝质量上等，数量丰厚。綦江人民对美好生活的追求和对传统文化的传承在蚕织业中得到了充分体现。

重庆精美的织染绣品：

在重庆不像在宜昌，没有什么东西好买，但那里的深靛青色棉布床单做桌布却很好，在染色前把布放在一种石膏模型上描出精美的图案，染出的布越洗颜色越发白。还有毛毡、小地毯，也是以同样方式染色，整个图案完全手工描绘，然后把小地毯浸入鲜艳的紫红色染料中。重庆还有很多绣品出售，当然在中国到处都有绣品。还有从成都运来的漂亮的草帽，帽檐周长有两码，草编的穗带缀在帽顶中心，非常精致。所有的穗带都边对边地一起缝上去，呈站立状，而不像平常的帽子，穗带是平放的。（[英]阿绮波德·立德《亲密接触中国：我眼中的中国人》）

在阿绮波德·立德的游记《亲密接触中国：我眼中的中国人》中，重庆的织染绣品展现了巴蜀地区独特的手工艺和丰富的民间文化。重庆的深靛青色棉布床单、毛毡、小地毯等制品都是在染色前把布放在一种石膏模型上描出精美的图案，染出的布越洗颜色越发白。这些制品都是以同样方式染色，整个图案完全手工描绘。重庆还有很多绣品出售，当然在中国到处都有绣品。这些精美的织染绣品展现了巴蜀地区丰富的民间文化和独特的手工艺。

英国人R.F.约翰斯顿在《北京至曼德勒——四川藏区及云南纪行》中对顺庆府养蚕业的描述展现出巴蜀地区拥有悠久的丝绸历史并且是繁荣的工业中心。

顺庆府（即今南充市——译者注）一度是繁荣的工业中心，现在有点衰落了。过去，这里有用红花提炼植物染料的庞大产业；后来从奥地利引进苯胺染料，这一行业遂被扼

杀。但养蚕业仍然十分兴旺。（[英]R.F.约翰斯顿《北京至曼德勒——四川藏区及云南纪行》）

巴蜀地区的工业中最重要的是丝织业。为发展这一产业及其他产业，省内已逐渐进口了外国机器，并采用了西方的生产方法。

丝绸也是一种重要的产品。只有等蚕长大的时候人们才用桑叶喂它，而在它生长的前半段时间里用另外一种我不知道的树的叶子喂养。这里的蝉已经叫得令人不堪忍受，它们据说在每年的2月份便开始嘶叫。

雅河上的运输并非不多，但基本是用竹筏运输。运往上游的有湖北的棉花，四川的棉制品、洋布、纸、陶器，眉州的烟草、糖、甘蔗等；运往下游的东西很少，有荥经县的铁锅和熟铁，产自雅州府以西的山区的药材和苏打。（[德]费迪南德·冯·李希霍芬《李希霍芬中国旅行日记》）

又如：

四川出产的棉花，原棉可以生用，也可以纺线、织布。未纺过的棉花可以用来絮冬天穿的棉衣。冬天室内没有加热设备，通常在房间中央摆一只烧木炭的火盆，也不兴穿大衣，老年人用小竹烘笼烧木炭烤手取暖，烘笼内有一个砂陶灰盆。

新棉衣需要弹得松泡；用过的棉花黏结在一起变硬，尤其是小孩用过的棉絮就变得很脏，也需要重新弹过再用。首先要拆开棉衣或棉被的套子，将棉花洗净，晒干，再重弹。（[英]徐维理《龙骨》）

总之，从域外游历者的游记视域中，我们可以看到巴蜀各地纺织业所呈现出的独特巴蜀之美。这种美既体现在丰富的自然资源和勤劳智慧的人民身上，也体现在独特的手工艺、民间文化和不断发展的精神上。

第三节　街市繁荣、商品丰富——巴蜀商业

巴蜀因土地肥沃、矿产资源丰富、特色产品众多，故在农耕文明下的商业也蓬勃发展。众多巴蜀游记中有对巴蜀各主要城市商业情况的翔实记载，呈现出巴蜀商业的一片繁荣景象。

一、繁荣兴旺的城市——成都

日本人竹添进一郎在《栈云峡雨日记》中对成都街市繁荣之状的记载可谓不吝其辞：

栈之危者，磴而栏之，宛为康庄，两骑联而走矣。都邑则繁盛，客店则闳壮，肩舆络绎，昼夜不绝。小站亦皆炊膏粱以待客。
…………
归途过青羊宫。规模极大，中设剧场。商贾云集，百货山积，人雷汗雨……（[日]竹添进一郎《栈云峡雨日记》）

另一个日本人山川早水在《巴蜀旧影——一百年前一个日本人眼中的巴蜀风情》中则是对成都街市国际化、商品繁多的盛况予以记载，呈现出巴蜀首府在自给自足的自然经济下的繁荣。

成都街市上的外国商品：

同一种类的店铺集中在一条街上，如书店、旧衣、旧货、刺绣、毛皮、陶器、冠帽、中国鞋、纺织品、五金、兽肉等。外国商品店共有四五家。英国人得比特所经营的教科书与博物标本店、广学会支店（总店在上海）规模最大，法国人杂货商信义昌次之。另外，虽有英国人的杂货鹤龄洋行，以及两三个分店，但全都不值一提。成都乃非开港地，

外商不得公开营业。上述的各店,都是借中国人的名义开的。([日]山川早水《巴蜀旧影——一百年前一个日本人眼中的巴蜀风情》)

在日本人中野孤山看来,蜀都的岁末集市——暮市的繁荣兴旺与日本的繁荣之状完全相同。

蜀都的岁末集市——暮市:

岁末的集市——暮市,同样地繁荣兴旺。其拥挤不堪的情形与我国完全相同。不过,由于两国的人情、风俗及习惯不同,其情趣自然各不相同。有很多商店出售写有"五福入门"几个毛笔大字的红纸,这与我国在大路上摆摊出售稻草绳类似。([日]中野孤山《横跨中国大陆——游蜀杂俎》)

蜀地市场行业分工有序:

蜀地的行业分工井然有序,比如说,经营锦绣的店铺只出售织锦类商品,甚至于有可能整条街都只经营同一类商品。通观市内,既有专门经营铁器的商家,又有专门经营旧货的店铺。既有毛皮店,又有文具店。做猫生意的挑着担子专门卖猫。以卖指甲刀为职业的人,手拿串铜钱的环状物,咋咋呼呼地在市里转来转去。还有专门捡烟头的人。([日]中野孤山《横跨中国大陆——游蜀杂俎》)

当然,在域外游历者的视域中,成都除了有井然有序的繁荣商业街,也有"大煞风景"的混乱。如中野孤山在肯定蜀都井然有序的商业街市的同时,对繁杂混乱、不符合常规的商业现象提出了批评。笔者认为这是对蜀都商业的真实再现,也指出了当时成都商业令人担心、遭人疑惑的一面。

中野孤山对四川省劝工总会在振兴工商业方面取得了良好成绩表示怀疑:

……既有空啤酒坛,也有无盖的墨水壶,还有酱油坛的塞子。四川省劝工总会上居然摆出这样的东西,真是令人难以接受。场内苗圃里有几种花草和木本植物,兰草类是华人喜好的植物,品种繁多;牡丹、芍药和蔷薇类也占据了不少地盘。虽然我想说该总会很幼稚,还不成熟,但实际上它并非幼稚,而是老朽。虽然总会定在每年的三月这个美好的季节里召开，但它到底是否在振兴工商业方面取得了良好成绩还值得怀疑。年年岁岁重复做同样的事情能否维持现状还是一个疑问，说不定还会导致工商业一步一步地走向衰退。（[日]中野孤山《横跨中国大陆——游蜀杂俎》）

中野孤山见到成都繁杂混乱的市场时，便给出了一种极端的评价："这种繁杂混乱的市场缺乏活力，给人闲荡散漫之感。那些人完全没有竞争意识。"

成都繁杂混乱的市场：

道路拥挤，轿夫举步维艰。喧嚣声起伏，吵闹声不断，市场一片混乱。凤起门下的四周，有理发摊、补衣摊、旧货店、日用品店，还有从事下流职业的妇女一字排开等待生意。那里基本上是下流职业者和小商小贩云集的中心。蜀都市场的状况由此可见一斑，实在是大煞风景。这种繁杂混乱的市场缺乏活力，给人闲荡散漫之感。那些人完全没有竞争意识。（[日]中野孤山《横跨中国大陆——游蜀杂俎》）

成都街市在中野孤山游记眼里是繁杂混乱的、闲荡散漫的、缺乏活力的，但在英国人毛姆的眼中，这里呈现了商贾云集的盛景。

英国人毛姆在游记《在中国屏风上》中对成都街市的拥挤之描述是那么的真实；英国人 E.H.威尔逊对成都街市的描述，以及对成都繁忙的人力运输的记载，透露出一种肯定与赞誉。

成都拥挤的街市：

街上人头攒动，一如伦敦的剧院散场，观众蜂拥而出来到人行道上。你得挤着走，每当轿子过来，你还要让到一边，苦力总是挑着他们的重担；串街走巷的货郎卖着日用百货，经过时不免撞你一下。（[英]毛姆《在中国屏风上》）

商贾云集的成都：

城市整洁有序，警力有效。漫步于街上，注意各行各业的运行，是中国式的文化教育。销售的商品无数，也处处显示出他们自身的财富。商店的招牌涂漆并镀金，垂直悬挂，用优美的书法书写店名和销售的商品。在市内到处都可见到官员，他们坐着轿子在街上快速通过。这种轿子很特别，有长而弯曲的轿杠，轿身固定在弯曲处的顶端。当抬起时，轿子就正好高于人群的头顶。街上总是挤满了行人、轿子和独轮车。不同的行业占有它们自己特有的地段。有的街道全是木工行业不同工种的商店。靴子、骨制品、毛皮、旧衣物、丝织品、洋货等都有专卖商店。丝织品是成都一大产业，有数以百计的织机应用于生产。（[英]E.H.威尔逊《中国——园林之母》）

成都繁忙的人力运输：

路上运输相当繁忙，钾盐、木板和油粕饼是运输的主要商品，而以钾盐最多，所有这些货物全用人力背运。（[英]E.H.威尔逊《中国——园林之母》）

成都商业的繁荣兴旺还表现在其独有的技术及独特的产品与服务上，如英国人徐维理在《龙骨》中对成都的木制洗脚盆所利用的独有材料及独有技术记载，以及对"洗脚解除疲劳"的详细描写，还有对各式竹器的考察记载，彰显出成都商业繁荣的原因之一——人们对竹材料的依赖与创新应用。

成都的木制洗脚盆：

成都几乎没有什么东西不用竹子，但有一些家什是木制的，就像图中箍桶匠正在修的木盆，不过箍桶的绳子仍然是竹编的。而小点的木盆有时就直接用篾条绕成的圆箍箍住。

在成都这种盆子叫"洗脚盆"。洗脚是其中一个重要用途，还用来洗衣服，或给小孩大人洗澡。对于一天走好多里路的劳动者来说，保护脚是很重要的，任何疏忽都会带来酸痛甚至造成残疾。一天劳动结束后，洗脚解除疲劳几乎是第一要紧的事。我们家的厨子在做完晚饭后，如果天气好，就可消闲地坐在院子里的竹椅上，他的妻子会端来一盆热水，跪下来帮他卷起裤脚，舒舒服服地洗脚，使他从替洋人一家买菜和煮饭的劳累中恢复过来。（[英]徐维理《龙骨》）

成都的竹器：

……篾匠拿着各式各样的竹器出售。他扛着不同样式的竹篮和圆形的竹蒸笼（放在蒸笼中蒸包子用的),他手里拿的是刷大铁锅用的竹刷把,而锅是家家户户都要用来炒菜和煮饭的。据说那个时代,几乎所有家用物品都可以用竹子和空煤油桶做成。([英]徐维理《龙骨》)

成都的茶馆算是一种非常独特的服务行业,也是一种茶文化的延续与发展,但在英国人丁乐梅看来,茶馆只为解渴,这里姑且不论其对茶馆的理解正确与否,其对茶馆的描述的确再现了巴蜀茶馆文化的独有特质。

成都遍地的茶馆:

大约每隔一英里就会有几个茶馆。只消几文钱,苦力就可以买到一杯茶,里面的茶叶足够再泡个十来杯,而且他想要多少就可以得到多少热开水。我对四川的这个乡间、居住于此的村民们,以及他们的生活方式和行事方法的描述要就此打住了,没有必要再谈及更多这方面的内容了——读者,您会为此感谢我的!但是四川式口渴——这种在全中国占有一席之地的独特口渴,会令除撒哈拉以外全世界所有地区的口渴黯然失色——是谁都没听说过的。([英]丁乐梅《徒步穿越中国》)

这种极具特色的商业状况还有很多,形成这种特色化的商业状况的原因多样,我们从域外游历者的游记中便可窥见不一样的影响因素与别致的巴蜀商业景象。

如美国人司昆仑在游记《新政之后:警察、军阀与文明进程中的成都:1895—1937》中,分析成都商业发展受到交通限制,展现出商人们不畏艰险、追求富裕的决心与毅力之大。

受到交通限制的成都商业:

尽管成都有丰富的农业资源,但是它的商业却受到交通运输问题的限制。一般来说运输工人从成都到重庆之间步行320公里路程需时12天,而从成都沿着长江更往东走远一些,到万县则需14天,其间路程长达440公里。从成都往重庆若是走水路本应更快一些,但这也只有在夏天长江水位高时方才可行。因此,要去繁荣的江南地区,那里是国内外贸易的中心,就须穿过四川东部边界的长江三峡,这是一段极具风险的旅程。这种状况一直到进入20世纪仍然如此。当然,大米、食盐、来自西藏的药材和鸦片在19世纪晚期还是大量地走这条水路冒着风险运过来了。商人们通过这种贸易在重庆和川

东南的其他城市站稳脚跟富裕起来了。（[美]司昆仑《新政之后：警察、军阀与文明进程中的成都：1895—1937》）

还有德国人费迪南德·冯·李希霍芬在其游记中描写的成都漂亮的街道，以及街市上漂亮的货品、礼貌的市民、奇特的商品、漂亮的刺绣、美丽的银饰等，都呈现出成都商业的繁荣之状。李希霍芬对成都缺少大商店感到无法理解，但他对小商店商品的描述仍然透出成都商品在农耕文明下的特色与独有性。

成都漂亮的商店与货品：

我又去城里逛了逛，没受到任何骚扰，因为一名同去的衙役很容易就赶走了大喊大叫的小儿。这次对这个城市的印象因为摘掉了新年里的装饰而大打折扣。那些画得很漂亮的灯笼，那许多曾布满街道的漂亮的节日贴画及联句，都没了。但这个城市依旧美丽，特别是它的洁净值得称道。方石铺就的街道保持得很好，清扫得很干净。商店里的一切都抛过光，上过漆。人们很有礼貌，穿着绫罗绸缎。在众商店中有大量专卖奢侈品的商店很奇特：有许多丝织品商店和卖丝绸饰物和丝带的店，许多卖丝绸布鞋的店，满大街都是刺绣，其中不乏漂亮的。另外还有众多的首饰店，特别是卖银首饰的，有些银首饰做得颇为漂亮，但没见精致至极的金银丝编织品。宝石很少见，倒是有摆满了玉（Yu）器的商店。有20多个表匠，基本都集中在唯一一条街上；每人一家店，店里有许多大大小小的钟表。（[德]费迪南德·冯·李希霍芬《李希霍芬中国旅行日记》）

成都的商店规模小：

尽管有众多的商店，但能看出成都并非贸易城市——看不到大商店，都是众多各式各样的小商店。但是即便考虑了这一点却仍让人感到几乎不可理解的是，所有这些商店是如何塞满了货物的呢，因为根本不见有商品运输。街上满是行人，偶尔碰到个轿子，此外碰到的就是众多臭气烘烘的挑夫了。外国商品很少能见到。600文一个的一般的玻璃水杯被用作吊灯和鸦片烟灯。此外我还看到几个瓷、玻璃和金属质的饰品——都很贵，这些东西在这里还不曾真正行销，远不如在西安府那么时髦，例如那里的官员据说已普遍使用硬脂蜡烛了，这里的硬脂蜡烛很少，一包1600文。酒瓶子300文。最普及的可能是钟表和镏金纽扣。我无须多管从外国进口的舶来品，因为我在传教站都没能见着这

些。那里根本没人去，而到我这里来访的客人倒挺多。（[德]费迪南德·冯·李希霍芬《李希霍芬中国旅行日记》）

理解有偏颇的英国人认为茶馆只有解渴的实用性价值，而德国人却认为成都茶楼具有文化性与艺术性，不由自主地发出了慨叹："令我感到吃惊，因为我实在没想到现在的中国人还有这本事"并对成都表示赞美——"成都府绝对是中国最美的城市"。能让我们体悟到、感受到游历者视域中成都的美丽与文脉的厚重，让商业性与文化性相融的巴蜀形象深入人心。

成都具有艺术性的茶楼：

这里产丝绸、茶、糖、大黄、鸦片、烟叶，盛产盐，产一种非常珍贵的制造清漆的油和一种用昆虫炼制的精致的蜡，还有许多其他有重要价值的东西。成都府是个又大又美的城市，令我十分惊讶。它直径有1公里长，有80万人。成都府绝对是中国最美的城市。街道笔直宽阔，用大块方形砾石铺成，中央凸起。有一条街叫东大街，有一小时的路程那么长，笔直笔直的，格外热闹，到处都美丽如画。所有的街道两旁都挤满了商店，到处人群熙攘。此外这里的人还很有艺术细胞，就像日本人。房前挂着小纸灯笼，上面画着不错的画。每一家茶楼、每一家商店的墙上都挂着许多手绘的画。其中的许多很有艺术性，令我感到吃惊，因为我实在没想到现在的中国人还有这本事。（[德]费迪南德·冯·李希霍芬《李希霍芬中国旅行日记》）

这种类似的记载在德国人塔玛拉·魏司的《巴蜀老照片：德国魏司夫妇的中国西南纪行》中也曾出现。塔玛拉·魏司评价成都"是一座富有、干净而且也很能自我满足的城市"，"商店都布置得很好看"，各类商品"陈列得整整齐齐，令人愉悦"。这种阳光心态让其关注到成都小贩时，也能感受到小贩们的悠闲与歌唱般的吆喝声。

成都好看的商业街道：

成都的主街道很宽，用砂岩板铺得整整齐齐。街道上虽熙熙攘攘，街上的人们却不像中国其他一些城市那样推推搡搡，让你浑身紧张，透不过气来。成都是一座富有、干净而且也很能自我满足的城市。商业街两旁的商店都布置得很好看，店铺老板将奢侈品、毛皮、银制品、绣品等陈列得整整齐齐，令人愉悦。（[德]塔玛拉·魏司《巴蜀老

照片——德国魏司夫妇的中国西南纪行》）

成都悠闲的小贩：

我们第一次短途旅行是去这个城市的老城墙。它是为了防御外敌而修建的，战争与和平的气氛混杂在一起。在大炮的旁边站着市民，他们手提鸟笼，笼里小鸟正尽情享受这温暖的午后时光。小贩们的小摊儿沿着城墙一字排开，手中的铁片敲得叮叮作响，用歌唱般的声音叫卖着各种各样的小甜点。这样的情景似乎使人们早将时局的艰险抛在脑后。（[德]塔玛拉·魏司《巴蜀老照片——德国魏司夫妇的中国西南纪行》）

二、商贸重镇——重庆

域外游历者在游记中对重庆的商业状况有较多且详细的考察与记载，且对重庆在商贸方面的重要性、商贸的繁荣度等有比较真实的解读与描述，并记载了一些彰显重庆商贸重镇地位、商贸繁荣的标志性项目，如英国人T.T.库珀在游记《拓商先锋中国行》中称重庆是"中国西部所有贸易的最后一站""巨大的内陆贸易市场"。

中国西部所有贸易的最后一站：

重庆是中国西部所有贸易的最后一站。所有来自云南、贵州、四川等主要市场的大商号，都必须带着自己的商品来重庆建立市场，通过交易获得银两，再购买外部的商品。因此四川最负盛名的产品，如丝绸、糖和鸦片，都找到了通往重庆的出路。（[英]T.T.库珀《拓商先锋中国行》）

巨大的内陆贸易市场：

四通八达的道路网使重庆成为一个大都会，这也得益于它与云南、贵州和四川各个城市间便捷的水上交通。过完中国新年，夏季洪水退去了。一年有两个季节，成百上千艘船会堵满重庆的大小河道。我们刚到就碰上了这种繁荣的景况，因此对这个巨大的内陆贸易市场产生了非常深刻的印象。（[英]T.T.库珀《拓商先锋中国行》）

重庆的地方标志——纹银：

在中国，重庆商人以富有著称，他们的信用在帝国的西南边陲很高。纹银是重庆的地方标志，重庆的纹银是纯银，不掺杂其他金属，拥有很高的溢价。在其他省份，重庆纹银被戏称"重庆鞋"，又因为体积比其他省份铸造的银锭小，所以很容易区别开来。（[英]T.T.库珀《拓商先锋中国行》）

重庆繁荣的街景：

到大教堂有点远，路上正好有机会观察老百姓生活的各个方面，尤其是商业状况。街道上商店林立，售卖各种品牌的商品，外面挂着汉字写的广告牌，里面都是中国人，这种场景与伦敦的商店没有什么两样。有几个街道是专卖进口布匹的商店，有的街道是钟表店，钟表店的窗台上展示着一些便宜的钟表和美国钟。我们沿着玩具市场到了珠宝街，又穿过服装街进入屠宰场，然后经过禽市，见到活鸡、野鸭、野鹅和各种鸣禽被装在竹笼里面，随后转入鞋店街，向上经过做各种面食的餐馆后，途经了一排水果店。（[英]T.T.库珀《拓商先锋中国行》）

重庆街道上大量的商店只卖外国商品：

我注意到有大量商店只卖外国商品，这让我感到非常惊讶。另外，玻璃、陶瓷、火柴、香皂、仿制的雕刻、露骨的法国图画、钟表、外国布匹等商品随处可见。（[英]T.T.库珀《拓商先锋中国行》）

四川特有的广告伞：

开阔的街道和集市有许多露天商店，为了防止日晒雨淋，老板用竹子搭了一个像帐篷大小的伞，伞上还画着自家的广告，伞的高度大概有15英尺。它们在繁忙的景象中形成了一幅独特的风景画，就我在中国的经验而言，我可以判断，这是四川特有的。（[英]T.T.库珀《拓商先锋中国行》）

英国人托马斯·布莱基斯顿则以非常翔实的工商业数据对重庆的经济地位、商业上的重要性等进行了详细的描绘，同时用对比的手法表现了重庆经济地位的重要性，他对重庆的经济地位予以高度肯定："省内最重要的贸易中心城市""位于这个富庶省份人口最密集、最繁荣发达区域的中心""是中国最大水路干线上的枢纽城市之一"等。

重庆重要的经济地位：

在四川省，重庆的政治地位仅次于成都，但却是省内最重要的贸易中心城市，可与帝国中的任何大城市相提并论。它位于这个富庶省份人口最密集、最繁荣发达区域的中心，是中国最大水路干线上的枢纽城市之一。由此延伸出的河流和其他交通路线可通达全国各地，其贸易规模巨大。全省的物产均汇集于此，再转输到四面八方。同时，所有进口商品也经由此地输入，以供给这个人口大省之所需。重庆在华西的地位就如同汉口之于华中、上海之于沿海及广州之于华南。东西南北各地的物产都在城内交易买卖。（[英]托马斯·布莱基斯顿《江行五月》）

重庆在商业上的重要性：

关于重庆的商业贸易，我们第二次抵达这里时获取了大量信息。最近几年，欧洲商品都经由洞庭湖从广州运来。但在太平军占领扬子江下游之前，此种往来则是与江苏苏州间进行，而且规模并不小。附录中列举了商品种类、价格和平均需求量，是由一名重庆本地商人提供的，同一页中的进出口商品清单也是从他那里获得的。在此，我无须赘述，只是留意到大部分煤和铁都来自邻近地区，铜、铅和锡则来自云南省。大麻、烟叶、糖和鸦片在本省均有种植生产，来自全省各地。丝绸（劣质）和白蜡大多出自岷江流域的嘉定周边，不过，由于现今该地区兵患肆虐，这些物品的贸易量已大不如前。如同其他诸多国家一样，盐也由清政府专卖。但我们留意到，制作清单的人并未提及四川扬子江沿岸有制盐作坊。

除了纸、香料和外国制品而外，主要的进口商品还有茶叶和棉花。前者产自湖南，而四川所产则质量不佳。丝绸抵达宜昌前的关税大约是每担3两银子。丝绸、药材等商品从重庆至宜昌的运费为每担1两银子，不太名贵的物品则仅需三分之一两银子。溯江而上的运费还要更便宜些。据说，运送到汉口平均需要20天时间。重庆也有经营刺绣品，还生产一种劣质的绸缎。有一种石灰岩出露于周边山区的砂岩和煤层中，可以用其烧制上好的生石灰。我们储藏了一些作为地质标本。在重庆及沿途所见的帆船数量之众、规模之庞大，使我们深信，为我们提供消息的那些人并未夸大此地在商业上的重要性。（[英]托马斯·布莱基斯顿《江行五月》）

英国游历者威廉·吉尔对重庆的商业则有另一番感受，其在《金沙江》中对重庆的邮递系统表现出绝对的信任，并称"我在中国期间，所有信件或报纸无一遗漏，只有一封除外，但那封信是从俄国转寄的！"这种中国商人自有的完善的邮递系统，呈现出巴蜀人民的智慧，再现出这种"绝对的信任"对巴蜀商业的影响。

重庆的邮递系统：

4月8日清晨，我们抵达了著名的重庆城郊区。穿过一群大小不一的船只，停泊在城墙下面，不久就有一批信件和报纸迎候我们。中国商人自有一套完善的邮递系统：他们按固定频率安排自己人跑腿儿送信，一般都非常迅速安全。以这种方式从汉口到此地陆路600英里，仅需14天。我在中国期间，所有信件或报纸无一遗漏，只有一封除外，但那封信是从俄国转寄的！（[英]威廉·吉尔《金沙江》）

而英国人阿奇博尔德·约翰·利特尔在《扁舟过三峡》中对重庆的描述尽显其对重庆之美的深刻印象：三座城一起构成极为壮观的陆上和水中动态的画面，巨大的商业大都市，"让我想到魁北克，不同的是，这里的河流窄一些，山峰则更高一些"。见美不忘自己家乡的美，这从另一个层面展现出重庆在当时所具有的商业形象、城市形象融合所呈现出的独有风情魅力。

我沿着右岸向前走去，绕过一个岬角后，南面一列高高的山峰呈现在眼前。在我所站立的岬角和高山之间，是岩石悬崖和山丘构成的一大片圆形盆地，极目所及，尽是耀眼的白色房舍；在盆地脚下，河流被岩石分成几个港湾，成百上千只形状不同、大小不一的帆船，安全地停泊在各个河湾和水流平缓处。这就是有城墙的城市江北厅，也就是上游大都会的江北郊区。城市位于扬子江左岸，紧靠从西北方向汇入的支流嘉陵江河口。重庆的姊妹城就坐落在支流与大江汇合而形成的高高的沙岩半岛上，即在支流右岸。我正站着的河岸——大江的右岸或东南岸——也是一处长长的繁忙的郊区。这三个城镇合在一起，是我迄今为止在中国见到的印象最深刻的城镇景观。这一情景让我想到魁北克，

不同的是，这里的河流窄一些，山峰则更高一些。（[英]阿奇博尔德·约翰·利特尔《扁舟过三峡》）

这种将重庆作为四川的商业中心的赞誉，在来自英国、美国的游历者的游记中也有类似的记载。如英国人阿绮波德·立德在《穿蓝色长袍的国度》中称重庆是"四川的商业中心"；英国人伊莎贝拉·伯德在《1898：一个英国女人眼中的中国》中称重庆为"四川的一个忙碌的商贸中心"；美国人威廉·埃德加·盖洛在《扬子江上的美国人》中称重庆为"忙碌的商贸中心"；美国的G.A.凯尔等在《绝版长江：1910年代的铁路营造与沿途风物》中称重庆是"长江上游最大的货物集散地"。

四川的商业中心：

我们在重庆住了整整一个夏天。这里是四川的商业中心，离上海有1500英里，如果坐汽船沿着长江往上游走，也只能行驶出500英里左右。（[英]阿绮波德·立德《穿蓝色长袍的国度》

繁忙的西部商务首府：

无论从上游或下游走近重庆（海拔1050英尺），它都是最使人惊叹的城市。在1500英里的内地，有一个40~50万人口（包括1500个穆斯林）的城市，作为中国西部的商务首府，是帝国最忙碌的城市之一。它的开创者选择了没有拓展空间的地点，货栈、会馆、商行、店铺、穷人和富人的住所，塞满在陡峭的沙岩上，或者坐落在长江与其最大的北方支流嘉陵江之间的半岛上，这两条江可以从冬天的水面上爬升100至400英尺。当我乘船下行，下面是颇为狂乱的急流，水浸满半条船，并淹死了一只鸡。这使我想起魁北克，又使我想起了在城墙尚未撤除的时期房屋拥挤的爱丁堡。（[英]伊莎贝拉·伯德《1898：一个英国女人眼中的中国》）

忙碌的商贸中心：

这里（重庆）是四川的一个忙碌的商贸中心，在拥挤不堪的大街小巷里，可以看到许多竹制品。事实上，在这个省，一个人可以住在竹房里，头顶是竹檐，坐在竹椅中，面前摆着竹桌，双脚放在竹做的脚凳上，头戴竹斗笠，脚穿竹凉鞋……他走过一座竹子搭成的吊桥，用竹子做成的水勺舀水喝，用竹子做成的汗帕（即手帕）擦汗。竹子既轻便又坚忍……（[美]威廉·埃德加·盖洛《扬子江上的美国人》）

长江上游最大的货物集散地：

裕中公司所规划的铁路目的地虽是成都，但在对四川省的社会经济状况进行评估时，他们始终没有忽视四川省的另一座重要城市重庆，尤其是重庆作为长江上游最大的货物集散地的重要地位，以及以重庆为龙头的长江水运有可能对铁路货源带来的影响。（[美]G.A.凯尔等《绝版长江：1910年代的铁路营造与沿途风物》）

德国人费迪南德·冯·李希霍芬在《李希霍芬中国旅行日记》中从另一个视角呈现出重庆商贸的繁荣，彰显了重庆区别于成都而独有的风情——"这里只有贸易。"

重庆的贸易之兴盛：

重庆府建在一个由柔和沉陷的岩石构成的略微崎岖的平地上，该平地像一条舌头延伸在两江——嘉陵江在此汇入长江——之间，以高约20米的断崖向两侧落下。重要的地方得到了很好的加固，城墙周长约30里。江边的城墙外边有许多竹子和蒲团做成的房子，水位高时移去。只在城西有个郊城，其他方向一出城便踏上广阔的坟地。人口据说有70万，比成都府仅少了10万。这或许夸张了，但怎么说人都多，因为城市建得很窄，每一处都住着人。商品销售额据说每天5万两，在此停泊的船只却比汉口和湘潭（Siang tan）的少，城市也不如成都府美丽。街道较成都的窄，没那么干净，没有漂亮的房屋立面，也没有那许多垂下的招牌，奢侈就更没有了。就连在商店里都很难见到奢侈品，看不到成都城可见的那样多的首饰和饰品商店、银饰、书籍、图画等。这里只有贸易。城市的地面颇为不平，总是上上下下，坐轿子是一种折磨。没有街道是直的，都弯弯曲曲，曲曲折折。（[德]费迪南德·冯·李希霍芬《李希霍芬中国旅行日记》）

同样，也有游历者关注到重庆人凭借其独到的技术、自然中丰富的药材资源等赢得了商贸的繁荣，如"米"纸制造，英国游历者谢立山在《华西三年》中称之为"卓绝的手艺"。而美国游历者威廉·埃德加·盖洛在《扬子江上的美国人》中记载了重庆中药材的大量出口，体现了重庆药材的丰富与多样。

重庆的"米"纸制造：

当我从现在描述的这次旅途返回重庆后，我受邀在黄昏后拜访一位加工木髓的工人。尽管约在这个时间有点奇怪，但我还是接受了邀请。到达接受邀请的地方后，我被领进一间灯光昏暗的房间，里面有一人正坐在桌边，他前面放着工具，其中包括一块长宽各约一英尺和厚度一英寸半的磨石，一把大刀或者说一把短柄小斧。刀片约有一英尺长，两英寸宽，背部将近半英寸厚，与剃刀一样锋利。他放了一片圆木髓在磨石上，他的左手放在顶部，来回地将木髓滚动一会儿，直到将木髓放到所需要的位置。之后，他右手拿刀，握住刀刃边缘，试了一两下后贴近木髓，他的左手一直不停地向左转动木髓，直到没有东西可转动为止；因为此时木髓已被削成厚度均匀的方形白纸，剩下需要做的只是平整纸边。假如读者将一张纸卷成纸筒，将纸筒放在桌子上，左手放在纸筒顶部，轻轻地向左边展开，那么就会大概了解如何完成这卓绝的手艺。这看起来非常容易，于是我打算试一试。摆出专业工人的姿势，我成功地切断了木髓，而且几乎使自己变成终身残疾。这项工作需要手稳与眼光敏锐，这正是为什么所谓"米"纸只在晚上生产的原因，因为整座城市都熟睡了，这时"米"纸的制造者不易受到打扰。（[英]谢立山《华西三年》）

大量出口的重庆药材：

重庆的药材也大量出口，每年百万担左右。我曾问海关的税务司，重庆生产的药材有多少种，他指着一个两英寸厚的册子说："那本书里全是本地生产的药材名称。"（[美]威廉·埃德加·盖洛《扬子江上的美国人》）

英国游历者阿绮波德·立德在《亲密接触中国：我眼中的中国人》中对邮递之缓慢的描述，却呈现出另一道风情——"奇怪的是，只要你一入重庆，其他人就会觉得与你远隔千山万水，都不愿与你通信了。"

重庆极为缓慢的邮递：

一封从上海到重庆的信（1500 英里）走的时间，比从英国到上海的信（13 000 英里）

还要长。货物运输费也更高昂。从上海到重庆,一吨货物的运费为六英镑,如果再运到云南大理府,则要花36英镑。有一次圣诞前夕,我写信回英国要袜子,说我急需袜子,希望能邮寄一些过来,结果等到第二年春天,我才收到这批袜子。你写封信到上海,运气好的话,一般四个月后才会收到回信。所以,就算你与某某英国友人热情地通信,收信后立即回复,你一年也才写三封。奇怪的是,只要你一入重庆,其他人就会觉得与你远隔千山万水,都不愿与你通信了。([英]阿绮波德·立德《亲密接触中国:我眼中的中国人》)

三、特产与高明精巧的手工艺

域外游历者的游记视域中展现的巴蜀地区独有的节日、各地的特产、各种独有的生产技术、高明精巧的手工艺等,显示了巴蜀大地独有的文化、独有的生产技术、独有的产品,彰显出繁盛的巴蜀商业形象和特有的巴蜀风情。

如英国人爱德华·科尔伯恩·巴伯在游记中记述的四川赶场日的繁荣景象:

一般来说,一个月的第三、第四或者第五天是赶场日。在这些集市上人们交换新闻、谈论家常、庆祝节日、观看表演、倾听政府公告。他们还在这里举行公众甚至是家族聚会。如果有人要买卖或者租借土地,他们会等到这一天来集市上正式完成交易。如果两个家族的族长决定为家族成员订婚,他们也会在集市上正式立下婚约。所有的农作物都堆在场子的中心,小贩、理发师、铁匠和修补匠也都在那里干活。在同一个地方,农户们能买到欧美制造的上等棉布和羊毛毛料。这些集市的气氛自然是非常热烈活泼,摩肩接踵的人群和到处堆积的货物时常让人寸步难行。([英]爱德华·科尔伯恩·巴伯《华西旅行考察记》)

域外游历者对各地特产的描绘与记载也彰显出独特商业风情。

宁昌府的特产——姜和胶:

晚上,我们在沱江右岸的宁昌府停了下来。这个城市交通繁忙,大量来自重庆的商船停泊在河中,船上装着糖和盐,盐来自河两岸的盐井。这座城市遍布大型的漂亮商店,煤场数量众多。它也是姜和胶的重要产地，出口到了帝国的每一个角落。胶被制作成三四英尺长、几英寸宽的条状，几乎在附近每一个商店都有销售。

在宁昌府我们花铜钱比较困难，当地人拒绝接受铜钱，除非扣除25%的折扣，我们被迫以这样的折扣交换成银子，否则寸步难行。（[英]T.T.库珀《拓商先锋中国行》）

崇州①闻名的特制纸——稻草纸：

在金桥镇以西15英里的地方，我们经过了以造纸工业闻名的崇州。这里生产的稻草纸就像信纸一样，质量无可匹敌。它也被广泛用于制作纸捻——因为它具有火绳一样的性能——纸捻被打包成捆，销往中国各地。

大量的天然和人工水道灌溉着农田，玉米磨坊和制糖磨坊的轮子也是由水力驱动的。（[英]T.T.库珀《拓商先锋中国行》）

万县特产——种类颇多：

接着是肉类、水果、牛脂蜡烛、土产漆器等礼品满载于朱红的大台座上被送了过来，我们全部收下。万县的士兵返回，梁山的士兵来接替。梁山土地广大，物产丰富，细竹帘、木盆、纸、雨伞等产品颇多。城内一个姓李的制作的烟斗以特别精致著称。（[日]山川早水《巴蜀旧影——一百年前一个日本人眼中的巴蜀风情》）

嘉定市的特产——白蜡和丝绸：

嘉定府不是大城市，看起来以前更小，因为现有的城墙里面还有一圈老城墙，也是用红砂岩石块建成的，城门还保留着。这座城市也不是个多重要的贸易场所，而是该地区两种珍贵产品——白蜡和丝绸——的集散地。此外棉花的数量也很可观，还有中国的棉制品，但洋布很少见。（[德]费迪南德·冯·李希霍芬《李希霍芬中国旅行日记》）

合川特产——酱油：

---

① 崇州：古称蜀州，今四川省辖县级崇州市。

生产酱油是这个城市一项特殊的行业，这里生产的酱油不论是在四川还是在其他省份都十分有名。中国酱油闻名遐迩，甚至大量远销到英格兰，我猜是被用于制作调味汁。但在中国的外国人往往会对酱油持一种偏见，对新到的货要仔细检查，确认里面没有被煮熟的异物。但据我所知，酱油里面除了黄豆的汁液外，并无任何有害物质。（[英]谢立山《华西三年》）

游历者对独到的产品生产工艺技术的描绘，呈现出巴蜀人民"天人合一""人与自然和谐"的生存理念，并外显出一种别样的文化性商业风情。

雅州的砖茶生产：

我从来没有机会亲眼看见这种销往西藏的茶叶被制成极其坚硬的砖块的过程，茶叶生产管理非常严格，即使我行贿也没能获准进入包装茶叶的仓库。一等茶是在六月和七月份采集，也就是在五月底夏雨开始后不久，那时叶子大约有一英寸长。采集后在阳光下稍稍晒一下，直到茶叶出现轻微的枯萎，然后用手揉捻，直到有汁液渗出。在这种状态下，它被揉成一个茶杯大小的球，然后等待发酵。接着是准备木制的模具，模具的末端可以移动，需要用钉子固定。模具装满茶叶后再用炭火烤，直到茶叶被烤成坚硬的砖块。茶砖从模具中取出后，就可以交给雅州的茶商了。到茶商手里，茶砖还要用黄色的纸包装一下，然后印上政府的印章和生产商的商标，被装在四英尺长的竹篮子里。这样，砖块就被打包成一篮子茶叶，重约20磅。茶砖篮子由苦力运往两百英里远的打箭炉。运输过程中，茶砖上需要盖层绿色的防潮皮纸。到打箭炉后茶砖又被销往拉萨，以及拉萨以西的地区。因此，一篮子茶砖要卖15两银子，换算成英制单位，一磅砖茶能卖4先令8便士。

二等茶的茶叶较老较黄，生产的方式是一样的，主要销往石塘和巴塘，每一篮子茶砖的售价为5两，或者说，每磅1先令6便士。

三等茶的原料完全是用剪剩下的东西，没有叶子，几乎是采用茶树枝制成的。这种茶砖制作程序不同于前两种，它需要用米汤来使树枝粘在一起并保持砖的形态。这种品质的茶砖只在打箭炉及邻近地区使用，每磅售价为9便士。（[英]T.T.库珀《拓商先锋中国行》）

川东的桐油生产：

我登上一段长长的石阶，来到一座瓦顶的大棚前，生产桐油的全部流程都在这里进行。鸦片和桐油是四川东部的两大物产。出油的桐籽放在圆形的石槽上用铁轮碾碎，铁轮由一头蒙上眼睛的牛拉动。碾碎后的粗颗粒掺上稻草做成圆形的饼，再将饼按水平方向摆成一堆，放进毛糙但结实的木制压榨机内，将长长的楔子连续不断地打进去，油就被榨出来了。这些楔子头部包着铁，用从房顶悬吊下来的巨大夯锤捶打，夯锤由两个人操纵，对准目标显然需要严密的精确性。剩下的油饼是罂粟田的上好肥料。（[英]阿奇博尔德·约翰·利特尔《扁舟过三峡》）

四川烟草贸易：

烟草是另一项重要产品，四川烟草的质量比其他省份的要好得多。外国人已看惯了沿海省份的抽烟方式，人们用一个很小的碗装上烟草，燃烧的灰烬总是倒在地板上，这给爱好整洁的西方人带来许多烦恼。这里的抽烟方式完全不同，使我感到很新奇。烟叶都放在烟草袋中（填充用的和包卷用的分开）随身携带，每次抽烟时做成一个小雪茄，放在烟斗中悠闲自在地抽起来。烟草味道极佳，价格约4便士1磅。（[英]阿奇博尔德·约翰·利特尔《扁舟过三峡》）

"黄漂子"：

"黄漂子"就是从这条河上运出来的，这是用浸软的竹子制造的一种黄纸，用以制造普遍使用的水烟筒所需要的纸捻儿；这是本地区的特产，在整个帝国中都是供不应求的。（[英]阿奇博尔德·约翰·利特尔《扁舟过三峡》）

綦江县的制纸业：

綦江县是向南通往贵州路上的第一个比较重要的城市，在綦江县和重庆城之间，有很多工厂制造普通粗糙的手工纸。这里制造纸张的过程同样相当简单，完全没有洗涤与绞碎旧布片的机器，没有纸浆槽、用于漂白的化学药品、树脂清洗和丝线模具，当湿纸生产出来时也没有压紧纸质的滚筒。在露天的混凝土深坑里，竹竿、稻草与石灰浸泡在一起，通常要浸泡几个月。当竹竿、稻草只剩下纤维时，纤维被捞取出来，放进一个石槽里，用一个沉重的石头滚筒碾轧，直到轧出全部的石灰，然后将少量的纤维放进盛满水的石槽里，使纤维与水完全混合在一起，再用细密的竹模具沥过纸浆与水的混合物，黏附在竹模具上的薄膜脱落下来就成为一张纸，之后将纸贴在一间保持高温的房屋墙壁上进行烘干。烘干后的纸张被收集起来，整理成捆在市场出售。（[英]谢立山《华西三年》）

涪州的漆树加工：

走出连绵的丘陵地带后，我发现除了上述提到的那些树以外，这里还生长着一种高约20英尺的漆树（Rhus vemicifera），为了获得树漆，在每年七八月间，人们要在靠近树下端的树皮上割一些小切口，并插入竹片。与收集罂粟汁的方法一样，树皮切口应在夜间割开，第二天早上就可以收集汁液。漆树的汁液一旦暴露在空气中，就会立即呈现深棕色，最终会变为乌黑色，并且变得非常黏稠。漆树汁液有多种用途、我可以向对此感兴趣的人透露，它还是一种优质的自然黏合剂，但也有人不赞成这种用途，主要原因是它的黑颜色，不过化学家们也许能够对此进行补救，将黑色的汁液加工为白色或无色。（[英]谢立山《华西三年》）

建昌①的白蜡生产：

蜡虫的卵来自建昌，在那里人们把虫养在一种长着蛋形有：尖的叶子的常绿树上，那种树这里也有，被称作报捷草（Paukie tsal，音译）——这个名称的汉字我无从得到。在这种树上蜡虫很少产蜡，但产卵。白蜡树放在建昌也能长得很好，但那里的土地种庄稼和农作物更划算，产蜡获利较少；而这里正好反过来，产蜡比只是栽种农作物获利更大。3月末4月初，接着在5月里，小的蜡虫卵盒从建昌运到这里，然后据说是一大帮人涌往这里。虫卵都是从那里运来的，并非从云南；这里也产不了，因为这里太冷，蜡虫没法繁殖，而建昌的气候据说暖和得多。蜡虫卵盒大小和形状都像个豌豆，里面用一种粉状物质填满，颜色微褐。300个卵盒有1两重。10两卵箱产2—3斤蜡。人们用桐树叶制作卵箱——据说不能用其他树的叶子，每个卵箱里放进6—7个卵盒；然后折下带着两根叶茎的小枝子，将卵盒系在枝子上挂到树枝上。这些必须是去年的树枝。3—4

---

① 建昌：今四川省西昌市。

天后蜡虫开始往外爬，在枝上蔓延，很快便布满了树枝。它显然是种蚂虫，按中文的描述圆乎乎的，扁平、无腿无头、无眼、褐色。渐渐地树皮就布满了蜡质分泌物。7月里将枝子剪下，把蜡从枝上扫下，放进水中煮，然后把蜡倒进盆里。每棵树只能隔年使用，因为所有的枝都被铰掉了。次年长出新枝，但这些枝再过一年才能用。操作过程并不费工夫，也不必怎么监护，因为据说蜡虫没有天敌，就连蚂蚁也不能拿它们怎么样。嘉定府和建昌分享据说十分丰厚的利润。在建昌，树是如此的珍贵，以至于人们卖地不卖树，而在这里两者是一并买卖的。（[德]费迪南德·冯·李希霍芬《李希霍芬中国旅行日记》）

川东的桐油生产与制伞业：

在多雨的成都，伞是很重要的雨具。……这人正在给他刚做成的一把伞上最后一道油。

像其他很多手工匠人一样，他也是坐在一张小木凳或小竹凳上操作的。他装配好了伞骨，竹片已经整齐成型系在了一起，竹筋牢牢地粘在伞面上。……他正用刷子将雨伞漆成红色或绿色。伞面是用浸过桐油的纸做的。以前也用过柿油。但现在更时兴用桐子油。桐油是长在川东地区的桐子树的种子榨出来的。在成都的花园和庭院中也种桐子树。春天，穷人总希望桐子树开花，那时才能脱下他们的冬衣，不至于再受冻。（[英]徐维理《龙骨》）

还有手工制品彰显出巴蜀人高明精巧的手工艺，养殖业的发达与兽皮交易的繁荣，普遍且可靠的邮政业，等等。

四川高明精巧的手工艺：

夹鼠板、鸟笼、玩具、厨房用的漏勺、放花的座子、扇子的骨架（准备糊纸面的），这些日用品都是手工制品，真是令人高兴。如果你发现它们这儿或那儿有一点小小的不完美，它只会使人想到这是手工制品而不是像机器制品那样没有活力的完美。（[英]徐维理《龙骨》）

发达的养殖业与兽皮交易：

在四川盆地的大部分地区，养猪是那里非常重要的经济来源，另外，养牛养马也是该地区不可或缺的经济来源之一，山羊和绵羊的养殖相对较少。该地区农民几乎每家每户都饲养了一头水牛，水牛是当地农田耕作不可缺少的帮手。由于该地区养殖业发达，兽皮交易繁荣，产销可至很远的地方。（[美]G.A.凯尔等《绝版长江：1910年代的铁路营造与沿途风物》）

中国普遍且可靠的邮政业：

在中国，邮局在每个城镇都很常见，它主要由私人或公司经营，不受政府监督。虽然信件通常要数月才能到达目的地，但即使是要寄到帝国的偏远地区，也不会被误投。邮局并不为官员所重视，主要为普通百姓提供便利。政府很少或几乎用不到它，他们自己有需要的话会派加急信使送信。就此而言，邮局老板的业务范围不仅仅是邮递业务，老板还要对其雇员的忠诚负责，只有这样，公众才能等到信件。（[英]T.T.库珀《拓商先锋中国行》）

四、地方贸易——繁荣之象

游历者以其敏锐的视角，记录他们感受到的巴蜀各地的商业情况，有贸易量的巨大，有农村集市的人潮涌动，有食盐贸易的垄断，等等。

如英国人谢立山在《华西三年》中对四川贸易量的描述：

在中国，从产品丰富与产品多样方面，没有其他省份可以和四川媲美，我仅罗列出四川向东部输出的主要物品中的构成。依物品的价值排序，它们是鸦片、丝、盐、糖与药材、在所有的物品中，丝是唯一出口到欧洲的物品。但在次要一些的出口物品中，烟草、兽皮、麝香，以及大黄也闻名于中国。坐落在长江北岸、位于嘉陵江口的重庆，是四川省重要的贸易商业中心，其出口贸易总额，每年总计超过5 000 000英镑。但这切不可被假定为代表这个省剩余产品的总价值。在重庆与湖北省西部边界之间，有几个重要的贸易中心，比如涪州（Fu Chou）、丰都县（Feng-tu Hsien）、万县（Wan Hsien），以及夔府（K'uei Fu），每一个贸易中心都为四川省大量的出口贸易额做出了贡献。此外，四川省的西部向西藏供给砖茶，在西南隅，也就是人们所说的建昌峡，向云南，甚至缅甸境内输出丝产品。（[英]谢立山《华西三年》）

《晚清余晖下的西南一隅：法国里昂商会中国西南考察纪实：1895～1897》中描述四川的农村集市人潮涌动：

与东西部各省情况一致，四川这里各中心村落每五六天就有一次"集市"。周边居民纷纷前来赶集，做点小买卖，偶尔也有大宗生意成交。倘若有卖地的，或是要拜堂的，人们都喜欢等到赶集日。赶集日也是官府安民告示，课税纳捐的约定日；同样，地保长，或称乡长、镇长自己也喜欢选定赶集日决议、定夺与民众生计、辖区关联的事宜。当地物产均可在集市摊位上觅其踪影。许多没有固定铺面，经常往返于各集市之间的流动的工匠也不约而同前来赶集寻揽活计，像剃头的、打铁的、补锅的、卖艺的、看相的。人、牲畜、农副产品挤得街子水泄不通，在这股人与物涌动的潮水中，人们很难大步流星，快速向前。（[法]法国里昂商会《晚清余晖下的西南一隅：法国里昂商会中国西南考察纪实：1895～1897》）

法国人武尔士在《长江激流行——法国炮舰首航长江上游》中记载了四川食盐贸易的垄断之状：

四川的一大贸易就是盐业。在很多地方，人们用绳子、滑轮和支架来操作铜质钻机，让它不断下凿，打出盐井，从里面汲出盐水，加热沸腾，熬出食盐。

以前，食盐的价格由生产商和一些中间商议定。后者负责把食盐运往市场。有个人从北京宫廷得到了垄断贸易权。从此，无论是买进还是转手卖出，他都随心所欲定价。除了他以外，所有人都吃亏。但是他获取的暴利是个天文数字，足以让他出钱摆平所有的影响，以至于四十年来，他都坐拥这块富有的田产，没人能打败他。

有人给他设了个道台的职位，他的机构成了一个真正的王国，独立于地方当局之外。

需要有非人的底气才能保住他的位置，他让人砍掉的人头数不胜数。泸州人称他为"屠夫"。

为了确保能得到地方上的支持，他会向想当官的人预支一笔钱，帮助他们买得官位。欠钱的人就靠压榨民众偿还债务，并且利用职权为他效力。未经这块田产的主人雁过拔毛，中国人不得开采、运输、贩卖一丁点的食盐，实际上就是每天间接给他交税。

确切说来，合江知县就是这么个向盐茶道借了钱去买官的人。盐茶道自然会千方百计保住买官者的职位，否则，他花出的钱就收不回来。（[法]武尔士《长江激流行——法国炮舰首航长江上游》）

游历者对巴蜀各个地方商贸的考察反映了他们对巴蜀的细微观察。

英国人伊莎贝拉·伯德在《1898：一个英国女人眼中的中国》中称万县有"蒸蒸日上的繁荣景象"。

万县——繁荣的商贸：

万县位于长江的一个急湾上，背靠着30英里的莽莽群山——它建在峭壁上，成丛的房屋绕着寺庙，山丘顶上是宝塔，周围是陡峭的、顶端削平的砂岩山峦，高度大约700到1500英尺，耸立于森林之上；透过林木，湍流在烟霭和耕耘的菜园中依稀可见，山顶上是独特而牢固堪称本地一绝的避难所——雄伟壮观，使人印象深刻。万县是我见到的四川省中第一个繁荣的城市。二十年来，它的人口和贸易翻了倍，良好的地面上是完整的街道，漂亮的店铺，气派的寓所，兴旺的实业，高尚的慈善团体，沿江岸停靠的帆船足有两英里远，显示出蒸蒸日上的繁荣景象，这也是我此后游历的四川几乎每座城市的特点。

…………

万县有大量贸易，商店满是货物，有本地的也有外国的，有由内陆交通运来的，也有由帆船运来，数量相当巨大，但无运出的，因为它不是开放口岸，只是一座实实在在的城市——即有城墙的城——包括衙门和其他公共建筑，小巧、险峻而美观。它已经将自己扩张到广大的郊外，范围达五英里，真正的城市只在核心。城市沿长江蔓延……（[英]伊莎贝拉·伯德《1898：一个英国女人眼中的中国》）

万县——贸易枢纽：

万县城里不仅有自身的繁华商贾，而且也是川东和川北两地的贸易枢纽，两地的商人带着丝绸和食盐，经由闻名遐迩的东大路来到万县。著名的南浦盐取自1000多米深的盐井。西西弗斯般的钻井工作全靠双手，耗时数年才能完工一口。

第四章 巴蜀游记视域下的经济

造纸是四川的又一产业。我曾目睹50个苦力走成一字形，都肩挑竹料，送到纸厂打纸浆。他们每天要担100磅的重量，走30英里的路程。([美]威廉·埃德加·盖洛《扬子江上的美国人》)

域外游历者对资州①、合州②、嘉定府、内江、涪陵、保宁府③等地的商业情况有记：

资州——魅力的城市：

资州是一个非常有魅力的城市，它的街道宽敞，街两边有生意兴隆的大型店面，城中大量用蓝色砖瓦砌成的房屋给人一种实在感；资州所在地区是一个非常著名的产糖区，当地土壤是轻质沙土，适于种植花生（Arachis hypogaea L.），当地人再从花生果实中提炼出有甜味的烹饪油；资州附近的山区还探明蕴藏有煤矿。([英]谢立山《华西三年》)

合州的贸易——各种各样的产品：

合州正位于两条河流交汇处附近的低矮高地上，四川东北部生产的各种各样的产品都运到这里销售，包括盐、丝绸、红花、木材、菜籽油、烟草、夏布、蔬菜和白酒，以及种类齐全的药材。([英]谢立山《华西三年》)

嘉定府的贸易交往：

洋布店和药铺随处可见，嘉定府的药商与来自岷江河岸的罗罗人，以及其他村落之间的药草贸易频繁。城里的旅店住满了各地的朝圣者。然而，作为四川平原蜡和丝绸的主要产区，嘉定府的贸易量没有想象的那么大；很少或根本没有丝绸或蜡外销。岷江和雅河岸上的洪崖镇和其他市镇将该地区的产品销往重庆和中国其他地区，而嘉定府只不过征收个运输税罢了。([英]T.T.库珀《拓商先锋中国行》)

---

① 资州：今四川省资阳市。
② 合州：今重庆市合川区。
③ 保宁府：位于今四川省东北部，明清时期设置的行政区划，中华民国时废。

内江——产糖中心：

我们在内江停留了一天。内江与长江通航，它因此成为这片广大的产糖区的中心，它的最大优势就是可以快速、低成本地把产品运出去。这里还出产鸦片、少量的棉花、高品质的夏布、丝制品、木油和豆瓣酱。沱江（the To）以西的土质比东部的轻，因此农作物种类也进行了必要的调整。山谷里当然也种了水稻，此外，山坡上还有甘蔗、花生、小米、荞麦和地瓜（Batates edulis, Chois）。这里的烟草也长势旺盛，茎秆顶部不久前才摘了花芽，目的是让下面的烟叶子长势更好。（[英]谢立山《华西三年》）

涪陵——贸易聚集地：

我们对涪陵寄予厚望。因为我们在六天的旅途中，看到男人们背着沉重的盐袋蹒跚而行，每个人背负的盐足有200磅重。他们不堪重负，都抬不起头来，其目的地也都是涪陵。（[英]阿绮波德·立德《亲密接触中国：我眼中的中国人》）

保宁府——活跃的商业：

我在保宁府过了一周，这里，至少在春天是个非常迷人的城市，有舒适的宜人天气。商业既不很活跃也不像通常的自行其是。显然存在悠闲的阶级有时间自我陶醉。不创造巨大的财富，45 000两银子也显得是笔不小的财富，没有百万富翁让小商人黯然失色。18吨以上的帆船，一年的多数时间可以上溯到保宁。东河上有相当规模的煤炭交易，而由于城市设在重要的丝绸地区中心，丝绸贸易有一定程度的活跃。有诸如棉布染色、酿酒造醋、猪鬃和皮革出口等小行业，但没有很热门的东西。在大约2万人口中有少量穆斯林，无论他们生活在哪里，都可得以享用牛肉和牛奶。在保宁他们腌熏和调制卓越的咸牛肉，在我前行的旅途中，我发现鸡肉能腌熏出多样的美味。（[英]伊莎贝拉·伯德《1898：一个英国女人眼中的中国》）

保宁府的蚕丝业和醋：

从前保宁府是利润高而兴旺的蚕丝业中心，但在过去的20年中逐渐下滑，到今天只剩下一点残余。官方现在试图重新扶持和振兴这一产业，但显然是失败了，究其原因，主要在于缺乏经营能力和坚韧不拔的精神。听说附近的山丘上出产野蚕丝。蚕放养在一种灌木状枹栎树（Quercus serrata）上。

这座城市占用了河左岸大片的冲积平地，像一座圆形剧场，周围是300～600英尺的小山，山场呈金字塔形，上面没有树木。从对岸看，见不到突出、有特色的建筑，只有一个亭子是打破整片单调屋顶的唯一建筑。城墙内土地大部分被衙门、寺庙和富人宅院占有。商业贸易主要在城外进行，而且主要集中在一条街上。雨伞是最显眼的商品。但这座城市最著名的产品是优质的醋，用大瓮盛装，商店中可以见到。（[英]E.H.威尔逊《中国——园林之母》）

域外游历者对梓潼县、北山场、青龙场、射洪县、川苗城镇、白鸟镇、米市、广元、汉州、绵州、云阳等地的商贸的考察与记载，虽然有的只是只言片语，但也折射出巴蜀各地商贸的兴旺与繁盛。

梓潼县——干净繁荣：

梓潼县看起来是个干净而繁荣的城市，由好的店铺排列而成宽阔的街道，陈列的货物比通常的多。县城被精耕细作的乡村，良好的村舍和做植物油、棉布、生丝和绢丝等生意的店铺所环绕，一些牢固却粗糙的"栎树皮丝"正在制成产品。油是从油桐属植物的种子、油菜籽、花生米、鸦片种子制得。鸦片油带来高价格。城市是生机勃勃的样子，城墙和城门都维修得很好。城外，涪江穿过一道壮美的九拱石桥，桥上有精美的石栏杆，石板路面18英尺宽。桥拱的中心有30英尺高。这是我在中国见过的最美的桥。城墙外有座堂皇的庙宇，一座精雕细刻的三层顶牌坊，形成了这座兴旺城市整体的吸引力。（[英]伊莎贝拉·伯德《1898：一个英国女人眼中的中国》）

英国人E.H.威尔逊在《中国——园林之母》中记载了北山场与青农场。

北山场——重要的农村集市：

从雷鼓坑一直上坡，经30华里到达重要的农村集市——北山场，坐落在一山梁顶上。此处因有一漂亮的寺庙和大约百来栋房子而出名。和其他类似的村子一样，有一条中心街道，两边房子的屋檐几乎连接起来。这些农村集市是四川地区的特色。各集市间相距大约30华里，每月每处有9次集市。集市日是这样安排的：三个邻近的村子的集市安排在不同的日子，这样它们之间的集市日就覆盖了全月。每逢集市，四方乡里云集进行买卖。小贩、行商不断地从一个集市到另一个集市。这种集市在人口密度不大的地区极为重要，但这些有集市村子的居民深受太多空余时间之害。集市日是他们赖以谋生的日子，然后其他的日子主要以赌博和消遣度过。这种农村集市系统可向上追溯到中华文明的开端阶段，而我们现在所涉及的这一地区自古以来就很少有变化。（[英]E.H.威尔逊《中国——园林之母》）

青龙场①的酒肆集市——旺市：

这天我们预定的目的地是青龙场，距江口60华里，当我们到达时集市正旺，为了避开人群，我们又前行了6华里。对一个外国人来说，集市日是无法忍受的。我坐着轿子通过此村，街头已聚集了数百人。酒在集市日就好像不要钱一样，很多人带着酒意非常兴奋。为了谨慎和安逸，在中国内地旅行应尽可能避开人群。妇女大量参与集市，在中华帝国的这一部分似乎是一股力量。作为中国妇女而言，她们的举止和仪态一般都较自由。当然，照例都不缠脚。（[英]E.H.威尔逊《中国——园林之母》）

射洪县——安详、舒适、富足：

对于西部少数民族，以及西藏人来说，这是一个连接内地和沿海的一个重要的城市。射洪县也是中国一个重要的粮食生产地区，人口大约有20万。……由于该地区养殖业发达，兽皮交易繁荣，产销可至很远的地方。

……………

通过以上的介绍，也许我们就不难了解，为什么这里的人们过着一种安详、舒适、富足的生活。（[美]G.A.凯尔等《绝版长江：1910年代的铁路营造与沿途风物》）

川苗城镇市场——多样独特的商品：

在汉族地区的城镇是资本市场。羌人带来他们的产品：柴、兽皮、谷物、大豆、小

---

① 青龙场：今峨眉山市市辖镇。

麦、荞麦、花椒、蔬菜、鸡、牛肉、羊肉、蛋、药和其他有用的东西，用卖农产品的钱购买盐、白糖、棉布、菜油、茶、烟叶和其他生活必需品。（[美]葛维汉《葛维汉民族学考古学论著》）

白乌镇的商铺与赶场——繁荣：

白乌镇地处盐源县城正北方 30 公里处。从县城到白乌的公路虽是土路，但路况不错，乘车用不了一个小时。白乌镇镇政府所在地的建筑通常是平房或两层楼房。有镇党委、镇政府、林管站、信用社、卫生院、广播站、邮政所，还有许多小店铺。1993 年，这里有 3 家小饭馆，2 个录像厅、6 个国有商店。商店里的商品都不太丰富。此外，还有 9 个私营商店、5 个拥有 2 张桌子的台球厅和 2 家小旅馆。小商店经营的商品大致相同，不过是白酒、啤酒、饮料（对大多数人来说价钱很昂贵），香烟、火柴、蜡烛、卫生纸、电池等等。大一些的商店还出售服装。中午是农民赶场的高峰，人们把货摊摆在街边，在镇里这条独街上销售服装、布料、毛线。（[美]斯蒂文·郝瑞《田野中的族群关系与民族认同——中国西南彝族社区考察研究》）

白乌镇经济——交通限制的挑战：

由于不通公路，这里没有什么工业可言，几乎没有赚钱的门路。现金收入的主要来源是在附近的山上采来的草药和自家院中种植的香蕉，有时也出售生猪和绵羊。有的人有胆量和运气，可在金沙江中捕鱼换钱，金沙江里的鱼很鲜美，但要捕捉可不那么容易。（[美]斯蒂文·郝瑞《田野中的族群关系与民族认同——中国西南彝族社区考察研究》）

米市的农贸市场——几种语言讨价还价：

当农民们骑着马或赶着两轮车来赶集时，你会不经意地发现他们的马鞍同在喜德米市见到的餐具一样漆上了红黄黑三色图案。在街市尽头有一个建成后没有使用的蓄水池，常常可见到几匹马被拴在没有水的蓄水池旁除了这些在同一时间开门的店铺外，人们有时也来集市买卖鸡羊。当有人把新鲜的牦牛肉送到市场，买肉的人便围拢上来，用几种语言讨价还价。（[美]斯蒂文·郝瑞《田野中的族群关系与民族认同——中国西南

彝族社区考察研究》)

米市——非农业性生产行业:

米市也有非农业性的生产行业,它们是两家镇属染色作坊,一家纺织作坊,两家磨坊。([美]斯蒂文·郝瑞《田野中的族群关系与民族认同——中国西南彝族社区考察研究》)

广元——商铺林立、人群拥挤:

广元是很大一个地区的小买卖的枢纽。在城墙和江之间绵延着一条热闹的商业街,商铺林立,人群拥挤,但我没看到特别吸引人的商品。这里的人们跟我在迄今所经过的小地方所见到的一样聪明,是真正具有模范性的人民。([德]费迪南德·冯·李希霍芬《李希霍芬中国旅行日记》)

汉州发达的市镇经济——巨大的乐园:

这是中国最兴旺、最富有教养、最文明也最具生产力且人口最稠密的地区之一,一个巨大的乐园,里面人口密集。他们分散地生活在数不清的房屋群和单独的农庄里,几乎没有乡村,但城市多得很。这儿的城乡截然不同!城市就是彻头彻尾的城市,自行产生,为的就是将该地区的贸易和手工业融入其中;而农村只种地。即便在路边也很少见有单个的餐馆、杂货铺等,比在山区还少见。([德]费迪南德·冯·李希霍芬《李希霍芬中国旅行日记》)

绵州——充满活力、洁净:

绵州是个充满活力的、洁净的、建设得很好并且看起来十分富裕的城市,是我在中国见过的最美的小城之一。主街宽阔,用方石铺成,街边商铺林立,可惜几乎所有的商店都因为过年关门了。茶楼或者茶堂轩敞洁净,座无虚席,它们就如同延伸到街上的大咖啡馆一样。尽管摩肩接踵,却没一个人跟着我们。([德]费迪南德·冯·李希霍芬《李

希霍芬中国旅行日记》）

云阳——买盐热：

云阳（Yun yang）是个著名的盐市，有许多船只到这里来卖盐。我船上的人爆发出一种买盐热，都想在这儿买盐，因为他们都想在我的旗帜保护下私运，以为到了汉口能赚百分之百的利润。此外，从附近还有煤和铁运到这里，还有桐油，这个到处陡峭的山坡上都能获取。在岩石之间最难以到达的地方都有桐树。（[德]费迪南德·冯·李希霍芬《李希霍芬中国旅行日记》）

第五章　巴蜀游记视域下的自然之象

　　随着重庆开埠，许多人经水路开始至巴蜀探险旅游，并对巴蜀地区的自然景观进行了文字记述。而被记述最多的就是三峡两岸壮观的岩石绝壁、葱茏的植被、激荡的江水，这些让游历者惊奇且赞叹不已。庄士敦认为，任何笔墨都无法表达出大峡谷风光的真实面貌，大峡谷的魅力之一，就是沉默不语的大自然力量与短暂的人类活动之间的对照，其对巴蜀自然环境深深的敬畏之情可见一斑。诸如瞿塘峡奇特的山石、风箱峡的险滩都被竹添进一郎写进他的《栈云峡雨日记》里，30 年之后来到巴蜀的山川早水也将巫峡十二峰和风箱峡断崖记录于《巴蜀旧影——一百年前一个日本人眼中的巴蜀风情》之中。

　　长江两岸画卷迷人秀美，然而峡谷洪流铸就魔鬼般的激流险滩，这使得航行变得艰苦且危险。面对难题，大批纤夫苦力齐心协力拉船，航长更是打起十足精神应对挑战。

　　域外游历者在游记中对蜀地的自然气候有一致性的评价：重庆夏季酷暑难当，游历者毛姆甚至引用了"蜀犬吠日"之说。域外游历者还不约而同地描述了低山、多丘陵的地形。除了两岸山水景色，许多域外游历者还注意到了当时巴蜀地区庄稼、绿树构成的乡村风光。

　　笔者将从三峡胜景、蜀中自然、蜀地气候、蜀西自然四个方面对巴蜀游记视域下的自然之象进行梳理，以展现巴蜀的自然之美。

第一节　奇险、优美而壮丽——三峡胜景

　　三峡是中国著名的峡谷景区之一，位于长江上游，包括瞿塘峡、巫峡和西陵峡三段

峡谷。这里的山峰峻峭,犬牙交错,重峦叠嶂,景象壮观。江水在峡谷中奔腾,气势磅礴,形成了许多激流险滩和漩涡,给人以惊险刺激的感觉。此外,三峡地区还有许多历史文化遗迹,如白帝城、巫山神女庙等,这些都为三峡增添了浓厚的人文气息。

巴蜀地区地形复杂,落差较大,形成了险、美的三峡奇景。日本的中野孤山记述道:

……还是在民族的强健和物产的富饶方面,最具优势者当推古代巴蜀,即现今的四川省。此地真可谓大清帝国之第一宝库。然而,它四面山峰犬牙交错,处处峻岭重峦叠嶂,既有湍急峡江阻隔,又有万丈山脉横亘。唉,交通至难,交通至难矣!([日]中野孤山《横跨中国大陆——游蜀杂俎》)

正如中野孤山所记,三峡地区的交通十分不便,这也给游历者带来了一定的困难。但是,正是这种偏远和艰险,使得三峡更加神秘和迷人,吸引着越来越多的游历者前来探访。

中野孤山介绍了三峡之湍急难行,竹添进一郎则记述了水泄千里的壮观景象,展现了三峡地区险、奇的特点。

遍山大石,皆穿百孔,自面达背,如水波冲击而成者。隔江断崖有飞瀑数条,皆异其势。有数级相承,水循焉而散漫,如冰绡段段相续飘摇于虚空者;有崖腹深陷,水自崖唇一直泻下,如万斛珠玑倾筐翻倒者,洵巨观也。沿江之山,其著者曰"金鳌",曰"飞仙",皆生毛而小矣。([日]竹添进一郎《栈云峡雨日记》)

同时,竹添进一郎也对山石奇特、绝壁陡立的瞿塘峡、风箱峡做了详细的叙述。一进入三峡,两岸的绝壁陡立,给人一种石破天惊的感觉。靠近水面的地方,层层岩石裂开,像是被剖开的莲蓬。群山都以石头为体,颜色各异,有粉色的石壁,也有青灰色的岩石,根据不同的颜色各自得名。还有一些山峰,层层叠叠,像是可以拾级而上的孟良梯;有些山峰形如象鼻,向下伸向江边,似乎要饮江水,被称为石鼻子;还有一些山峰头戴圆形巨石,像是要坠落但又没有坠落,被称为擂鼓台;山峰的岩洞腹中还有洞穴,如同日月并悬,被称为男女孔。这些山峰的形态各异,各有特色,简直非笔墨所能描绘。

竹添进一郎的细致描绘,让风箱峡的美更加直观,更体现了黑石滩的奇与险。在风箱峡的岩石上,还有几户穴居者。过了这里,就有巨大的石头横排在江的左右两边。江面越来越狭窄，水流越来越湍急，犹如弩发雷轰，天地为之变色，这里就是黑石滩。

　　入峡则两岸绝壁陡立，有石破天惊之势。其近水处，层层擘裂，如剖莲囊。诸山皆以石为体，其色有粉壁者，有亦甲者，随色各得名。又有叠成数十级如可拾而上者，曰孟良梯；如象鼻下向欲饮于江者，曰石鼻子；头戴圆石，欲坠不坠者，曰擂鼓台；岩腹有洞，如并悬日月者，曰男女孔。其他成形取势各不同，非笔墨所能悉也。……风箱峡岩上，穴居者数户，与木客相距盖无远矣。过此则有大石，横排而左右出。江愈束，水愈急，弩发雷轰，天地为改色，为黑石滩。（[日]竹添进一郎《栈云峡雨日记》）

　　由此可知，三峡壮美的景色和独特的风情给游历者带来了无与伦比的视觉享受和体验，让人不禁感叹大自然的神奇和伟大。
　　三峡多峡谷，日本的山川早水详细记述了巫峡地区的峡谷风貌，展现了巫峡层叠树立奇秀风景。

　　碚石以上为巫峡。北岸即巫山山脉。山脚伸于江中。江水蜿蜒，随山回转，经黄草坡、杉木瀼等险滩，至孔明碑（江左侧），可见巫山十二峰的一角。十二峰即望霞、翠屏、朝云、松峦、集仙、聚鹤、净坛、上升、起云、栖凤、登龙、圣泉，都排列于北岸。其中在船上能看到的，只不过有八九峰。层层叠立，如直立的宝石、排列的屏风。几片白云飘浮在顶端，好像是玉女的春装裁剪下的多余的布料。这一天时雨时晴，雨天则峻颜润泽，晴天则翠眉倒蘸江水。天下名山之胜，我辈枯竭单调之笔墨，实难描绘。（[日]山川早水《巴蜀旧影——一百年前一个日本人眼中的巴蜀风情》）

　　山川早水还对风箱峡高耸入云的壮秀景色做了细致的描述。两者皆表现了巴蜀的峡谷之美。

　　风箱峡断崖高百尺，山峰直插云天，连飞鸟也不可及。船宛如在瓮底，试仰天高喊一声，其声音久久回荡在峡谷中。在北岸的半壁上竖着几条劈开的裂缝，抬头望去有几个木箱夹放在里面，俗称为风箱，这就是风箱峡名称的出处。此壁又叫禹凿壁，可以说是保存的当年夏禹疏通江水的斧劈的痕迹。但因与斧痕相似的裂痕有很多，哪些是真的斧痕，难以确认。北岸崖壁脚下有一条小径，下可以通向大溪口对岸的白菜背，上可以

到峡谷以外的瀼溪口，那是纤夫的通路，名叫纤道。（[日]山川早水《巴蜀旧影——一百年前一个日本人眼中的巴蜀风情》）

具有相同记述的还有英国的阿奇博尔德·约翰·利特尔，他在游记中也留下了许多对于峡谷江景的描绘。

从天子山上看，大江的景观有点像牛肝峡的入口处。河流似乎要消失在连续不断的高高的山岬后面；山岬背靠1500至2000英尺的大山，各道山脉之间晨雾弥漫，遮盖着山谷；近处是色彩丰富的植被，寺庙弯弯的飞檐从林间伸出，使景色更加妩媚。越向上行驶，河岸越陡，许多地方像悬崖一样，到处是巨大的岩块，使航道在夏天会有危险。（[英]阿奇博尔德·约翰·利特尔《扁舟过三峡》）

悬崖的雄奇和壮美令美国游历者威廉·埃德加·盖洛倾倒，认为"这样的危险反而增添了这里的魅力"。

地球上有些悬崖比这里更大，有些山峰比这里更高，但那些都没有这样的雄奇和壮美。这儿的整体景观完美无瑕，这里的风光令我神魂颠倒。当我们的船只掠过狂野的急流时，湍急的旋涡随时能把我们尽数吞没，但这样的危险反而越发增添了这里的魅力。（[美]威廉·埃德加·盖洛《扬子江上的美国人》）

英国的丁乐梅则重点介绍了西陵峡，他注重于去表现其壮秀华美，以及人在自然面前所会感受到的渺小。从游历者丁乐梅的视域来看，三峡之美是无法用言语来描述的。虽然之前有很多人对三峡进行过描述，但都没有真正地表达出三峡的美丽和神奇。

三峡的美是一种仙境般的美，它让人感觉到仿佛置身于来世之中。游历者在宜昌峡内写作时，感觉自己已经触碰到了来生，身体停止了生长，灵魂获得了最充分的自由。

对于游历者来说，初次看到西陵峡时，游历者的感触是它让人变得谦逊、耐心、单纯，深深体会到了人类的生存没有意义。三峡的美是一种难以言说的卓绝壮美，那些聒噪、自私、自负的人大概无法在这样一个地方过得愉快。

虽然我用如此冗长的篇幅来描述这些峡谷有点像是在骇人听闻或者哗众取宠，但这真的不是我的本意。它们一而再、再而三地被过往旅客们付诸或拙劣、或不动感情的文笔，基本没什么像样的文章；或许毕夏普夫人的作品是其中最好的了。但实际上这些峡谷简直是从仙境中下凡的——它们缺乏真实感。常言道，来生的世界就是仙境，那么这西陵峡显然就是来生了——它们着实是描绘不尽的。在我正于宜昌峡内写作的此刻，我真的感到我已经触碰到了来生。我似乎被包裹进了来生幻境的温暖心胸，在那无限且永恒的仙境中，我的身体停止了累赘的生长，我的灵魂则获得了最充分的自由，尽情地膨胀。硬邦邦的现实仿佛被禁锢在了无穷无尽的悬崖峭壁里，就此与来生相隔两世。不过作为一名普通旅客，我得说初次看到西陵峡时，我的感触就是它们令我变得谦逊、耐心、单纯，深深体会到了人类的生存显然没有意义，感受到了这个不为人知的世界角落那难以言说的卓绝壮美——那些聒噪、自私、自负的人大概无法在这样一个地方过得愉快吧！若想在长江上游旅行，最重要的品质就是谦卑与耐心——读者，刚才我是为了您着想才一直按捺着没说。([英]丁乐梅《徒步穿越中国》)

若想在长江上游旅行，最重要的品质就是谦卑与耐心。英国游历者丁乐梅一直按捺着没说，是为了让读者能够更好地感受到三峡的美丽和神奇。

峡谷由于崖壁陡峭，也易有江滩。英国游历者艾米丽·乔治亚娜·坎普刻画了在阳光照耀下的绿莹莹的江水，十分迷人。

船被走在它旁边背着纤的纤夫拖着前进，让人看着很是奇怪。再下去一点，江变得深了些，有些险滩看上去十分漂亮，水是蓝莹莹的绿色，石头是红砂岩。有时候江边的路由石级一直通到陡峭的山峰上面。人们普通的蓝衣服在江里所看到的倒影，是优美的绿松石色。沿江而下，风景变得越来越美。([英]艾米丽·乔治亚娜·坎普《中国的面容》)

但由于江滩较浅，船也极易搁浅，因此又被叫作险滩。中野孤山不止一次记述了经过险滩时的艰险情景。

巫峡
蜿蜒曲折的江水，怒击岸右，狂拍岸左，奔腾辗转，形成旋涡，吞巨岩，碎怪石。其声响，时高时低，时缓时急，时尖时闷。其状态难以形容。航行的船只随旋涡盘旋，或缓慢转大圈，或急促打小转，实乃一大奇观。

跨越险滩

操铁钩的人要接近岩石，撑竹竿的人要避免船只撞上岩角，把舵的人负责绕开浅滩。船上系几条竹纤绳，在岸上拉。一条绳子需要几百个苦力，又要一人喊号子进行指挥。鼓、钟、炮分别是小、中、大滩的信号。此乃险滩逆流而上的状态。

两岸崇山峻岭连绵不断，奇岩怪石乱立其间。山趾远伸江中，形成暗礁，犬牙交错，搅乱水流；江水与之搏斗，或形成急湍奔流，或生成险滩旋涡。以所谓的三峡（三峡指东湖的西陵峡、巫山县的巫峡、奉节县的瞿塘峡）天险为首，大小数百险滩绵延交错，行船极其危险。船夫一旦把舵失误，船只立刻就会撞上岩石暗礁，遭遇颠覆沉没、粉身碎骨之难。

当地有一种说法：峡中险滩，有新无泄，有泄无新。意思是说新滩是冬季第一险滩，而在夏季，则没有比泄滩更危险的河滩了。

泄滩位于新滩上游约三十英里的地方。夏季江水泛滥，泄床、泄枕隐身江中，两岸的重峦叠嶂淹没水下，水流奔腾澎湃，以一泻千里之势飞流直下。其光景之凄然，令人不寒而栗。（[日]中野孤山《横跨中国大陆——游蜀杂俎》）

此类险滩遍布三峡，皆非常危险，法国的武尔士的文本中极力叙述了险滩的危险，也侧面表现出船工航行技术的高超。

我们的冒险经历，方方面面都像极了英国炮舰"云雀"号在牛口滩的遭遇，证实了我所说过的什么才是长江上航行的真正难题。需要说明的是，宝子滩江水清澈，过滩难度相应不大，这一路上有十来次我们都可能遇到同样的情况。在汉语中，所有带个"滩"字的地名都称得上激流险滩，不论它是大是小，是易是难。从宜昌到重庆，这样的地点有五十多个，每个都有自己的套路，要么在上游，要么在下游，难度或高或低或微弱，各不相同。对于蒸汽船来说，它们没一个是惹得起的，因为我们随时会碰到反常的漩涡和出乎意料、突然出现的逆流；只要有一秒钟的分心，就会不由自主，错误操作舵柄，而我们只能听任其摆布。这是真正的魔鬼般的航行，让人精神崩溃。只有亲身经历过的人，才能想象到那些让所有人，尤其是让承担责任的人焦虑不堪的时刻。

造就险滩的尖岬处散落着大块的岩石。突然，我们发现岩石上方出现了桅杆。那是三只顺水而下的木船。

我要说明的是，直到此时，我们一直非常小心，每经一地，都提前派出中国士兵，守候在险滩上方，负责阻止木船从上游下来，并且让它们靠岸。

在长江的某些拐弯处，或是在某些险滩，无法从远处互相看到对方，并及时操作船只，就很容易撞上这些又沉重又不易操控的中国木船。这是长江航行的重大危险之一。（[法]武尔士《长江激流行——法国炮舰首航长江上游》）

形成此类峡谷风貌的嘉陵河川，日本的中野孤山详细地阐述了它的水文信息，河流保留着川脉，在中野孤山看来是"蜀川的标志"。

夏季江水泛滥，如大海苍茫，水势盘旋，如百龙击岩，可容大船巨舰自由行驶；冬季河水干涸，但一侧仍有淙淙流域，保留着川脉。此乃蜀川的标象。其沙洲，化为万顷麦地菜园，良禾佳菜收获颇丰。此乃嘉陵江之状况。（[日]中野孤山《横跨中国大陆——游蜀杂俎》）

法国的武尔士还对于长江涨水的缘由进行了分析，这也展现了航行的艰险与特殊地形形成的原因。

随着初夏炎热的到来，江水开始上涨。长江及其支流涨水有两个不同的原因。最初，高山和青藏高原冰雪消融，引起缓慢而规则的水位上升。然后，七、八、九月间，暴雨倾盆，骤然涨水，退得也快。长江上游的河谷，土质多由砂岩和黏土构成，不太渗水，致使几乎全部的雨水都流向河床和支流。正是在这段时间，航行变得真正艰苦和危险。每场暴雨后，大股的水流疾奔向江口，水势汹涌。但现在还没到那个时候。天气晴朗，水位1法寸1法寸地上涨。（[法]武尔士《长江激流行——法国炮舰首航长江上游》）

莫尔思则对长江的各类水文信息作了更为全面、细致的阐述，涵盖了多个方面。

距离入海口1000英里处，长江河宽2英里，可以供3500吨的货轮通过。向上游走

400英里，600吨货轮可以通行；再往西行500英里，小型货船依然可以在湍急的河流中自如航行。在夏季高水位时，这些船可以再往西行500英里直到深入中国的西部。长江沿岸有11处开放港口，承载着中国一半的对外贸易。因为外国人对于卫生条件有严格的要求，并为之不懈努力，可以说外国人居住的口岸城市是长江沿岸大城市中卫生状况良好的地方。

长江下游沿岸修建了河堤，河堤两岸是绵延的乡村。长江中游，河道变窄，两岸多丘陵。长江上游，两岸是悬崖峭壁，缺少汽船可以抛锚停靠的地点。另外，很多强盗和士兵在长江上游盘踞，他们常常把过往船只当作靶子，以向船只射击为乐。在这片上游河段，河道蜿蜒曲折，江水汹涌湍急，船只在不可预测的回流、暗流、激流中被高高托起，又被重重地抛向岩石。通过这段江域，有20%以上的船只被损毁，造成大量现代船只失事事故。也许正是这种惊险刺激，让这段旅程显得别具诱惑力。

穿过这段汹涌澎湃、九曲回肠的河道，长江变得平静起来，仿佛只是轻哼着诱人的小曲。可是一段风平浪静的航行之后，长江又变得湍急凶猛起来。因此可以说，在长江上行船就是去领略河流平静与狂暴的交响曲，它召唤着不知疲倦的冒险家深入人迹罕至的中国西部与更加遥远未知的西藏。黑色的江流混合着泥沙，行船的人用全部身家与怒涛拼搏，基督的使者就在这条船上，用生命去实践伟大的信条。

长江下游叫"扬子江"，上游叫"金沙江"。中国语言的丰富性就显示在可以用各具特色又恰如其分的词汇去命名这些伟大的河流。中国的沃野千里实际上都应归功于西部地区。江水不仅带来肥沃的土地，还从西部内陆冲刷来了实实在在的黄金颗粒。淘金是长江进入四川后常常可见的场景。（[加]莫尔思《紫色云雾中的华西》）

奇险的地势构造也会形成一绝的景色，日本的中野孤山记述道：

夔门南岸的绝壁如竹帘垂挂，色泽褐黑，柱状节理，壮观绝伦。至夔州城下，江身开阔起来，宛如大海，巨浪微波鳞次而来横冲我船。水浅处，河底磊磊巨石摩擦船底，危险四伏；水深处，激流奔腾，如千百蛟龙向我船袭来。（[日]中野孤山《横跨中国大陆——游蜀杂俎》）

江岸风景的秀美不止中野孤山赞美有加，德国的塔玛拉·魏司也惊叹于巴蜀地区自然景貌的鬼斧神工，为之折服。

我们的船缓缓前行，逆流而上，两岸的悬崖峭壁就像舞台上的布景一样徐徐分开，眼前的画面一幕比一幕壮观美丽。两岸的群山高耸入云，将瑰丽的画卷——展开，让我们惊叹不已，目不暇接。我们的小船在夹缝中蠕动，显得如此的渺小，只得听凭一种无名力量的摆布。江水千万年在崇山峻岭中奔腾而过，主宰、统治着一切，而人类只能无奈地将生命寄托于它。耳边江水的轰鸣，让人开始相信江底潜伏着充满力量的巨龙，江风的呼啸又让人疑有魔鬼在嬉闹。（[德]塔玛拉·魏司《巴蜀老照片——德国魏司夫妇的中国西南纪行》）

加拿大的莫尔思则列举了三峡两岸长达两百英里的风景类型，包括石窟、岩洞、石桥等。展现了充满水墨意味的三峡画卷之美。

三峡两岸有长达200英里的美丽画卷。有时，数百英尺、宏伟笔直的石灰石悬崖从水边陡然拔起；有时，堤岸从水里慢慢冒起到5000~8000英尺高的地方，从数英里外回望，这些堤岸慢慢模糊成天堂拱顶的形态。陡峭的岩石和巨型鹅卵石的形状千奇百怪，庞大的平台、炮塔、城垛，高耸的尖塔，优雅的锥形或尖细的山峰，全部景致融合在一起，形成令灵魂震颤的绝美的视觉景观。

自大河诞生以来，就以它的伟力塑造了奇特的地貌特征。形成于不同时期的地上石窟、地下岩洞、天然石桥、各种光怪陆离的岩石人物，都是这幅独特自然杰作中浓墨重彩的一笔。

无数小支流汇聚成瀑布。众多的峡谷远近层叠，构成迷人的景色。幽深的V形山谷与奇幻的岩石景观，静卧的梯形山地（有些地段高不可攀），人置身其中，冒险精神就被调动起来，希望去探索那些未知的领地。（[加]莫尔思《紫色云雾中的华西》）

美国的威廉·埃德加·盖洛感叹于扬子江行途景色的神奇壮丽，展现了巴蜀峡区的雄伟神奇。

一个只在黄色海岸旅行的人，是无从想象中国的壮美景色的。唯有让他沿扬子江上行1000英里，然后再穿过宜昌和万县之间的激流险滩，他就会自然而然地意识到：在这个世界上，再也没有任何其他地方会比这里更加壮丽的了。自从离开奇境般的新西兰，我从未见过任何地方的悬崖峭壁这么雄伟，这么神奇。（[美]威廉·埃德加·盖洛《扬

子江上的美国人》）

英国的阿奇博尔德·约翰·利特尔则侧重于展开山体与江水良好的互动关系，两者相辅相成，共同造就了非凡的景色。

我们迎着美丽而富有特色的四川风光继续航行。陡峭的山坡上梯田层叠，绿树环绕村庄，最高处是顶部平坦的沙岩断崖。小麦、大麦、油菜、罂粟布满山坡。山脚下有许多大块岩石，这些远古山脉的岩屑堆堵塞了河道，造成一连串小急流，平均流速为4节有余。在右岸，约500英尺高的山峦后面是一道2000英尺以上的山脉，高度一致，从外表看可能是石灰岩构造，像宜昌至此地之间大江穿流的所有主要山脉一样，走向呈北东北和南西南的直线。（[英]阿奇博尔德·约翰·利特尔《扁舟过三峡》）

英国的丁乐梅则对夜色下的江景做了细致的刻画，呈现出与白日颇为不同的一幕来。从游历者游记的视域来看，三峡之美与风情独具魅力。

渐深的夜色，仿佛一张缓缓降落的幕布，冥顽不化地要盖住万物。

交织着蓝色与琥珀色的闪电，形态破碎、光芒耀眼，投射出青灰色的倒影。在它消隐的那个阴惨瞬间，两旁险若墙壁的陡峭山崖，忽然变得漆黑如墨，宜昌峡摇身一变，成了骇人的另一重天：这宏伟庄严的巨型山涧仿佛放大了成百上千倍，上顶天下立地，自东向西绵延无际，一层金褐色的边沿镶嵌着北面的山峦，散发的光芒恍若神迹，昭告着即将降临的新世界。不过这景象仅仅持续了一瞬便宣告终结——蓝色光焰再度将天空撕扯成了无数银色的碎片。突然，深邃而浓稠的黑暗俯冲而下，如同一只大鹏正要用她宽阔的翅膀庇护整个地面——顷刻间，这固若金汤的滔天黑暗熄灭了一切光亮，掐断了视觉的电源。（[英]丁乐梅《徒步穿越中国》）

从游历者游记视域来看，三峡的美和风情在这一瞬间展现得淋漓尽致，让游历者感受到了大自然的神秘和伟大。

第二节　迷人——蜀中自然

蜀地物产丰饶，其中蜀中尤盛，广阔的地形和温良的气候都为植被提供了良好的环境。日本游历者中野孤山记对蜀地原野的景象描绘细致，呈现出了游历者对蜀地景象的印象之深。

万树或转黄或变红，纷纷散落，千草枯萎，败落凋零；原野却一改面貌，万木凛凛苍翠，百花烂漫，黄紫辉映，异彩纷呈。此乃蜀地原野的景象。巨木枝繁叶茂，树上垂吊气根万千，阔叶密生，遮挡阳光。树下有商贾聚集，吸引他们来此做生意的是那些古榕树。黄紫映衬、装扮路边的植物主要有堇菜和蒲公英等。（[日]中野孤山《横跨中国大陆——游蜀杂俎》）

在四川腹地，众多葱茏的植被中，中野孤山注意到竹林、柑橘、甘蔗是江畔较为常见的植物，并为他们的形态、连绵性、一丛丛所呈现的美态倾情描绘。

竹子种类繁多，竹林随处可见，秀丽壮观。至扬子江上游的四川腹地，一年四季竹笋不绝。重庆上游的江畔，柑橘连绵数十里。夔州上游的两岸种有甘蔗，一丛丛的，煞是美观。（[日]中野孤山《横跨中国大陆——游蜀杂俎》）

同时，竹子也是蜀人较为喜爱的一种植物，中野孤山也对蜀人喜爱的植物作了一番考察，从巴蜀风情的层面对柏树、楠树、桂花等受到蜀人广泛喜爱的植物进行了记载，柏树森然、楠树繁郁、竹子高风亮节、桂花的芬芳、兰花香气四溢、梅花芳香等等，呈现出了巴蜀人与自然和谐共生的美的风情。

蜀人甚爱柏树，植柏树以造森林。他们喜欢柏树森森的那种感觉。蜀人又特别喜欢楠树，将其种于神社佛阁境内。因为楠树也是一年到头繁郁葱茏的。蜀人还非常爱竹，将其种在庭园游苑内。人们喜爱竹子是因为它四时繁茂，不畏霜雪，高风亮节。

....

打听蜀人喜爱桂花之缘由，据说他们不是喜爱桂花之美丽，而是喜爱桂花之芬芳。同样，爱兰不是因为兰草四季常青，而是因为兰花香气四溢。爱梅也是由于梅花的芳香，爱菊亦然。蜀人喜爱一切带香味的植物，嗅觉甚为发达。（[日]中野孤山《横跨中国大陆——游蜀杂俎》）

另外，蜀地的另一名树——黄葛树也在中野孤山的文本中得到了体现，他以学科视角对其进行了考察记录。

无数的黄葛树枝繁叶茂，给港口沿岸增添别样风情。黄葛树属桑科植物，树干粗壮，有无数气根从枝干生出。气根或相互缠绕结成一束，或沿着树干下垂伸入地中。黄葛树为常绿阔叶植物，能遮挡阳光，下小雨时树下不会淋湿，夏季有习习凉风。因此，气根下商贾云集形成市场，其光景可谓一大奇观。（[日]中野孤山《横跨中国大陆——游蜀杂俎》）

英国的E.H.威尔逊则记录了更高海拔地区的植物，巴蜀独特的植被丰富性得到了展现。

那些平行的山脉高于山谷500~1000英尺，有稀疏耕地，大部分长有很好的柏木（Cupressus funebris）、马尾松和枹栎（Quercus serrata）林。杨树亦常见，溪边垂柳很多。灌木种类很多，最值得注意的有鼠刺（Itea ilicifolia）和角叶鞘柄木（Torricellia angulata）。鼠刺生长于多石处，花绿白色，花序下垂成尾状，长可达18英寸；其叶颇似冬青，无花时极易被误认为是角叶鞘。角叶鞘柄木喜生长于溪边、沟边和石隙中，高8~12英尺，枝多叶密；果成熟时黑色，成伞房状大串下垂。在别处我从未见过如此之多的这种植物。（[英]E.H.威尔逊《中国——园林之母》）

除了丰富的植被外，其他的景物也十分美丽。中野孤山就在文本中提及了蜀地繁多的鸟类品种，这也与蜀地的养鸟之风盛行有着密切的关系。

蜀地的鸟，颈子雪白，当地人称之为鸦。鸽子大概是介之于红翅绿鸠与斑鸠之间的鸟类，形状比白鸠稍小一些。黄莺的品种也与我国的不相同，体形要大得多，羽毛全是黄色的，其鸣声圆润婉转，非常可爱。

....

去当地走一圈，可以看到人数众多的养鸟爱好者。蜀人喜欢养小鸟，养鸟的笼具极尽奢华，饲养法也很发达。任何鸟类他们都爱玩，主要饲养八哥、四喜、画眉、白头翁、金丝雀、椋鸟、松鸦等品种。无论是小鸟的模样，还是小鸟的叫声，他们都喜欢。（[日]中野孤山《横跨中国大陆——游蜀杂俎》）

蜀地的山地也颇为奇丽，英国游历者爱德华·科尔伯恩·巴伯描绘了他攀爬途中所感受到的宏伟与秀美兼具的峨眉山。

过眉州(Mei-chou)没几英里，平原便逐渐消失在山地背后。这之前数小时，我注意到西南方地平线上高悬着一个光线模糊但形状尖锐的东西，开始我以为那是一片云，但最终意识到它的形状一直未有变化，便向一名船夫打听。船夫颇不以为意地回复我说："你这是有眼不识峨眉山呀！"这是我第一次看到峨眉山。当时它距我50英里开外，看起来宏伟得近乎夸张；从平原望去，实在无法相信一座山能够如此高耸入云！如果旅行者靠它再近一些，他又该会看到什么样的景色呢？这一点我始终无从知晓，因为之后我登上了峨眉山，围着它走了个遍，并三次从它脚下经过，然而它终日以浓雾为裳，不肯露出真容。在广阔平原的衬托之下，它鬼斧神工的轮廓显得越发雄伟庄严，蜿蜒的山脊从南一路升高，在最高点骤然跌入人间(尽管其底端的四分之一仍然躲在云雾背后)，造就了一座悬崖——抑或是令人胆寒的一系列峭壁？（[英]爱德华·科尔伯恩·巴伯《华西旅行考察记》）

整体而言，蜀地有着秀美的田园风景，展现着独属于蜀地的风景与风情。英国的威廉·吉尔记述道：

这块土地富饶茂盛，令人难以想象。红色的土壤，映衬着嫩绿的早禾，令人赏心悦目。时令正当油菜开花季节，闪亮的黄色田野一片接着一片。所有山谷下面，都有种着稻子的梯田，不时出现一小片小麦和豆子。房屋看起来舒适结实，每家都掩映在竹丛之中。美丽的庙宇则独自伫立在树林之中。随处可见一种没有吊坠的榕树独自站立，树下有时还放着个小佛龛作为焚香之用，成为这片土地雅致的点缀。这一切，展现出一幅肥沃富饶的景色，在其他地方很少见得到，看来旅人们对其奢侈的溢美之词所言不虚。（[英]威廉·吉尔《金沙江》）

中野孤山也描绘了村落星点、白壁青瓦的景象，有着宁静、富裕的景致色彩。

田畴村落散在其中，白壁青瓦隐约可见，平坦宽阔，一望无际；天空棱棱，雕鹰翱翔，其威风使百鸟畏服；树间有喜鹊嘎嘎歌唱，林中有白颈鸦悠悠歌息。此乃蜀都平原之现象。冬田有菜花装饰，冬圃有豌豆、蚕豆结果。此乃天赋之沃土的体现。（[日]中野孤山《横跨中国大陆——游蜀杂俎》）

英国的艾米丽·乔治亚娜·坎普记录了自己在徒步途中的所见所闻，描绘了一幅风景秀美、繁花盛开的情景，颇具韵味。

我们听说万县是平原，所以当我们发现自己几乎是完全穿行在林立的山石——即使说不上层峦叠嶂吧——之间，山上又很美地覆盖着树木时，心里又惊又喜。第二天我们到达凉山，那是四周围绕着陡峭的山的山谷间的一个漂亮的小市镇；我们离开它后，一路风景特别美。我们穿过一个稠密的竹林，苍白、优雅、羽毛般的竹叶与高大、暗色的松树形成很好的对照。道路通过成千上万精心制作的石阶往一座险峻的山上延伸。真好像我们永远爬不到山顶似的，脚夫们一定已经彻底意识到了我们是英国旅行者，不是中国人；因为中国人在山非常陡峭时有时候会走下山，但走上山的实在是少得很。当我们问顾先生他是不是习惯于走路时，他说"哦，是的，我能走两里半"，显然那被认为是一段很长的距离。实际上他走路的本领一流，不久就能不知疲倦地走上几个小时了。江岸上满是各种各样可爱的蕨类和苔藓，令我们想起国内十分美丽的蕨类种植园（温室中的）；但这里的魅力当然不是来自艺术而是来自大自然。春天时这里的花显然是种类繁多；一簇簇兰花、银莲花、紫罗兰，以及别的我们认识的植物，然而我们不认识的品种更要多得多。（[英]艾米丽·乔治亚娜·坎普《中国的面容》）

英国的T.T.库珀亦对此有所描绘，他刻画了重庆农园的精耕细作、山林环绕的乡舍风光。

我们走了几英里，乡下的路起伏不平。路上的山丘不高，从山脚到山顶都种上了庄稼。农田都不大，都是一小片，却被深耕细作。多种农作物交错分布在梯田上，地里种有大麦、小麦、大豆、豌豆、甘蔗和罂粟。田间长满了一种茜草类的黄花，十分鲜艳。我还发现有几处好像是煤一样的东西。山间谷地种的是水稻，稻田里灌满了水。到处可见农民住的小房子，房子周围种的是果树，不远处是另外的村子。数不清的小鸟在树上，羽毛艳丽，一点也不惧怕我们。最后，我们来到了一个满是松树的小山丘。

连绵不绝的山丘和河谷呈现出令人惊叹的秀丽风光。到处都可以看到粉墙黛瓦的农家小院掩映在果树之间若隐若现，果树开着白花迎风飘舞。放眼望去，一望无际的农田种着玉米、甘蔗、罂粟，以及其他农作物。这些成熟的庄稼加上周围令人惬意的气温，让人感觉现在不像是二月，反倒像是五月。很多低洼地都灌了水，准备种植水稻，在阳光的照耀下，这些迷你的湖泊一时间波光粼粼。（[英]T.T.库珀《拓商先锋中国行》）

对于这种风景，T.T.库珀认为蜀地风景完全符合他对于此地"富足和繁华"的想象，蜀地赋予了这种美好的幻想与现实的意味。

在我小时候的想象中，中国风景应该是令人惊叹的美丽。在我到中国各地参观后发现，完全跟我的期望相符。看到熟悉的青花瓷及漆雕茶叶盒上的图案，我完全能想象到中国的富足和繁华。最近，我研究了中国的瓷瓶、玉雕及其他艺术品，它们给我留下了深刻的印象。在这里我也希望，中国能把如此众多的美好事物更好地展示给外国旅行者。（[英]T.T.库珀《拓商先锋中国行》）

美国的E.A.罗斯也对于巴蜀地区的自然风光给予了高度的赞扬，并与奥地利风光做了一番比较。

从兰州往南旅行，我们不坐马车而坐轿子，走了十二天的山路。四川之名即由高山得来，意为"西部之通道"，景色一度像奥地利风光。（[美]E.A.罗斯《变化中的中国人》）

日本的山川早水以诗配之,更显巴蜀地区自然风光的诗情画意。

还是第一次见到这样的地方。岸上有些零散的人家,有的被绿树环抱,有的依奇岩而居,从船上望去宛如一幅美丽的画卷。陆游《入蜀记》十三日:"游江渎北庙,庙正临龙门,其下面石罅中有温泉,浅而不涸,一村赖之。"好像此处有许多温泉。([日]山川早水《巴蜀旧影——一百年前一个日本人眼中的巴蜀风情》)

毛姆也描绘了暑气缭绕、大雁南飞的蜀地风景。

落日照耀下的黄色江水有一种可爱的、淡淡的柔和的色彩,其平如镜;沿着平坦的两岸,树林和泥浆水湿的乡村里的小屋,在白天的暑热下烟雾迷蒙地,现在背着灰白色的天,轮廓分明地剪着影,像皮影戏的影像。他抬起他的头来好像在听大雁叫,望着他们高高地在他头上排成一个大"人"字形,向他不知道的辽远的地方飞去。([英]威廉·萨默赛特·毛姆《在中国屏风上》)

德国学者李希霍芬更为深入细致地记录了山体的轮廓、形成,展现了一道与沿海颇为不同的景致描写。

从剑关开始的山体的轮廓看起来惊人的奇特,一道150米高的砾岩岩层呈长长的直线状向北升高。它沿着这条线高低错落(比剑关村高出250米至300米),并不连续,而是被许多或深或浅的凹陷——深的凹陷就如同剑关——分割成众多像锯齿一样陡峭的部分。整个地来看,这段山体就像摆在排成直线的一列支架上的一串巨大的浮冰,它们呈锯齿状的、碎成直角的尖端朝上放着。山体的一部分外形显得尤为奇特,大约在距离剑关15—18公里处,那里的山岩就像一排六七颗龇着的鲨鱼牙齿。

这个地区因为横七竖八的幽深的峡谷而显得几乎不能通行,所以很可能是广元县以南的所有通道中最艰险的部分。尽管所有位于众多的岩石和峭壁之间的能种植的土地都种了,到处都分布着房屋和小村子,但整体而言这个浮冰状的山区尽管绝对高度不高,但颇为荒凉。山与山之间有一道柔软的红色黏土坡平缓地倾斜下来。除了这些天然的梯地之外还有人造的,因为那些保护农田的低矮的黏土坡都被人为地修成了梯状。所有这些地方都稀稀地分布着坚硬的砂岩质巨石,其间散布个别房屋和农庄,很少有较大的房屋群。此外这个地区就没有任何装点了。除了桐树和竹子，生长在这个地区的树实际上是柏树，偶尔成较大的树林，但基本上都是一棵一棵地分布在山坡上。风景是如此独特而和平，令人不禁常向山谷中眺望。春天的时候那里景色肯定很美。山谷分叉分得令人如此迷惑，以至于道路为了不必总是一次又一次地翻越分界岭而竭力地追随着主分水岭，但由此也被迫绕了许多弯路。不过对旅行者而言这一点却很合适，因为不然的话就看不清这个地区的全景了。（[德]费迪南德·冯·李希霍芬《李希霍芬中国旅行日记》）

同时，李希霍芬也对这一地区的地貌进行了概述，认为主要是以丘陵为主，红色的砂岩土壤和断崖是其中特殊的地貌特征。

叙州和重庆之间的整个地貌具有真正的四川特色：都是丘陵起伏；柔和的山坡同砂岩断崖交替出现；所有的岩石，除了极个别，都是红色的；丘陵上一直到高处都有种植，人们大多生活在散落的农庄里。有许多树，但是没有自然生长或人工培育的森林。（[德]费迪南德·冯·李希霍芬《李希霍芬中国旅行日记》）

除了风光秀美外，蜀地还有异常丰富的各类资源。英国的托马斯·布莱基斯顿对当地的矿产资源进行了简要介绍。

从大江边望去，重庆西面尽管没有什么高山，但目之所及，地形起伏，很不平坦。不过，如果向东望，在大江对岸则有一条沿北偏东—南偏西方向绵延的山脉，高于江面500～700英尺，最近处距重庆城约1.5英里，其上山脊分明，尖峰林立。这条山脉主要由遍布煤矿产区的灰色砂岩构成。但由于岩层隆起，致使石灰岩也裸露出来，可以直接从这些山冈上开采煤矿和石灰。岩层不管在哪里都直接沿山脉走向伸展，并向西倾斜约75°～80°。我们分别采集了煤、石灰和岩石的样本。从重庆向东部延伸的大路经由一系列石阶沿这些山冈蜿蜒而上。某座山峰上矗立着一片庙宇，周围山上亦散布着诸多佛寺，面向重庆和大江的山坡上还建有一些漂亮的房舍。（[英]托马斯·布莱基斯顿《江行五月》）

英国的E.H.威尔逊则讲述矿产情况，主要介绍了蜀中地区的地质情况。

四川省的东部和中部，从靠近湖北边境到岷江河谷，其岩石主要是黏土质砂岩，年代可能属侏罗纪。岩体非常厚，且有表面呈红色的特点。因此，已故的 Baron Richthofen 把整个地区称之为红盆地。此盆地约呈三角形，夔州府（Kuichou Fu）是其顶端。假设从这一点出发，向西北划一线连接龙安府（Lungan Fu），沿长江南面一小部分划一线连接屏山县，分别作为南、北两边的界线，另一线从龙安府沿岷江河谷连接屏山县即此三角形的底部。整个盆地约100 000平方英里，四面高山环绕，西部群山高达雪线以上。其东部边界山脉主要由石炭系石灰岩组成。西部山脉大部分由页岩组成。长江自西向东流过，河道几与盆地的南缘平行。在此三角形地区内，有大量的居民、工业、财富和资源，水上交通发达。在此三角形以外的周边地区，人口稀少，物产也少，除流出盆地的长江外，没有可航行的河流。

在古地质时期，这一地区无疑是巨大而底部平坦的内陆湖泊。自从湖水排干，长江及其网状支流将松软的水成岩侵蚀成深1500～2500英尺的河床，把整个盆地变成丘陵地区。今天，实际上平地只有成都平原，长约80英里，宽约65英里，平均高出海平面1800～2000英尺。盆地的其他部分则破碎成低矮、起伏或平顶的山头，纵横交错，平均海拔3000英尺，无超过4000英尺之处。（[英]E.H.威尔逊《中国——园林之母》）

英国的台克满也对此有所介绍，他从地理的角度对蜀中做了细致的描述。他们对于蜀中地理环境的关注也是受到彼时西方的侵略目的服务。

四川的红色盆地似乎是由一片古老的红色砂岩高原在流水的侵蚀作用下形成的错综复杂的丘陵和谷地区域，与黄土高原的情况如出一辙。然而，这种地质构造并不仅仅局限于四川，而是延伸到了广大的区域，从河南经过陕西南部、甘肃，直至西宁和青海湖边，地层都由红色砂岩构成。红色砂岩在中国西部各地的分布形成了黄土高原的南界。（[英]台克满《领事官在中国西北的旅行》）

法国的武尔士也有着相关记述，他记录了关刀峡处独特的红色岩石，壮丽与奇特的景色让之惊叹。

11点45分，我们从关刀峡的红色悬崖下掠过。嘉定的这种红色岩石相当易碎，而且碎后的颗粒比河底的沙还细。从这里到成都的一路上，在河岸的陡坡上，到处都可以看到这种岩石。

关刀峡的两岸，全是高达60多米的陡峭山崖，表面光滑，近乎垂直竖立，构成了一幅奇特而又美不胜收的图景。或这或那，偶然闪过一丛绿色的植物，突起在一片红色的砂岩外，显得耀眼。……这一圈大石块是如此规则，一时间，我甚至怀疑这是不是某个防御工事，我还专门让船开到对岸去，想看得远些。

不是，这不过是大自然开的一个玩笑。在这样一个地方建造一个位置极佳的碉堡，拥有这段河道的绝对控制权——纯属没事找事。（[法]武尔士《长江激流行——法国炮舰首航长江上游》）

此外，蜀中的水资源也颇为丰富。英国的托马斯·布莱基斯顿记述了扬子江上游的典型景色。

抵达此关隘之前，还途经一个叫作"金亭子"的江心岛。它更靠近左岸，看起来怪石嶙峋，似乎是因江流长年累月的冲击才与江岸分离而形成的。如今，它孤立于江中，岛上林木茂密，建有一座寺庙和一座小塔。我们通过此地时，正值清晨，纤夫们沿着一大片柏树林下遍布岩石的岸边而行，巴顿医生就此画了一幅素描。当时，还有一艘大型四川帆船正顺江而下，两三只黑冠红爪的漂亮燕鸥贴着水面掠过，一派扬子江上游的典型景色。（[英]托马斯·布莱基斯顿《江行五月》）

托马斯·布莱基斯顿还描绘了山峦起伏的优美景色，显示出江景的多变。

由于持续的阴雨天气，从5月8日以来的几天里，我们并未行进多远，加之河道蜿蜒曲折，使得直线行驶距离更短。10日，我们抵达合江县城，一条相当大的支流赤水从南面流来。该地区的大江主河道复杂多变，某些地方流速缓慢，而有些地方则因沙坝和岩礁的阻碍而形成一些小激流。该地区的地形也起伏变化，但却难以称得上是山峦连绵。合江的东南面和东面丘陵起伏。当我们向上游航行时，天气阴沉，难以看清远处的景象，但下行时，我们看到大江南岸是一片景色优美的地区，城池西南面远处的群山隐约可见。（[英]托马斯·布莱基斯顿《江行五月》）

英国游历者台克满也补充了河流所带来优良的水运资源，嘉陵江、长江成为承载其进入蜀地的主要功能。

从这座隘口开始,沿着下坡行进数百英尺,就进入一片开阔的、种植着庄稼的河谷,这就是东河谷地。东河从太白山西南坡流淌下来,成为浩浩荡荡的川江、嘉陵江上源河流之一。嘉陵江在重庆汇入长江。因而,虽然旅行者翻越了秦岭山脉主脊、长江与黄河的分水岭,但却还没有进入汉江盆地。从这里延伸而出最易通行的铁路线也许可以沿着嘉陵江进入四川(即便嘉陵江流经之地大部分都是陡峭的峡谷),也就是说,不用像陆路干道那样进入汉江谷地。

嘉陵江迅速流入群山间的一条深谷之中。能否在这条峡谷中建造铁路,似乎依赖于是否能够为从渭河谷地延伸进入四川的铁路找到一条相对容易通行的路线。原因就在于,嘉陵江正是经由这条峡谷奔流而出,冲破了陕西、甘肃和四川交界地带上所有盘根错节的山脊,其中包括汉江的源头。这些山脊与秦岭山脉层层叠叠地连接在一起,使得从陕、甘、川地区经由铁路通往其他地方变得极度困难。([英]台克满《领事官在中国西北的旅行》)

但对于这一航道,法国的武尔士也感到头疼,由于重庆上游的水流湍急,因此航道环境实际较差,带来诸多不便。为此,他详细阐述了自己溯流的场景。

重庆上游的水况实际上和它下游的水况大相径庭。

难以通过的航道几乎是一样的。一面江岸是凹陷的绝壁,下方堆满了崩塌下来的岩石,根本不可能靠近。

对面江岸紧靠一片卵石滩,岬角就在那里,朝着这岸悬崖的方向伸展,水流的横断面立刻变窄。

结果就是,岬角处水位猛涨。下游卵石滩,江水拍岸,倒流涌回,可能水位涨得更高。

除了水流的这种状况,我前面已经说明过什么是真正的激流险滩,但因为没有解释性的、可令人接受的现成词语,我们习惯上把这种水流叫作"密集水流"。

出于某种我所不了解的动力学的原因,水流速度会滞后,会比任何预测的速度都慢,以至于给人的感觉是,船是在黏稠的液体里航行。

这些地段并非真正的激流险滩,但是会带来不少千奇百怪的麻烦,蒲兰田用了个英语词"races"来表达，我们也找不到更好的说法，就翻译成"疾流"。

如果卵石滩完全并入江岸，航道上没有突起的岩石，航行就毫无危险。就算情况再糟糕些，难道"奥尔里"号就不能战胜困难了吗？就不能借用其他辅助工具了吗？比如说，用绞车或苦力拉纤？

可最危险的地方，莫过于水道不够清晰，或者卵石滩与江岸之间，被航道隔开，水流过浅。

遇到后面这种情况，船只一过去，水流就会把船冲向卵石滩。

无论如何，如果水流太急，又需要用绞车拉纤，会有很大难度，因为江岸上难以找到牢靠的固定点。

我想出个主意，叫人制作出扇形的网兜，网料多层折叠、缝边，即是说，把网料周边都用根绳子缝合起来。再用另外的绳带在里边交织，形成很多网眼，所有的绳带都系在网兜顶上的圆环上。

我盘算着，在既找不到树木，又找不到岩石的地方，拿几个这样的东西装上些石头，就可当作拴缆绳的固定物。

还需要说明，在重庆—叙府段，还有个难题就是凸起在航道中间的暗礁，不过这个情况不多见。

主流比下游的更急，平缓的江段既少见又短促。相反，旋涡少了，除了少数的几个以外，也不怎么凶猛。

总之，重庆以上江段的特点是，并没有真正的险滩，只有"疾流"。航行比起宜昌—盘沱段来说，没那么危险，但也算棘手。如果全年航行，船身入水不应超过3法尺，船身长度不应超过30米。（[法]武尔士《长江激流行——法国炮舰首航长江上游》）

德国的李希霍芬将蜀地的水路总结为秀美与急险兼具，风景与风险并存，显示出巴蜀在风景上的多面性。

一个可爱之至的航程，一切都很迷人、秀美、可爱！所到之处，发芽吐绿，春暖花开。但在这幅漫长的卷轴里却罕有变化，以至于每天的描述都千篇一律。

江水从叙州到重庆无论宽度还是力度都渐渐地大幅增加。金沙江在与岷江合流的地方显得是两江中较小的。到泸州（Lu tschou）为止，江水平均水流缓慢，而后便加速，开始出现湍流，其中最危险的便是新渡口（Sin tu kou）的湍流，但其速度很难与岷江比

194

肩。从江津（Kiang tsin）河曲开始便常有涡流，其中一个涡流将我们的船卷得团团转，并弄折了船桨，以至于我们不得不在江津待了半天。尽管如此，我们全程只看到一起沉船事故。它还到了岸边，在那里下沉，不过还能打捞上来。（[德]费迪南德·冯·李希霍芬《李希霍芬中国旅行日记》）

第三节　温热潮湿——蜀地气候

蜀地受到亚热带季风气候影响，蜀地气候多变，冬季湿冷夏季温热潮湿，且变化多端。英国的托马斯·布莱基斯顿记述道：

次日，我们向西南方溯江而行，其间有两条相距2～5英里的山脉，高600～1000英尺，几乎呈正南北向伸展。有一段河道长而宽阔，畅通无阻，另外一段则较为狭窄，有无数岛礁阻碍江面。第二天，河道向西蜿蜒，我们到达这两条山脉的最西端，又看到西面还有这样的山脉，它们之间则只是些起伏不平的低矮丘陵。河道宽窄变化多端，遍布岩礁和沙洲。正午阴凉处的气温高达88.5华氏度，而从昨天开始，气压则略有下降。下午，一阵雷雨袭来，我们被迫停船。航海日志显示，当日只行进了11英里。天空刮起东北风和东风，暴雨倾盆，雷声隆隆。不过，这也算是件幸事，天气因此而凉爽了很多，晚间8点的气温仅有71华氏度，而昨晚同一时间则达到87.5华氏度。查阅本书所附气象记录可以看出，处于该纬度的四川地区4月份的气温完全出人意料。1861年的暖春过后，紧接着便霖雨不断。我们打听有关雨季的情况，被告知（不过，我们对其将信将疑）这并非异常，随后就是酷热的夏天。（[英]托马斯·布莱基斯顿《江行五月》）

英国的阿绮波德·立德对此有着相同的感受，闷热、阴沉是他感受到的常见的天气景象。

天阴沉沉的。重庆上空的黑云渐渐地向我们这里压过来。山泉汇集成的小水潭中挤满了绿色的小青蛙。小鸟在房间里飞来飞去，它们也忍受不了这闷热的天气。下午一点，我动身去重庆城。野地里种着向日葵、水稻、玉米、小米、大豆、芋头和荷花。向日葵的叶子耷拉着，泥塘里的芋头和荷花也无精打采。有些荷花已经被拔掉，就连藕也给摘走了。（[英]阿绮波德·立德《穿蓝色长袍的国度》）

整个城市依山而建。夏季，山上岩石发热，酷暑难当。大多数街道都有遮盖，一是防晒，一是防雨，因为重庆经常下雨。这样，新鲜空气无法进入，一丝微风也难得见着。这儿极少刮风，你看看山头纹丝不动的树阴和凉篷就知道了。凉篷搭在竹竿上，在这些无风地区，人们也常在屋顶上架设凉篷。（[英]阿绮波德·立德《亲密接触中国：我眼中的中国人》）

此外，阿绮波德·立德认为多雾也是蜀地一个较为明显的天气特征，雾气通常在夜晚弥漫开来。

夜幕降临，星光闪闪，仙女座和大熊座清晰可辨。估计四川的云雾会嫉妒星光或日光吧？因为它们一般都会在夜晚弥漫开来，让你根本看不到星光。（[英]阿绮波德·立德《穿蓝色长袍的国度》）

英国的阿奇博尔德·约翰·利特尔记述了四月份蜀地的天气情况：多以多云和阵雨为主。这也显示出蜀地变化无常的天气特征。

在商行凉飕飕的院子里，气温为华氏65度。四川以多云的天空和多阵雨的天气闻名中国；在我逗留的4月份中，每天晚上有规律地下大阵雨。（[英]阿奇博尔德·约翰·利特尔《扁舟过三峡》）

英国游历者台克满则对蜀地夏季酷热难耐的天气颇具微词，蚊虫的肆虐也是让人疲惫的一点。

当前正值7月末，随着我们从陕西海拔更高的崇山峻岭间进入四川，天气一天比一天更加酷热难当。由于海拔的关系，在甘肃根本没有觉察到有蚊子，在陕西也只是夏末秋初时蚊子才会开始肆虐，而在四川，蚊子一天比一天贪得无厌。

按照常规节奏行进的话，这段路程有可能在不到一个月的时间内走完。但是由于考察队在经过长途跋涉之后已经极度疲惫，加之闷热的天气有时令人难以忍受，所以我们行进缓慢，时有驻足歇息，因而花费了五六个星期才抵达成都。（[英]台克满《领事官在中国西北的旅行》）

英国游历者R.F.约翰斯顿观察到，在这种天气下，阳光成为一种较为珍稀的资源，当地甚至有"日出则犬吠"的传说。

在四川，太阳难得显露自身的全部光华，以致有"日出则犬吠"的传说。而在峨眉山顶，阳光比在四川其他地方更难得。（[英]R.F.约翰斯顿《北京至曼德勒——四川藏区及云南纪行》）

进入川藏交界处后，天气则有所不同。经英国人爱德华·科尔伯恩·巴伯的记录，这一地段的气候更为规律，更偏向高原气候。

在川藏交界地带(也就是说，以巴塘为中心的高原地区)，每年的雨季时间几乎是一成不变的：从六月上旬到八月中旬都是雨季，其余时间都天气晴朗。就我收集到的信息来看，这个气候系统每每会影响到四川的西部，以至于这里的七月气候十分多变，1878年的七月里有15天都在降雨——反观重庆，七月可说是最为干燥的一个月份了。（[英]爱德华·科尔伯恩·巴伯《华西旅行考察记》）

R.F.约翰斯顿的文本亦可佐证这一点，打箭炉的气候更偏凉爽，阳光充沛，与蜀中地区呈现出完全不同的光景。

打箭炉的海拔高度为8000多英尺，可以想象，气候是凉爽的。温度有时下降至零度，夜里常常下雪，但白天几乎一律晴朗，阳光普照。3月20日有一次轻微地震，人们告诉我，这种现象很常见，当然也没有引起惊恐。（[英]R.F.约翰斯顿《北京至曼德勒——四川藏区及云南纪行》）

第四节 雄奇壮丽——蜀西自然

由于川东、川西的地势颇具差异,因此在自然景色上也显示出不同。相较于蜀中的壮秀,英国的R.F.约翰斯顿笔下蜀西的景色则更为雄奇,有着更为纯粹的自然景色。

我自己只敢说一点:任何笔墨都无法表达出大峡谷风光的真实面貌。因为,我虽然看见过更加美丽而又同样雄伟的景色,但它们都未能使我如此充满深深的敬畏之情。或许大峡谷具有魅力的秘密之一就是,沉默不语的大自然力量与短暂的人类活动之间永恒的对照。([英]R.F.约翰斯顿《北京至曼德勒——四川藏区及云南纪行》)

蜀西高耸的山峰与壮丽的冰川雪景也是一大自然特色。美国的路德·那爱德就记述了贡嘎山、稻城等地的风景面貌。

山坡上树木葱茏,在大部分登山过程中,只有当小路靠近悬崖边缘或是陡坡时才能看见远景。银冷杉、松树、柏树、月桂树、桦树、栗子树、云杉、楠木、枫树(好几个品种)、喜树等等都可见到,还有数不胜数的显花植物和蕨类植物,但植被特色很自然地随山体高度不同而有很大变化。山顶上迎风面植物很少,只有矮小的竹丛、桧属植物和杜鹃花,但在背风面可以见到银冷杉、枫香树、紫杉、柳树,以及几种灌木。其他树种,如桤木、中国梣树和榕树,只在平原或矮坡上生长。峨眉平原上的榕树十分壮观,有的树干茎围巨大。([英]R.F.约翰斯顿《北京至曼德勒——四川藏区及云南纪行》)

《晚清余晖下的西南一隅:法国里昂商会中国西南考察纪实:1895~1897》甚至认为四川是一个"丘陵的海洋",其中大半分布在蜀西,足见西部山丘之多。

如果说贵州是"山的海洋",那么四川就可以定位成"丘陵的海洋"。严格意义说,这里的平原不多。考察队足迹几乎遍布全省，无论在成都（的确很出色）周边地区，还是川西峨眉县周围，以及从合州到遂宁县整个发源于龙安府河的左岸地区，平原踪迹难觅，到处丘陵丛杂。一般山丘高出河谷150到200米，最高也只有600米，没有明显走势。保宁河东部地区例外：从万县到遂宁府，那里的山势从东北到西南勾勒出明显线条。长江对岸的山势也从东北到西南，走向清晰可辨，一条线过去，峰回路转，山的走向又倒回来了。四川北部地区，东南及西南地区，山丘高度越发陡峭，与崇山峻岭融为一体，镶嵌在四川各地边境线上。

四川这个超大盆地底部地势凹凸不平，无数溪流、河水被充分开发，合理利用，灌溉稻田。层层梯田，铺满山丘。（[法]法国里昂商会《晚清余晖下的西南一隅：法国里昂商会中国西南考察纪实：1895～1897》）

R.F.约翰斯顿笔下的雅砻江也与蜀中的嘉陵江、长江显示出不同的景象来，要更为湍急。

雅砻江是扬子江的大支流之一，但布满险滩和瀑布，不能通航。在八窝龙，江面宽70—80码，水流十分湍急，冲力强大。我听说在水流缓慢季节，可以坐筏子过河。但我到达时，河面上既没有筏子，也没有船，只有一根用竹筏编成的粗缆索横跨两岸，作为唯一的渡河手段。（[英]R.F.约翰斯顿《北京至曼德勒——四川藏区及云南纪行》）

此类记述不止一处，R.F.约翰斯顿还描绘道：

到达打箭炉前的三天旅途中，风景极为优美壮丽，我很少遇到比花林坪以后的雄伟山色更为壮观的景致，一路欣赏不尽。闪烁光亮的白雪，鲜艳蔚蓝的天空，幽暗深沉的峡谷和深壑，组合成一系列美景，语言难以描述，时间无法抹去记忆。那里的景色会使艺术家的画笔不知疲倦，使诗人的灵感源源不断。（[英]R.F.约翰斯顿《北京至曼德勒——四川藏区及云南纪行》）

《晚清余晖下的西南一隅：法国里昂商会中国西南考察纪实：1895～1897》倾向于在江河上与蜀中拉开差异，他刻画了龙潭江的急流与险滩，这与蜀中的宽广大江形成了颇为不同的风景。

龙潭江真是一条让人惊心动魄的江河！泛舟江上，这才叫作航行！水位很低，石块、卵石在柔韧木料制成的小船底部清晰可见，船漂流、穿行在迷宫一样错综复杂、险象丛生的岩石堆中。艄公们技艺精湛，非常熟练地划着小船，用力地撑起细长而轻巧的竹篙，重力下竹篙弯曲成弓形。船头，一只长桨起到舵的作用，要巧妙地左右开弓才能避免危险的碰撞、触礁。一连串的急流险滩，犹如险峻的阶梯。江水时而平静，透出美丽的碧绿。对于木船和船上的货物，当然有潜在的危险；于乘客而言，担心的只不过是落入水中洗个凉水澡，大冬天这自然令人不快。这里的河面只有二十多米宽。

其中有一段险象环生的急流，小船在接二连三的岩石堆间转来转去，忽左忽右，几个艄公失去平衡，把一根竹篙折断了，船尾页部分受损。我们才又行驶了一小段路程，最终被迫停船修补破损，这样就又滞留了两个小时。天快黑的时候船才靠岸，这是一片布满砾石的小沙滩。今天，我们行驶了十五余里，也就是六七公里。（[法]法国里昂商会《晚清余晖下的西南一隅：法国里昂商会中国西南考察纪实：1895～1897》）

此类江流不止于此，美国的威廉·埃德加·盖洛则记述了蜀西的金沙江。

岷江的水清澈美丽，而扬子江的水又黄又浊。当地人称这段扬子江为金沙江。中国人喜欢美丽动听的名字，所以称"金沙江"是再合适不过了，它肯定能给人带来美好的联想。（[美]威廉·埃德加·盖洛《扬子江上的美国人》）

《晚清余晖下的西南一隅：法国里昂商会中国西南考察纪实：1895～1897》则描绘了在泸定桥渡过大渡河时的场景，他以细腻的笔触刻画了大渡河及泸定桥的场景细节，蜀西野性的自然美从而显现。

大渡河的流速快，弯道又多又急，航运十分危险。不过这里没有航运，甚至连萌芽状态的航运也不存在，原因有两个：一是河道滩多弯急；二是从打箭炉用船运输货物几乎毫无意义，因为涨水不应视为利好因素，而且河道弯急，不得不依靠众多苦力纤夫拉船，这种运输方式的造价肯定要比靠人工肩挑背扛从雅州到打箭炉更昂贵。另外不容忽视的还有江中的巨石，以及大量卵石阻塞河床，使得河面宛若大海一样波涛汹涌。

7月23日，我们必须过一座桥以便能抵达大渡河右岸，这可不是件舒坦的事，因为桥面实在晃得令人心惊肉跳。我们看见走在前面的一位苦力不得不伸手将他牵至一边。

我们强忍着不适，用十米卷尺测量桥的长度，人在桥上整个身体摇摇晃晃，感觉有如醉酒。

这座桥长98米，约4米宽，由13根粗壮的铁链支撑，9根铺设在桥面下，两边各有两根架设起来当成扶栏。桥面的木板加工得很毛糙，大小、形状都不规则，木板间空隙可见。桥的两头各有一座巨大的石基，铁链就缠绕在上面。最近一场大火烧毁了一部分城市，吊桥也未能幸免于难。眼前这座桥是不久前才重建的，它的确是一项宏大的工程，令人叹服，尤其是铁链的尺度——修桥时，先把铁链固定在一头，然后由众多苦力牵拉着越过河面到达对岸，好多苦力都因此而溺死，另一些苦力立马替补上岗，"前仆后继"。从前，在修建云南府兵工厂时，需要人们翻山越岭，沿着几乎罕无人迹，难以通行的山路将机器从海岸边搬运至内地。于是就有成千上万苦力应征从事运输，而沿路也留下了成千上万座苦力的荒冢。

过泸定桥时，与我们随行负责搬运行李、物品的挑夫们不得不分散货物，往返几次才将东西搬运过桥。离桥不远处有一艘渡船，水位低的时候用来摆渡。但眼下正值汛期，水流速度过快，根本无法使用。

我们脚下的路始终在花岗岩的崇山峻岭中缓缓向前延伸：片麻岩，方母片岩混杂其间，植被越发稀少，景色更加荒凉，偶尔翻过一道山口，映入眼帘的是四五千米高的重重山脉，山峰高耸，直插云霄。只有江边才看得见一点庄稼，且十分稀疏、瘦瘠，好像遭大火烧过残存下来般。（[法]法国里昂商会《晚清余晖下的西南一隅：法国里昂商会中国西南考察纪实：1895～1897》）

但蜀西也有宁静婉人之地，R.F.约翰斯顿在群山之间发现了一个景色宜人的农舍小屋，秀美的竹林、稻田共同形成了这一美景。

沿途景色宜人，在群山之间，更是风光无限。村庄、农舍和寺庙都坐落在轻柔秀美的小竹林中。山坡上处处是小巧玲珑的木造农舍，往往在屋外近处就是水淹的稻田，田埂上还长着雅致的植物，仿佛是英国公园中的人造小湖一般。（[英]R.F.约翰斯顿《北京至曼德勒——四川藏区及云南纪行》）

在蜀中与蜀西的交接处，也可以看见这样幽静之景，R.F.约翰斯顿的文本中有所记述：

　　接近嘉定时，两岸景观更是美不胜收。林木葱茏的山峦绵延至水边，嫩绿树丛覆盖断崖上有一些洞口，洞内翠绿幽深，有如童话中的仙境。诗人济慈到此，想必也会心旷神怡。（[英]R.F.约翰斯顿《北京至曼德勒——四川藏区及云南纪行》）

第六章　自强不息、爱国自信、智慧优雅、创新尽责——巴蜀民族性格

第一节　巴蜀人民积极向上的民族性格

　　巴蜀地区的人民留给外来游历者的深刻印象之一是和善、勤奋的群体形象，尽管身处贫困与压迫之中，但是巴蜀人民所展现出的不屈不挠、乐观积极、勤奋劳作的群体性格，勾勒出一幅动人的民族性格图谱。

　　英国的游历者威廉·吉尔称巴蜀人民是"最为友善温和的中国人"，并认为"中国人真正出众的特点是勤奋"。

　　……更让人印象深刻的是，这里的人们面容开阔，尽管独处一方，却无疑是最为友善温和的中国人。
　　…………
　　中国人真正出众的特点是勤奋。他们很小心地从不浪费，肯花时间捡起所有碎片；除了排泄物之外不用其他肥料，由农民进城掏取污物带回田间。依靠勤奋，中国人在广阔的平原充分灌溉稻田。由于他们无法用水渠将水引导到每个地方、每个高度，就必须使用人力提上去，所以，整天都能看到苦力在广阔的平原上用踏车汲水。（[英]威廉·吉尔《金沙江》）

　　英国的游历者T.T.库珀在其游记中称四川人是他见过的最勤奋的人，是快乐的人。

毫无疑义，我认为四川人是我所见过的最勤奋的人，从早到晚都在抢着干活。他们的工资从100到150钱不等，外加每天六碗米饭。他们总是很快乐，船一套上绳子，他们就沿着岸边，边拉边喊号子，从右向左有节奏地摆动着手臂。他们也喜欢玩闹，每一艘船上都有一个或多个喜欢捉弄别人的家伙。（[英]T.T.库珀《拓商先锋中国行》）

英国游历者谢立山则称四川人是一个"无忧无虑、快乐的群体"。他较为客观地描绘了蜀地船夫在逆流翻越峡谷时的不屈不挠的精神，在面对艰辛劳作时所持有的乐观向上的精神。令人振奋的号子声让辛苦的劳作有了激情与热情，再现了巴蜀人民乐观的精神面貌。

四川人基本上是一个无忧无虑、快乐的群体。我在前面曾提到长江上游的船夫们，当他们缓慢而艰难地逆流翻越峡谷时，他们会以喊号子的方式宣泄感情。在稻田中，我也经常看到一二十名男人和男孩，在齐膝深的泥浆中排成一行向前行进，他们用脚趾将稻田里的野草连根拔掉，再将水稻幼苗扶正，他们在劳动时总是会喊着令人振奋的号子。（[英]谢立山《华西三年》）

英国游历者伊莎贝拉·伯德以一个女性的视角，带着同情与怜悯之心记录了巴蜀人民的温良、快乐、勤劳、真诚。

四川是个有无限资源的富裕省份，我相信，就我的所见所闻，贸易和农耕阶级的生活良好，能够买得起奢侈品，但我确曾见过"红色盆地"的几个过度拥挤的地区，那里人民的情况——温良、快乐、勤劳、真诚，深深地打动了我的同情和怜悯，一如穷乡僻壤具有的驯良风俗，没有犯罪和下流恶习，付出了体力的极限，所获得的报酬，却没有让男人、妻子或小孩有吃饱和舒服之感，且当粮价上涨，价格的变化会使平常短缺的平民陷入饥寒。（[英]伊莎贝拉·伯德《1898：一个英国女人眼中的中国》）

英国游历者艾米丽·乔治亚娜·坎普则将巴蜀人民描述为"似乎贫穷、乐观而节俭"。

这里的人们似乎贫穷、乐观而节俭，整个城市有种繁荣而活跃的气氛。（[英]艾米丽·乔治亚娜·坎普《中国的面容》）

英国的阿奇博尔德·约翰·利特尔则称蜀人拥有许多美德。

他们却拥有许多美德：随遇而安、彼此和睦相处、重视家族关系、好客、服从雇主，如果引发激情，他们会热心于公益事业。（[英]阿奇博尔德·约翰·利特尔《扁舟过三峡》）

英国的游历者艾米丽·乔治亚娜·坎普在看到中国精湛的艺术品时，认为中国人具有创造艺术时必不可少的修为——耐心。

这是种中国独有的艺术；事实上除中国人之外也没人有制作这个所必不可少的耐心。（[英]艾米丽·乔治亚娜·坎普《中国的面容》）

英国游历者阿奇博尔德·约翰·利特尔在游记中称巴蜀人民不屈不挠、十分勤劳。

整个清帝国像是个大骗子。然而，他们的人民不屈不挠，十分勤劳，如果由天赋更高的领导人来治理，他们仍然会成为伟大的民族。（[英]阿奇博尔德·约翰·利特尔《扁舟过三峡》）

德国的游历者费迪南德·冯·李希霍芬则将蜀地与中国的其他地区做对比，认为巴蜀人民"更洁净，更有礼貌观念，习俗更精致，举止更优雅，生活方式更好"，"居民格外地好，也不胆怯，总是那么友好殷勤"，德行品性优于其他地区，是"中国最好的人"。从这里可以看到，域外游历者在游记中重视挖掘在蜀地独特环境中所形成的具有地域性的民族性格，肯定了地域性文化在民族性格形成过程中发挥的重要作用。

（四川居民）更洁净，更有礼貌观念，习俗更精致，举止更优雅，生活方式更好。如果将各阶层的状况最后折中，那么成都比中国其他任何城市都好，并可与世界上最大的城市比肩。这里的小城市和农民阶层的文明程度至少可达平均水平。当然这只是从外在的教养上平均而论。

房屋和农庄仍旧分散，很少构成封闭的村庄。居民格外地好，也不胆怯，总是那么友好殷勤——中国最好的人。（[德]费迪南德·冯·李希霍芬《李希霍芬中国旅行日记》）

对此，李希霍芬用考察的视角肯定了蜀人所拥有的良好教养。即友好殷勤、举止和善、善解人意。

嘉定府的人再次表现出同四川东北部的城市里的人一样的良好教养，没有人尾随我们，几乎不留意我们，我甚至能安然地逛商店。

尽管摩肩接踵，却没一个人跟着我们。假如我们天天骑马穿过城市的话，没有比这里再惬意的了。我们在这里四处受到友好殷勤的对待，这跟我们在中国通常所见大不相同。就此而言，常令我想起日本。这些人的举止中包含着和善、胸无渣滓，以至于你不必知晓地图也定然能够猜出这里在地理上与世隔绝，自成一体。

我们遇到人时一般都会有的恼人问题在这里根本就没有。坐船渡河时也没有人问我要小费——这在中国还是第一次！每问必答，十分干脆。他们善解人意，讲一种十分纯正的官话，所以也十分好懂。客栈里的人都很殷勤，结账时几乎无一例外地不争不吵就结算完了。（[德]费迪南德·冯·李希霍芬《李希霍芬中国旅行日记》）

英国游历者威廉·吉尔将四川人的性格概括为"思想独立、心胸开阔、不纠缠琐事"。

全中国的苦力都抽一样的烟斗，但四川人抽烟的方式和他们的性格相当吻合，表现出思想独立、心胸开阔的特点，而不像其他省份的人那样纠缠琐事。他们对常规的那一点点烟草分量不满意，直接将一片烟叶粗粗地卷成雪茄的样子，烟斗只作烟嘴之用。（[英]威廉·吉尔《金沙江》）

日本的中野孤山则以一种东方文化观去观察蜀人，虽然对蜀人平和、平静之态的成因分析牵强，但对蜀人气质平静、待外国人态度平和、喜好有雅趣等的记载是较为客观、真实的，注意到了蜀人的地域性民族性格，独特的地理位置创造了蜀人如今平静风雅的气质，形成了独特的地域性人文风骨。

同样为中国人，蜀人当然也不可能在共性之外。然而，地势与中原相隔，自称是别有天地的山国，沐浴着丰富的自然给予恩惠的人民，其气质一般是平静的。蜀人对待中

第六章 自强不息、爱国自信、智慧优雅、创新尽责——巴蜀民族性格

国人的态度也是平和的。我想是由于地方偏僻，交通困难，接触外国人的机会少，而且也没有像长江沿岸、沿海各省那样发生纠葛的先例。对于旅行家、探险家来说，如搜集矿苗、探查测量，只要没有做出使他们产生反抗心理的行为，恐怕不会招致他们的袭击或迫害。然而，生于蜀的苏东坡却满口论及蜀人的陋习，不知苏东坡气从何来。

我也见到在物质上表现出的蜀人的风雅。就近的成都而论，青羊宫开办的花市、草堂人日的参拜、四月八日锦江的放生会、祠庙园池的布置、盆景的赠答等等，要发现他们的雅趣这些都非看不可。（[日]山川早水《巴蜀旧影——一百年前一个日本人眼中的巴蜀风情》）

针对这种民族性格的地域性、独特性，从丁乐梅的只言片语中可以看到他对不同地区间存在巨大差异的认同，并尤其关注蜀人"对外来事物有着强烈的渴求"的特点，而其他地方则有与之相反的情况。

读者们大概会奇怪，上面几页中，我对中国的看法与之前不同——其实本书大概每隔一百页就会给您留下完全不同的印象，这是因为地区间的差异非常巨大。在考虑到中国的大环境其实非常因循守旧的前提下，我发现从重庆到叙府，各地都在热火朝天地发展，人们对外来事物有着强烈的渴求，其中最为理性的兴趣就是好奇外国人究竟能引进些什么。但在云南的许多地区，情况截然不同：倘若某人在某个东部港口省份住过一段时间后再到云南，会发现周遭一切都与他所习惯的相反，似乎连人都属于不同的种族。（[英]丁乐梅《徒步穿越中国》）

美国游历者E.A.罗斯则着重分析了巴蜀历史对蜀人性格产生的影响，并认为蜀人会"以更积极、宽容的姿态吸收西方文明的优秀成果"。

这里的中国人要比同西方已经交往了几十年的港口市民更友好，这也许与四川人的性格相关。17世纪大动荡之后，四川成了一个典型的移民省份，而且四川基本没有受到太平天国的恶劣影响。没有强制性的鸦片贸易、没有通商口岸的歧视和偏见、没有船坚炮利的威胁，这一切使他们以更积极、宽容的姿态吸收西方文明的优秀成果。（[美]E.A.罗斯《E.A.罗斯眼中的中国》）

加拿大游历者莫尔思从蜀人所具的群体性特征去判断蜀人的民族精神特质，称他们是"全中国最独立、最喜欢抱团的一群人"。

四川省的居民人数约占美国人口的一半，约占中国总人口的1/7，世界人口的1/28。四川省主要是中国人。这些人除了当地人，还有很多从其他各省份陆续迁入的移民。最终，强势的当地人将其他人同化，因此融合也是中国文化的典型特征之一。据说，懂得自给自足的四川人是全中国最独立、最喜欢抱团的一群人。（[加]莫尔思《紫色云雾中的华西》）

德国游历者费迪南德·冯·李希霍从巴蜀的历史文化层面出发，称巴蜀之地"藏有恁多生机和活力、文化如此之高"，巴蜀人总是"极好极善良的"。

当你纵览中国地图，看到这整个地区堆满了高山时，你无法理解其深处竟还藏有恁多生机和活力、文化如此之高等等。特别是当你看到该省与那些文明地区被高大宽阔的群山隔开时，你就更不会想到这些了。这里的文化起源于好几千年前。……其余的人逃入深山，他们的后人如今仍在那里独立地生存着。而四川的新居民都是从其他省来的移民。现在，这里比中国其他任何地方都更斯文礼貌。我还从未像在这里那么惬意地旅行过，尽管我在这个城市里还不曾见过穿着欧洲服装的外国人，但我在街上可以自由地闲逛。不会有辱骂、冒犯、好奇的尾随，尽管正是这里的人内心对外国人的反感似乎较大，但他会礼貌得让人觉察不到。农村则没有这种对外国人的反感，我在那里接触到的人总是极好极善良的。（[德]费迪南德·冯·李希霍芬《李希霍芬中国旅行日记》）

总的来说，蜀地人民独特的民族气质是整体民族性格与地域文化气质相结合的产物，正是这种兼容性使巴蜀人民形成了特有的民族精神。

当然，一些域外游历者对蜀人的共性或者区域性的民族精神的考察、判断与记述，客观再现了巴蜀人民民族精神的共性特质与个性化的区域性群体特质，但一些游历者具有"殖民入侵"的视域与情感倾向，所记述的蜀人的负面群体形象是值得我们警惕的，我们需要客观地分析，在文化自信基础上反思这段历史所体现出的问题，从而正确看待。

美国游历者 E.A.罗斯的描述与分析是微观的，他对蜀人做了"经不起小恩小惠的诱惑"，"如果没有外来强刺激和新的理想，他们的生活将永远原地踏步"等判断，这些观点是值得我们反思的,但也需根据实际情况进行历史性考察,并做出客观的判断与原因分析。

他们的孩子也脏兮兮的、赤足四下乱跑,一点都不可爱,也谈不上音乐、诗歌方面的训练和修养。在这样近乎黑暗的世界里,讨论、政治、体育活动更无从谈起。他们虽然克勤克俭,聪慧,眼力丰富,不伤害他人,但是经不起小恩小惠的诱惑,缺乏安全感,沉闷,压抑,生活水平极低。如果没有外来强刺激和新的理想,他们的生活将永远原地踏步。([美]E.A.罗斯《E.A.罗斯眼中的中国》)

英国游历者威廉·吉尔则是以"殖民者"身份自居,对蜀人做了具有贬低性、凌辱性的评价。

除了勤奋,中国人在其他方面很少能超过别的国家。他们像印度人一样犁地,不过就是刨刨土而已。([英]威廉·吉尔《金沙江》)

与之类似的狂妄评价在同样来自日不落帝国的伊莎贝拉·伯德的游记中也出现了,伊莎贝拉·伯德对城镇人、乡村人评价的差异性揭露了其真实目的,小城镇人"无法形容的无知",乡村人"有文雅的外表",事实真的是这样吗?

中国小城镇的人无礼、野蛮、粗鄙、骄横、自大、怯懦、狂暴,无法形容的无知,他们生活在难以置信的污秽状况下,肮脏的食物令人恶心,散发出现存语言无法描述的气味。而乡村的人则大不一样,无疑有吸引人的品格,他们有文雅的外表,那是显而易见的。([英]伊莎贝拉·伯德《1898:一个英国女人眼中的中国》)

总之,一些游历者以伪善之心,别有用心地对巴蜀人民的生活形态与个人品质进行贬斥性描述,显然是带有主观的、政治化的意识形态色彩,我们需要对其冷静地剖析,一方面为我们对那个时代的研究提供侧面视角,另一方面也警醒我们在做相关研究时要保持清醒的头脑,客观的态度,不可以偏概全。

第二节 礼仪之邦——"中国式交往"在蜀地的体现

中国人在交往中无处不体现"礼",蜀人也不例外,"善于察言观色,说话讲究策略"是域外游历者对蜀地人民的普遍印象。

日本游历者山川早水与蜀地人民同处于"儒文化圈"内,对此类交际礼仪并不陌生。他记述了蜀人所具有的中国式"礼"之特质,呈现出蜀人在人际交往中的委婉与含蓄。

> 事后听说,对来访的客人以"不敢当"一语来表示感谢拜访,是一种谦虚的礼节。即承蒙阁下的访问不敢当,相当于日语的"实在不好意思,非常感谢"之意。因此,对于访问者而言,首先是表面上没有生气的理由,不过也宁可理解为是对方的谦虚。其实这只不过是很得体的门前的过场而已。除友人之间的访问,或因特别的事情的拜访以外,一般形式的访问,主、客双方内心都不是很愿意见面。因此,受访者以此不敢当面对客人,客人也预先就期待这样的结果。中国人交际的委婉,大概如此。我在成都府旅居期间,常受官人来访,也曾多次采用过此种简便方法。([日]山川早水《巴蜀旧影——一百年前一个日本人眼中的巴蜀风情》)

尽管山川早水对于一般的来往礼节感到"轻车熟路",但蜀人在交往、交谈中所展现出的强势、智慧与策略还是令山川早水感到惊奇。

> 他们善于察言观色,说话讲究策略。他们说假话,说空话,前后自相矛盾,更是不足为奇。偶尔,他们也会对某些说法吹毛求疵,固执己见。他们在费尽心机、真假参半的谈话中,抓住对方弱点,或操纵,或利用,或离间,其交际大多带有一种为己谋利的意味。他们总是以多结广交为策略。([日]山川早水《巴蜀旧影——一百年前一个日本人眼中的巴蜀风情》)

相较山川早水,西方的游历者在与蜀人的交往中往往有些力不从心。如英国人谢立山称自己被"中国人即使对最亲密朋友所说的话能相信多少"的问题困扰多年。

中国人的话总是过分夸张,关于中国人即使对最亲密朋友所说的话能相信多少,这一问题已困扰我多年,至今仍未解决。([英]谢立山《华西三年》)

英国游历者丁乐梅认为,蜀人在与他人交往中所展现出的含蓄、智慧,让他无法触及真相,他称之为"诡计""手腕""花招",展现出一些游历者对"中国式交往"是极端不适应的。

言首先为心声,它是内心的第一重具现,这是毋庸置疑的:人有思想,所以演讲。我们所有的社会关系都以相互信任为前提,而这信任是由每个人的言谈与思想的真诚维系的。但在中国情况显然不是这样。这里有太多的诡计、太多的手腕、太多的花招,以至于只要中国人想,他就能在最简单的事情上给你制造无穷无尽的麻烦。中国人正如那些吹毛求疵、搬弄是非之徒,油嘴滑舌,比地球表面任何国家的人都更清楚如何发挥言论和字句的威力,并且早就从他们那"含蓄"的思维方式中获取了最大的好处,这就导致英国人,比如我,尽管掌握了他们的语言,可一旦事情发生在本地人之间,仍然无法触及真相。([英]丁乐梅《徒步穿越中国》)

英国游历者威廉·吉尔在与蜀人交往的过程中,触及了中国人交往的最本质的价值观——诚信,也就是他所论及的"彼此信任"。这种中国式的信任,在威廉·吉尔的描述与评价中是积极的、受到肯定的,甚至受到了赞誉。威廉·吉尔对中国人彼此信任时所显出的信赖感、安全感、强烈的商业道德感等深感可敬,但双方若在交往中失去信任,便是斗争的开始,失信者便会陷入"失道者寡助"的状态。显然,威廉·吉尔深深地感受到了在人际交往中诚信所拥有的强大力量。

彼此信任,是中国人的一个非常奇怪的、不为外国人所注意的特点。中国商人毫无保留地相信对方,如果不相信,就不会和对方做业务。以我的经验来说,我自己就曾多次不得不在没有任何收据的情况下将大量现金托付给中国人,或在其他事上信赖他们的人品,完全超过了我信赖欧洲人,或原打算信赖中国人的程度。但我从未被骗,也没有在旅行中丢过东西。如果真的与中国人斗起心眼儿来,那一定会受到不断的欺骗。要想和他们讲价，肯定也不会成功。中国商人开价，一定是他认为自己能获得的价钱，即便这价格其实是商品实际价值的 10 倍也无所谓。但可敬的中国人中，也有一种强烈的商业道德感，只不过这种感觉并非与生俱来的德行，而是事所必须。我们用不着假设中华民族在人性上有例外之处。罗马教廷曾宣称他们的心是"最有欺骗性、最邪恶的东西"。但实际情况是，如果一个中国织工在丝绸中掺假，他的行为马上就有人发现，他将成为有劣迹的人，没人会和他做生意。我想，如果英国人将工厂一直开在家门外 100 英里以内的地方，大概也会发现诚实带来的好处吧。"需求"不仅是发明之母，也是一切习俗的起源。随着时间流逝，习俗并不一定会变成法律，却能成为比法律更有约束力的东西。（[英]威廉·吉尔《金沙江》）

在人与人交往的过程中，蜀人的言语表达所呈现出的特点——含蓄，常常让外来游历者一头雾水，所以英国人威廉·吉尔在与蜀人的交往中常感到困惑，并称"要判断中国人的性格，我们必须盯着他的眼睛，置身于任何观念，特别是我们自己的观念之外"。

如果我说这些评论其实很严肃，并没有任何冒犯之意，大家似乎无法理解，但其实这只是中国人的观念很难理解的证据之一。要判断中国人的性格，我们必须盯着他的眼睛，置身于任何观念，特别是我们自己的观念之外。（[英]威廉·吉尔《金沙江》）

澳大利亚游历者莫理循在与中国人的交流中，对中国人表达感谢的方式与语言深有感触，并发出了"没有什么人比中国人更懂得感激了"的感叹，并提到了史密斯先生的观点："不能说中国人不会感激，他们没有表达出来并不意味着他们没有感受到。哑巴把牙齿吞进肚，他虽不说，但心中有数。"他们都注意到了中国人内敛的特点。

然而别的传教士告诉我，没有什么人比中国人更懂得感激了。一位传教士医好了一个中国人的病，这个中国人用这样的话真实地表达了他的感激之情："如果我们的话被比喻为青蛙在呱呱叫，我们不在意，我们只是直率地表达出我们内心的感受。"史密斯先生会告诉你："不能说中国人不会感激，他们没有表达出来并不意味着他们没有感受到。哑巴把牙齿吞进肚，他虽不说，但心中有数。"（[澳]莫理循《一个澳大利亚人在中国》）

第六章 自强不息、爱国自信、智慧优雅、创新尽责——巴蜀民族性格

尽管许多游历者认为中国人长袖善舞，善于用"中国式交往"的智慧去钻营一切事物，但那时的蜀人有大局观且识时务，不会被人煽动而随便改变自己的初心。英国游历者托马斯·布莱基斯顿的细致描绘有一定的真实性，展现出当时的蜀人对自己生活状态的满意，但托马斯·布莱基斯顿"中国人其实很容易治理，原因很简单，人人都不愿意多管闲事"的判断是武断的，也是缺乏证据的，事实上，这是一个具有殖民者心态的游历者做出的不怀好意的判断。

中国人其实很容易治理，原因很简单，人人都不愿意多管闲事。如果不受到横征暴敛的话，他们心甘情愿接受任何人的统治。古伯察曾写道，皇位继承问题本应激发听者的兴趣，但当他提及此事时，不管如何暗示，"他们都只是摇头，抽着烟，大口喝茶"。最终，有人开口对他说道："听我说，朋友，为什么你要劳神费力地去做这些徒劳无益的揣测呢？官员们拿着俸禄，自然会处理国家事务。那么，就让他们食俸当差，而不要让我们为那些与自己无关的事情而烦扰。如果我们平白无故地就参与政治事务，那简直就是大傻瓜。"（[英]托马斯·布莱基斯顿《江行五月》）

莫尔思尝试从客观的视角出发，追溯蜀人思想观念的根源，但显得力不从心。其记述呈现出了近代一些蜀地民众的复杂心态。

四川人有强烈的地方观念，他们想和中国其他地方分开。从某种意义上讲，四川人也是机会主义者。他们对民国政府奉行的原则似乎并不那么当一回事儿。显然，任何政府用任何名义对他们来说都是一样的。长期以来，他们对坏政府已经麻木，对纯粹的民主理念也漠不关心。总的说来，他们并不知道那些名词代表了什么。这些原因部分地解释了我们现在的情况为什么没有更糟，为什么我们没有陷入更大的困难。（[加]莫尔思《紫色云雾中的华西》）

总之，蜀人在当时的复杂时局下，在与本国人、外国人的交往中，显示出了含蓄、内敛、以柔克刚的"中国式交往"智慧。

第三节　从"好奇警惕"、"奇异的热情"到"自醒自强的爱国"——巴蜀人民民族意识觉醒前后的对外态度

通过众多游历者在巴蜀地区的所观、所感及所记，我们可以窥见巴蜀人民的对外态度是不稳定的，是与时局的变化、民族意识的觉醒程度息息相关的。最初，他们对外国人表现出的是好奇与警惕，后来是友善与热情。随着时局的变化，人们的民族观念、爱国意识、家国情怀等被唤醒，对不怀好意的外国人开始警惕、有敌意，展现了蜀人自醒自强的爱国精神。

一、早期的好奇与警惕

外国人初入蜀地时，人们本能地感到好奇，并有所警惕。英国游历者立德就记录了他入蜀时遇到的"好奇而轻蔑地围观"，其他外国人也有类似的经历。

在这样的地方休息就餐对外国人真是一种折磨（必须停下来，因为苦力要吃饭），外国人经常被一群叫花子般的人好奇而轻蔑地围观着。在一个名叫"新镇"的村庄里，毕肖普夫人曾在哄闹中被石头砸伤，中国内地传教团的某位先生于1898年在同一地方也有类似遭遇。中国人欺负女人比较拿手，但是通常情况下，一个男人可以毫不费力就把这些地痞流氓赶走。（[英]立德《中国五十年见闻录》）

德国的费迪南德·冯·李希霍芬作为早期进入蜀地的域外游历者，所受到的关注则更少，"既没有遭受侮辱，也没有被好奇之徒追随"，感受到的是祥和与宁静的氛围。

骑马骑了整整40分钟，穿过充满活力和生机的美丽宽阔的街道。自马可波罗以来，我们是以这种方式进城的第一批外国人——但我们既没有遭受侮辱，也没有被好奇之徒

第六章 自强不息、爱国自信、智慧优雅、创新尽责——巴蜀民族性格

追随……（[德]费迪南德·冯·李希霍芬《李希霍芬中国旅行日记》）

澳大利亚的莫理循在游记中记述了蜀人对外国人的态度，较为详细。蜀人对外国人的态度，让莫理循既有惊愕、惊奇也有惊喜，整体呈现出的是蜀人对域外游历者的好奇、警惕，也展现了蜀人的友善。

码头边岩石上有一群妇女在洗衣服，她们用木制棒槌捶打着。当我这个装束古怪的洋鬼子走到她们中间时，她们都停下手中的活儿。万县对身着外国服装的外国人不友善，但我不知道，穿着西装就上了岸。人们自发地迎上来，以后在这个城市，我再未受到这种迎接，我也不希望有第二次。我在一条小河河口上了岸。小河把东边城墙的大城镇和城墙外西边更大的城分隔开。船老大与我同行。我们从洗衣妇之间走过。男孩子和流浪儿到船边看我，向我跑来，喊着："洋鬼子，洋鬼子！"

这里是中国最繁忙的公路之一，每隔一二英里路边就有客栈和茶馆。在一个整洁的村庄前，我的厨子打手势让我下马，付给马夫钱后，我在一个客栈里坐下，吃了一顿好饭食，有米饭和炒牛肉。客栈开在街面上，里面人很多。尽管我穿着中式服装，人人都看得出我是个外国人，但因距重庆不远，并没有引起人们过多的好奇心。其他顾客对我很有礼貌。他们把菜拿给我吃，用中国话向我表示问候，我温和地用英文向他们表示感谢。……

当然，我住在中国普通的客栈里，吃中餐，在各地都受到殷勤、善良的招待。但一开始我是人们争相观看的对象，很感难堪。我做任何事都得暴露在大庭广众的面前。走路时不得不把挤在路上看外国人的人群推开。我吃饭时也是在街上成群人的盯视中完成的。当他们离得太近时，我就用英语礼貌地对他们说话，让他们靠后一点儿，我通过手势做这一表示时，他们听从了。当我挠头时，他们看到了假辫子，都笑了；当我用假辫子掸桌上的尘土时，他们更快活地笑起来。（[澳]莫理循《一个澳大利亚人在中国》）

英国的伊莎贝拉·伯德则以外国女性的视角描绘了她在人群中被肆意打量的场景，人们可以悠闲地围着她站上一个小时，盯着她，品头论足，嘲笑她的特征，并且越挤越近，直到她呼吸困难。展现出蜀人对外国人的惊异与好奇。

我的轿夫以平稳的步速沿途跋涉，要在旅客会集的茶馆停上两三次，喝水、抽烟，直到较多的人主张歇下来才在饭馆吃饭，轿子停在饭馆外面的乡村街道上，我坐在轿子里，很快成为一大群极其肮脏的人群的中心，他们悠闲地围着我站上一个小时，盯着你，评头品脚，嘲笑我的特征，并且越挤越近，直到呼吸困难；有人抽出我的发夹，把我的手套戴在脏手上传看一圈，有两次拿了我的勺子塞进他们的衣袖，被发觉后毫无窘迫之意。只是因为倦于成为展览品，我第一次吃了点冷饭。人们深信，照一般的规律，我们岛国人的习性是要吃很多。我放弃了普通的午餐，悄悄吃了点巧克力来充饥。在少有的场合，村民们玩腻了，甚至玩腻了手套（他们认为戴手套是藏匿某种致命的皮肤病）渐渐散去，几只鬃毛竖立瘦骨嶙峋的小黑猪，怯生生地怀着无法实现的期望来取代了他们的位置，拱来拱去，正好拱到轿子的竹竿下面，没有找到零碎的食物，便啃我的草鞋。这些远古的长腿家禽是讨厌的熟客。（[英]伊莎贝拉•伯德《1898：一个英国女人眼中的中国》）

二、中期"奇异的热情"

由于近代西方来华热潮主要缘于西方列强侵华战争，所以一些域外游历者的殖民思想、掠夺动机是掩盖不了的。在这种背景下，诸多国人对于外国人都持有排斥、敌对态度。而蜀地由于深居内陆，交通不便，信息闭塞，对外国人的排斥与警惕相对来说不强。在早期，蜀人对外国人大多是好奇与警惕，后来发展为"奇异的热情"，所以让众多域外游历者感受到蜀人的友好与和善。当然，也不排除侵略者以殖民为目的，用伪善的策略迷惑蜀人。

如英国人T.T.库珀称蜀地民风淳朴、人人刚正不阿，在此从没听到过"洋鬼子"这个词，展现出蜀人对外国人的友善态度。

在这里，我一次也没听到过洋鬼子这个贬义词。我受到了盛情的款待，作为回报，我给孩子们画了几幅肖像，这使他们非常高兴。画像被传看，受到了极大的赞赏。几位女性受村长之托，带给我一些烟草和胡桃做礼物。当与这些善良的村民待了两个多小时后，我站起来准备离开，并向他们所有人表达我美好的祝愿。村长与村里的老人，送了我近一英里的路，最后我与他们正式拜别。我们每个人都弯曲左膝，双手抱拳行礼。他临别的话是，一名外国学者在新年的第一天来访，对他们的村庄来说是一个好兆头。

([英]T.T.库珀《拓商先锋中国行》)

英国人R.F.约翰斯顿入蜀后对多地的记述，无不尽其溢美之词，这与他过去在其他地方"被排斥"形成鲜明对比。他见到的蜀人热情、守秩序、性情很好、异常和蔼可亲、友善、殷勤、有礼貌。

店主对外国人完全没有反感，而是热情地接待顾客；当客人走进院子时，店主通常都亲切地招呼说："愿侍候大人。"人们勤劳而爱和平，只有那永不满足的好奇心使外国人烦恼。

离开万县后，第二天晚上歇宿于小小的梁山县城，这是已故毕晓普夫人在《扬子江流域及那边》一书中叙述的被袭击围攻之处，我没有遇到过不愉快的事情，人们很守秩序而且性情很好。

峨眉县的人异常和蔼可亲。许多人靠峨眉山香客挣钱糊口，他们相互竞争，在屋门口努力显示各自的文明礼貌。

在雅州，我受到美国浸礼会传教团成员最亲切的款待。在街道上人们友好地和我们打招呼，可见他们和当地人的关系极好。

村民们都很友善、殷勤，我们到达一个村子时，食宿从未遇到困难；对供应一切物品，我们都支付了好价钱——这样做有时引起明显的惊讶，因此人们总是把村子里生产的或积攒下来最好的东西给我们吃用。

有两三个穿深红色长袍的喇嘛正等着接待我。人们曾经让我相信，这些人狂热地反对外国，他们的敌意使得穿越其领地的旅行成为一种危险的尝试。如果这些人的情感具有敌对性质，他们肯定拥有高超的自我控制能力，因为对我的接待完全是有礼貌的、友好的。他们把我安置在离喇嘛庙只有几码远的一座舒适的两层楼房中，送给我燃料和食物等礼品。([英]R.F.约翰斯顿《北京至曼德勒——四川藏区及云南纪行》)

德国游历者费迪南德·冯·李希霍芬也有相似的经历，他同样认为蜀人很友好。

我在中国从未那么轻省过，没什么人骚扰。刚开始人们表现得很被动很冷淡，自从进入了该省，人们表现得很友好。即便在欧洲，我要是在如此潦倒的地区走那么长的山路也未必有那么轻省。([德]费迪南德·冯·李希霍芬《李希霍芬中国旅行日记》)

英国游历者阿奇博尔德·约翰·利特尔在《扁舟过三峡》中也有相似记述，称"在四川省，人民很友好"。

异常肥沃的土地，普遍的亚热带气候，和微不足道的土地税就使繁荣有了保证。外国人在沿海和中部各省受到粗鲁的对待，而在四川省，人民很友好，对待陌生人的礼貌使人惊喜。当然到此地来的少数几个外国旅游者都能讲汉语，不会像我们在沿海地方那样被看作是不通语言的蛮人。（[英]阿奇博尔德·约翰·利特尔《扁舟过三峡》）

除了态度友善，蜀地人民还会为外来的游历者提供帮助。英国人艾米丽·乔治亚娜·坎普记述了蜀人的"好心而有礼貌"。

约一小时后这些人回到我们这里，扛着我们的行李，虽是打湿了，却一点没受到损害；不过他们对我们说他们不可能再陪着我们了，修船要花上一些时间。我们遗憾地跟他们告了别，这些人总是好心而有礼貌地注意着准备为我们提供些小服务，深受我们所爱。（[英]艾米丽·乔治亚娜·坎普《中国的面容》）

英国人E.H.威尔逊甚至认为他的中国之行是幸运的。他感受到了巴蜀地区人民的温和有礼、彼此尊重，享受了忠诚的服务，甚至在与侍从分别时还感到"依依难舍"。

我的中国之行是幸运的。中国人待我温和有礼，并且彼此尊重。当义和团暴动和日俄战争爆发时，我在中国内地，在反洋动乱之前或过后访问各处，但没有受到任何粗暴言行的对待。在开展采集之前，我培训了几个中国农民，在我的全部行程中，他们忠诚为我服务，在与他们分别时真感到依依难舍。（[英]E.H.威尔逊《中国——园林之母》）

诸多域外游历者在游记中提到了蜀人的有礼貌、有耐心、慷慨、和善、热情好客等。但英国游历者阿绮波德·立德因九江和温州的外国人还蹲在大牢里而以偏概全地做出了"中国人最爱侮辱人"的结论。

中国人最爱侮辱人，尽管拉尔夫先生在《竖琴师》一书里，为中国人说了许多好话——"有礼貌，有耐心，很精明，穿着得体，举止优雅，有教养，慷慨，和善。"

莫里森博士是位侨居中国的澳大利亚人,他评价说:"中国人热情好客,彬彬有礼,让外国旅客感到心情愉悦。"但事实就摆在眼前,九江和温州的当事人还蹲在大牢里。([英]阿绮波德·立德《亲密接触中国:我眼中的中国人》)

阿绮波德·立德的认知是偏激的。在T.T.库珀看来,中国人有冲动的一面,但与英国人对待陌生人和外国人的方式相比,并没有更糟糕,从这里可以看出,T.T.库珀的描述是较为客观的。

中国人亲切、礼貌但又冲动,他们很容易将友谊变为暴怒。他们的缺点应该引起我们的同情而不是愤慨。我也经常想到,现在中国人对陌生人的最野蛮方式,比起不久前我们自己对待陌生人和外国人的方式,并没有更糟糕。([英]T.T.库珀《拓商先锋中国行》)

蜀地人民的质朴与热情好客、善良慷慨的高贵品质,在《徒步穿越中国》一书中也有记述,冯铁等称"与成都农民的相遇是一次令人难忘的经历"。这种评价,从人类学、社会学的层面上来说,是巴蜀农民的善良、热情与质朴感染了游历者。

接近傍晚时分,我们与一大群热情的农民和孩子们依依惜别。当然我们的旅行袋里早已塞满刚摘下来的苹果和桃子。应当承认,与成都农民的相遇是一次令人难忘的经历。([瑞]冯铁、费瑞实、高思曼《徒步穿越中国》)

日本的山川早水在考察中就蜀人的对外态度进行了特别的观察,并有记:

其次应该叙述一下的是,四川人与外国人的关系。众所周知,四川,属中国西部的一省,交通极为不便,地势别有天地,因此与外国人的接触也甚少,从而不知道惧怕与顾忌外国人。因此,还没有听到对外国人加以杀害或在生命上加以威胁的事情。([日]山川早水《巴蜀旧影——一百年前一个日本人眼中的巴蜀风情》)

美国游历者E.A.罗斯也感受到了蜀人的善良,并且提到在此地生活的传教士夫人从未受到过任何伤害与凌辱。蜀地人民对外国人有主观的判断与思考,对那些外来的良善之人也报以友好态度，并未有冒失的行径。

在我们的整个旅途中，人们的态度没什么好说的。只有一次，我们听到有人叫我们"外国鬼子"，而这也不过是一个顽童的淘气话。有个传教士在中国生活了7年，也只听到过一次这样的话。这些传教士的夫人独当一面，只身一人在农村任职传教工作，从未受过任何伤害或凌辱。她们跟每个轿夫在一起都觉得很安全。（[美]E.A.罗斯《19—20：世纪之交的中国》）

总之，从诸多域外游历者的游记中，我们可以感受到蜀人在民族意识觉醒之前的对外态度是友好、和善的，可以称之为一种"奇异的热情"。

三、后期自醒自强的爱国

随着战火不断蔓延，西方列强对中国垂涎三尺，愈发肆无忌惮，中国人的民族意识逐渐觉醒，蜀人对外国人的态度也发生了转变，逐渐从友善转为敌视。

英国的约·罗伯茨在游记中记述道："中国人对一个外国人到来的反应也是混杂着好奇和敌意"，这让约·罗伯茨变得紧张、警惕与小心，他发现"一本写生画夹是在中国旅行的最好的武器"，于是带着写生画夹到处转悠，接近妇女和儿童。

像其他西方人一样，斯卡思发现即使可以到内地旅行，中国人对一个外国人到来的反应也是混杂着好奇和敌意，这使得他们与具体的个人进行联系异常困难，他还发现"一本写生画夹是在中国旅行的最好的武器"，因为有了它就可向人表示一个人到处转悠的理由，也使人的心情不致紧张，特别是它能使接近妇女和儿童更为容易。（[英]约·罗伯茨《十九世纪西方人眼中的中国》）

而当蜀人与外国人发生冲突时，这种敌意就会被放大。英国的托马斯·布莱基斯顿就记录了他们所遇到的攻击。

现在，我们的船正离岸驶入江中。布莱基斯顿向我呼喊说"去云南一侧"，然后很快就分开，再也看不见他们。船夫们十分害怕，奋力向下游驶去。但在我的恐吓示意之下，迫使他们乖乖地开到对岸，然后一路搜索，找到一个安全的停靠之地。但很快就被当地守军发现，于是抬枪齐发，吓得我们赶紧开走。向下游驶出0.5英里、再次在同一侧停泊。但这里也不得安宁，一群狂叫的人拿着抬枪、导火管和灯笼向我们冲过来，距离仅有15码的时候，我们才涉险逃离。他们也应该感谢我们的仁慈之心，因为祖曼夏（锡克兵）曾两次瞄准目标，但都被我把枪推开了。我还曾清楚地看到炮眼里的引信，并瞄准了将要向我们开火的家伙。不过，我还是控制住自己没有扣动扳机，因为我坚信他不可能击中我们，果然，炮弹都擦着我们的头顶飞了过去。我们立刻横渡大江，来到一处绝壁，在其下找到一个休整处过夜。对岸的火力又向我们射击了1小时，但未造成任何伤亡。我们整夜都站岗警戒，不只是为安全考虑，也是为了寻找另一艘船，但在黑暗中没有看见它经过。此后，整夜相安无事，而城那边的战斗却持续到凌晨3点。天亮以后，船员们都想继续向下游行驶，但被我阻止。（[英]托马斯·布莱基斯顿《江行五月》）

法国的武尔士入蜀后总感到不安，他会寻求领事、总督等人的庇护。由此可见，当时蜀人的民族意识已经觉醒，爱国情绪高涨。

我再三命令他们要加倍小心。已经有不好的风声传来。四川自古以来就是强盗出没之地，秘密社团猖獗。我们的领事阿斯先生在成都，我请他传话给总督，我自己也会去拜访道台，向他解释清楚我们在做什么，请他下令告知各地的百姓们。

我马上就可以说明，我们的人所到之处无不受到欢迎、令人满意，除了在合江（Ho-kiang）和泸州（Lou-tcheou）出了些事，差点引出大乱子。

我们的年轻军官先是遇上了浓雾阻碍，而且起初也有点欠缺经验，这个好解释，此外他们还不得不忍受中国人的极度好奇，如果没有亲身经历过，根本不会对这种好奇心有任何概念。

快到中国新春了，"过年"要持续好几周，其间所有事务都要停下，空闲无聊的时间太多，有时候没完没了地吃吃喝喝，拖得让人烦闷。

但是，1月10日，我收到泰里斯一封信，让我很是不安。

在松溉场（Song-ki-tchang），他们在镇口一家茶馆坐下歇凉，遭到一帮中国人大肆辱骂。他们对人群说，军官们是来偷他们的财宝，侮辱他们的女人的。

有几个在场的天主教徒站在欧洲人一边，中国人之间打起来了。其中一个伤势严重。

泰里斯非常谨慎，想知道那些天主教徒是不是另有他图，想趁他在场的时候解决些棘手的纠纷。他告知了地方官员。官员确认几个肇事者有罪，让人把伤人的那个打了五百板子。

即使这次官府出面干涉，对我们有利，我还是忧心忡忡。2月23日，我又收到泰里斯一封信。我担心的事情还是在牛脑驿场（Nieou-nao-itchang）发生了。

这个大场镇一直都对外国人水火不相容。几年前出了件大事，有个苦力，叫余蛮子（Yu-man-tse），自称有神灵附身，在此煽动造反，差点就占领了四川。

泰里斯沿着右岸走时，马基正穿过乡场。

一看到他，一群五六百人的人群就聚集起来，高喊"杀！杀！"中国人手里拿着棍棒和石头，其中一个胆子大些，冲上来想抢夺马基斜挎在身上的双筒望远镜，他一定是把它当成了左轮手枪。他可倒霉了。马基身手敏捷有力，先动手的人挣扎了一刻钟时间，忍痛从马基手中挣脱出来。就这一下子，人群就散开了。

但是，在场镇上方百米开外有个陡坡，道路正好在下面。

正当马基拿着他的测量板走到那里时，悬崖上方乱石纷纷砸下，落在他周围。

情况紧急。进攻者躲在山脊后，没什么好害怕的，也没办法对他们施以拳脚。逃跑有危险，会引来众人穷追不舍；在中国人面前永远不能退却，否则他们就会以为对手害怕了，就会化恐惧为凶残，人群后浪推前浪，我们的人就只得面对他们的冲击。

马基叫人喊话，说如果他们再扔石头他就开枪了，然后他朝悬崖的泥土上开了一枪。投石加倍落下，一块石头砸在了马基大腿上，幸好只是轻伤。

马基旋即决定让进攻者听听子弹从耳边飞过的声音，他开了两枪，留意瞄准得高一点，不要打中了人。这就够了。（[法]武尔士《长江激流行——法国炮舰首航长江上游》）

英国游历者阿绮波德·立德曾因当地人对外国人的仇视态度，而被迫放弃在蜀地建造房屋以度夏日的想法，这说明时局已经较为紧张，蜀人的爱国意识越来越强。

我们在城郊的山上租了片地，想盖间小屋度夏，但知县借口当地人敌视外国人不许我们盖房子。他说他可以劝农民把房子租给我们，与农民一起住上三个月，他们或许会慢慢地消除对我们的敌意。（[英]阿绮波德·立德《穿蓝色长袍的国度》）

第六章 自强不息、爱国自信、智慧优雅、创新尽责——巴蜀民族性格

英国的伊莎贝拉·伯德也遭遇了敌视。这一时期蜀人对外国人的抵触情绪迅速上涨，也与甲午中日战争暴发后，人民的民族意识普遍觉醒有关。蜀地人民的对外态度由友善转变为一种强烈的敌视，这便是蜀人爱国意识觉醒的表现。

那时，夔府对外国人非常敌视，我并不打算进入这道庄严的城门，而是沿着大的农庄在美丽的环境中漫步，整个是喜庆的季节，有许多贪婪的狗，好斗而又胆怯，大麦和小麦已经露出穗柄，块根作物有多汁的叶片，真是农业的天府之国。

小路的两边是黄色的兰槿属植物，已经开花，把村庄分隔开，由于近来气候干燥，令人神清气爽。我拍了一张郊外庙宇的照片，它有瓷质的面墙；僧人彬彬有礼，似为习惯使然，但在返回的路上，我们"遭遇"到一群男人和孩子，他们大喊大叫，无拘无束地使用"洋鬼子"这个词。我听说这个城市既无新教传教士，也无天主教传教士，他们在这里还没有立足点。两个中国电报员来看望我们，都是基督徒，英语讲得很好，并说如果我们进城去，敌对情绪会有增无减。（[英]伊莎贝拉·伯德《1898：一个英国女人眼中的中国》）

美国的威廉·埃德加·盖洛详细地记述了他的所见所闻，蜀人的敌对情绪越来越强，传教士们都穿上了本地服饰。至此，外国人已经无法用高傲的态度在这片土地上随意自由地行走了。

这种只能穿中式服装方能入蜀的现象，伊莎贝拉·伯德在《1898：一个英国女人眼中的中国》中也有相关记载，她以自己在游历中的所观所感，认识到外国人在巴蜀地区所受的排斥空前强烈。

我们停泊在一群排列到三层的大帆船中。几百个苦力正为这些船装卸货物，噪声震耳欲聋。离开了由于不满于"酒钱"而狂怒喧嚷的纤夫，我步行很长距离，直奔中国内地传教团驻地。大约攀爬了150级石阶梯，上行到背街，由于不戴帽子，穿中式服装，避开了非常拥挤的人群。此前没有一个欧洲妇女步行穿过万县来到此地。万县和它的地方官员因仇视外国人而声名远播。《时代》杂志的莫里森博士仅在六个月前曾在此受到虐待。沿途良好的路面和整洁、坚固的石头住宅都给人留下了很深的印象。（[英]伊莎贝拉·伯德《1898：一个英国女人眼中的中国》）

在泸州，我发现传教士们都是当地人的打扮，但个个衣冠楚楚。苦力们会听命于衣冠齐整的绅士，也会听命于不修边幅的洋人，尽管他们会认为这些洋人太小气，舍不得穿得好一点，而一身苦力打扮、穿着平平的洋人肯定会令人所不齿，留不下多少好印象。传教士该不该穿当地人的服装，三言两语难以说清，而至于留辫子则没啥可说的了。对我而言，斤斤计较于此实无必要，而且很蠢，特别是还有数百万的人希望挣脱这种强加在他们身上的奴役标志时。"中国蛮子"称不留辫子的洋人为"真鬼子"，称留辫子的洋人为"假鬼子"，由此可看出绝大多数的中国人对洋人的态度。我说的不是义和团运动之前的情形，而是现在！像满人那样盛气凌人的洋人是无法向大众施加影响而让他们去接受一种陌生、玄奥而不便的宗教的。（[美]威廉·埃德加·盖洛《扬子江上的美国人1903》）

英国游历者谢立山便对巴蜀人民反抗侵略持一种仇视之态，并称其为"武装暴徒"，这呈现出域外游历者的侵略性，是不客观的记述，但展现出了巴蜀人民对外来入侵者的反抗，彰显出了巴蜀人民的自强，民族意识的觉醒。

李希霍芬男爵说："那里所有男子都佩戴着大刀，并经常挥动武器。在我去过的其他中国城市中，很少像在那里遇到如此多骚扰；旅行者应当尽量避免在那里过夜，因为我就深受其害。这座城市很大，到处都挤满了人。他们个个衣着不整，看起来令人生厌。"
············
我已经完全准备好要面对一群武装暴徒，但我显然比男爵幸运得多，当然这是一件令人高兴的失望。这里的居民并不比其他城镇的人更具好奇心；至于刀械，除了看起来一脸无辜的屠夫外，我没有在任何其他人的手中见到。但我的一位随从说他看到一名年轻人拿着一把刀，不过他说也只有年轻人才会携带这种危险武器。虽然我并没有看到衣着特别华丽或是容貌俊秀的人，但也没有见到令人特别厌恶的什么人。当然，这里也有很多乞丐和垃圾。但我特别注意到有一点，即在这里充斥着一种懒洋洋的气氛；与城镇中主干道垂直的商业街可以通向南城门，但直到我们第二天一大早离开，整条商业街上的店铺一直都在关门歇业。（[英]谢立山《华西三年》）

法国里昂商会成员在旅居成都时，对蜀人对外国人的敌对态度进行了较全面的考察与分析，"旅居成都末期，四川民众对我们充满敌意"，他们为躲避民众围观、"树立我等形象"，获得"安全保障"的通行证而选择坐轿子，并做出判断："在中国行为的基本准则就是永远不要制造'事端'，否则你就一头雾水，茫然不知事态要如何发展，把你拽向何方。"毋庸置疑的是，这是巴蜀人民民族意识觉醒的结果。

旅居成都末期，四川民众对我们充满敌意，他们的这种态度总体来说实属例外。一番深思熟虑后，我们也没有过多要埋怨四川人民的。考察团在四川境内跋山涉水行程七千多公里也都平安无事。期间，我们行船，坐轿，多数时候还是步行，因为轿子实际上顶多就是一个60公分宽的"盒子"而已，蜗居其间简直苦不堪言，尤其是烈日当头之时，只有进城，坐轿才必不可少。原因一是为了树立我等形象，维护我们的声誉；二是为了躲避民众围观——他们好奇过甚，有些咄咄逼人。而要弄到一顶好轿，得费点心思，还得不怕花钱。一顶好轿一半是安全的保障，另外它本身也等于说是一张通行证。以上所感来自我们的亲身经历，权当作为以后来此游历考察的人的参考。

民众对"洋人"之好奇无不过分，对此我刚才就颇有微词。从中国回到欧洲，仔细想来，他们的那种好奇好像也还是可以原谅的。在法国某些偏僻的地方，我们也目睹了十二位身着民族服饰的中国人漫步街头同样也引来行人驻足观望的场景。而当我们自身成为围观对象，直面这些好奇过重的围观者的时候，他们的好奇心不免使人窝火不已。在前面章节中我曾谈到过窗户纸被捅破（糊在旅店窗户木框上替代玻璃的纸张）露出窥视者双眼之事。当然这种情形下做让人头疼的始作俑者就是不谙人事、嬉闹捣蛋的儿童，可尽人皆知，很难根据中国人的脸庞判断出他的实际年龄。考察过程中，我们时常要对中国官员进行一些礼节性拜访。端坐堂屋，静听动响，身旁偶尔传来一阵清脆细微的声响——窗户纸被撕破拉裂开来，一定是主人家中的女眷们在暗中打量我们。对她们而言，我们长相奇异，令她们忍俊不禁，嗤嗤的笑证实了我们的判断。而且还在进入"客厅"之前，就已经有无数双眼睛透过一扇微微开启的门齐刷刷地在我们身上扫来荡去。如此大胆的举动实在少见，令我们惊讶不已。中国女性通常都过于矜持，或许是有些故作矫情吧（无论怎样，自负令我们深信不疑），但没有什么能与她们的矜持相提并论的。在中国内地及有教养的社会阶层，面对"大胡子"洋人，女性的这种矜持更是无以复加，有时她们的举动颇有点英雄状：马路边一位妇女遇上"洋人"宁可立刻背过身去，执拗地盯着田间的某一样东西也决不肆无忌惮地直视"西方洋鬼子"的脸庞，这些不折不扣守规讲礼的女性一般都是成年人。

相形之下，比好奇、围观更难忍受的还是民众对我们的辱骂。不过一开始我们并不能明察。当我们耳熟能详那些骂人字眼时,其辱骂的作用也开始大打折扣,有所减弱。忍气吞声也好,麻木不仁也罢,对于这种事,还是不要让事态演绎到不可收拾为宜。……所以在中国行为的基本准则就是永远不要制造"事端",否则你就一头雾水,茫然不知事态要如何发展,把你拽向何方。每个人都凭着感觉、敏捷、精力及性情来确定自身的忍耐是否已到极限,忍耐的"事态"是否一触即发,是否因此而采取相应措施。([法]法国里昂商会《晚清余晖下的西南一隅:法国里昂商会中国西南考察纪实:1895~1897》)

加拿大的莫尔思的记述,反映了他作为典型的殖民者、侵略者、高高在上者的心态,其感受与评价犹如在自己国家对自家国民的喊话与评析,并认为:"现在这个国家有种不分青红皂白的仇外倾向","有些起初以朋友相待的人现在却翻了脸","表现出对他国之人漠不关心",等等。这显然是巴蜀人民在民族意识觉醒后,具有自醒自强爱国精神的结果。莫尔思甚至没有认识到这种排外情绪产生的原因在于他们对中国的侵略与伤害。"中国的这种排外情绪也有正当性,因为这个国家受了太多外国的侵害,但要把所有的归结于此也不尽然。"所以我们更能感受到"这种无知是危险的,因为很容易被煽动者利用,使整个国家掀起可怕的情绪风暴,导致严重后果。"等言论是何等的强词夺理,这是在维护侵略者的权益,是在替侵略者做最后的反道义的宣传。

大多数时候,中国还是好的一面占上风,遇事总喜欢权宜,最后皆大欢喜。现在这个国家有种不分青红皂白的仇外倾向。有些起初以朋友相待的人现在却翻了脸,这说明有些人为了权宜之计而随大流,不够真诚;也有少数中国人不恨外国人,并且认识到其他国家的帮助对治疗本国的心理和身体疾病不可或缺;而大部分的人表现出对他国之人漠不关心。但这种无知是危险的,因为很容易被煽动者利用,使整个国家掀起可怕的情绪风暴,导致严重后果。

中国的这种排外情绪也有正当性,因为这个国家受了太多外国的侵害,但要把所有的归结于此也不尽然。([加]莫尔思《紫色云雾中的华西》)

总的来说,通过对域外游历者游记的梳理与分析,可以发现蜀地人民在对外态度上经历了三个时期的转变,早期是好奇与警惕,中期是热情和友善,后期是敌对。

第四节 故意"缺席"——被否定的工作能力

笔者发现，诸多域外游历者对中国人工作能力的怀疑与评价是站不住脚的，那种忽视或有意贬低中国人民的创造性的游历者，显然是以高高在上的侵略者的优越姿态来对中国人进行评价的。以偏概全地判断中国人缺乏创造力与执行力，也揭示出部分域外游历者不安好心的目的。

英国人立德的记述则显示出外来游历者对国人创造力、创新力认识的偏颇，缺少全面客观的分析。

少数具有公共意识的官绅或富庶之士发起改革，然而革新之举为时很短，无人继之，人们对此普遍态度冷淡，甚至恶意揣测，使得改革前功尽弃。我对中国采取实际改革不抱任何希望，除非由欧洲来督查，能够和外国租界一样强力维持纪律和秩序。撇开这个不说，中国人似乎缺乏我们称之为进步的能力。如果这条道路能够完工并适当拓宽，夔州府至宜昌的行程只需一周时间。每年有数千人丧生于四大峡谷，如果道路修好了，这些人就会幸免于难。但是现在，毫无完工的可能。（[英]立德《中国五十年见闻录》）

阿奇博尔德·约翰·利特尔认为中国人缺乏进步的能力，甚至主观地想把自己的那一套做法移到中国，实施所谓的在改革上需要"欧洲督查"。显然，这种观点含有民族主义。

英国游历者威廉·吉尔认为蜀人不思进取，只是安于现状。

中国人旅行时，每到一地，通常只会干以下几件事：吃、喝、抽烟、睡觉，而很少去享受其他刺激。倒不是没有精力，主要是因为没有机会。他们整个下午和晚间都极其无聊乏味，就像塔列朗（Talleyrand）对不玩牌的年轻人那预言性的警告一样。（[英]威廉·吉尔《金沙江》）

威廉·吉尔判断蜀地人民无趣、麻木、不会享受生活，并认为是中国人"缺乏理想"的缘故，显然不准确。其对中国艺术的论断，更显出其对中国的偏见与无知，让我们认识到其伪善性与肤浅性。我们也能认识到这种自圆其说，"这个国家的性格中缺少创新力"的结论是何等的无知。

然而，一切均能反映出中国人缺乏理想的特点：雕刻所展现的，无非是艺术家亲眼见过无数遍的东西，他没有任何超越这些的能力。绘画也一样，实际大小的虫子、柳树枝头的喜鹊、小桥、池塘、小山，全是现实主义的，整体上缺乏想象力，连透视都没有。我们有一天曾看到过表现地狱的场景，但却依然缺乏想象力。魔鬼的长相和他们自己一样，只不过脸上涂着颜色，描绘的酷刑也似乎和真实里生活官员施加给他们的一样。他们对天堂毫无概念，也从未试图想象。他们所做的一切都很务实，本性中就没有想象力存在。而想象力是产生创新力或者说原创力的东西。因此，可以想象，根据自然规则来说，中国人相当缺乏原创力。随着时代变迁，人口增加，生活必需品需求也会增加，生活将变得越来越不容易，适者生存的定律或许会重新上演，以引导智慧王国的开端。但现阶段，由于这个国家的性格中缺少创新力，在很长一段时间内，他们必然有赖于外国人的帮助。（[英]威廉·吉尔《金沙江》）

丁乐梅的记述有其客观真实的一面，在农耕文明时代，蜀人更多地追求自给自足的生活，力求能吃饱，艺术魅力显然不是其主要追求，所以一些游历者认为中国人缺乏同理心，并令人气恼，这仍是一种将自身放置在高人一等的民族背景下的视域，无疑带有文化殖民的心态。

中国人的国民性究竟如何，使得他们总是对自己国家最宝贵的东西视而不见？
确凿无疑的是，这并非是由于他们不如其他民族敏感，以至于感受不到自然与艺术的魅力。但我发现同这些显然没有同理心的人一起旅行和居住的确能使人气恼万分，而且我一点也不奇怪那些命运已然与内陆紧紧相连的欧洲人偶尔重返西方文明时，相较于他自己的同胞会显得有些古怪。但这只是无足轻重的小损失。（[英]丁乐梅《徒步穿越中国》）

英国人谢立山对上述的一些观点是颇有微词的，并进行了反驳，他敏锐地捕捉到了中国人创造性的本真与核心，模仿是一种学习，在继承中创新是中华几千年文明的文脉内核。他对水车的描述便可证明农耕文明下中国人所具有的创造力与高度的农耕智慧。蜀人对经验的继承与创新，对农耕文明的传承与发扬，有着厚重的文化性与创造性。

中国人缺乏创造性吗？众所周知，中国人可以根据提供的样本，复制出和样本一模一样的东西。一名裁缝可以完全模仿服装式样，缝制出一件新衣服，但他们向世界展示原创点子的能力却一直受到质疑。然而，我认为我在前面提到的贵州水车，这就是一个创新点子，而我在雅州看到的水轮，则更是被演化成了两种精巧的、同时也非常实用的工具。水轮的横轴被移除一部分，同时插入一根铁制的弯管，将一根很长的铁棍与弯管连接，而铁棍的另一端则固定了一个抛光机。如此一来，当水轮一转动，就拉动抛光机前后移动，从而对一个石柱表面进行抛光，这样加工好的石柱可以用于建筑。根据同样原理，用一根竖轴替代横轴，这根铁棍就可用于为打铁的风箱鼓风。（[英]谢立山《华西三年》）

此外，具有工业文明背景的域外游历者对巴蜀人民的生产与工作效率、工具之简陋、技术的缺乏等发出了抱怨，这也折射出域外游历者的优越感。美国人威廉·埃德加·盖洛有记：

中国人从来不知道在机械装置中使用螺丝钉，所以天朝人也就没有老虎钳。城里正在兴建洋房，所用的木材，运来的都是原木，或是新砍的，或是陈木，放在地上风干后，供人仔细挑选使用。由于工具简陋，技能缺乏，偶尔还要加上懒惰，所以一个美国人干的活儿，往往需要十个中国人才能完成。（[美]威廉·埃德加·盖洛《扬子江上的美国人1903》）

威廉·埃德加·盖洛认为，中国人不仅技艺匮乏、工具简陋，还十分懒惰，大部分情况下都懒散而无精打采地虚度光阴。

法国人武尔士做出论断，称中国工人效率低，做事含糊、爱骗人等，他对中国包工头失望透顶。呈现出那时外国人参与中国建设时会发生的各种矛盾，且是一种不可调和的矛盾。

中国工人的工资很低，这是真的，但是他们干的活也少。因此，就算给同样的工资，也不能指望他们干的活比欧洲人多。

不过，我在此所说，与通常看法正好相反，中国人做事含糊，爱骗人，令人憎恨。

首先，中国人并没有那么灵巧。在历史上的某个时期，确实，中国人创造了奇迹；那些建筑、雕塑，那些瓷器和刺绣，完全是灵巧、耐心和细致的结晶。

这一盛世已经过去了，就像我们大教堂的雕塑家，他们的生命已经流逝在精雕细琢的石头的花纹里。

但是在欧洲，在艺术上丢掉的东西，我们用数学的精确弥补了回来。而在中国，他们好像一下子丢掉了一切。

只有靠时时刻刻的专注，以及刻苦耐劳的双手，才能做出合格的作品。

幸好我有的是时间，可以说，如果我没有事先检查过，他们连一块石头都放不好。

我们在王家沱的工程浩大，但是拆掉的更多，那些中国包工头让我失望透顶，每次我过去检查的时候，现场总是一片抱怨声。（[法]武尔士《长江激流行——法国炮舰首航长江上游》）

加拿大游历者莫尔思也认为，中国人得益于优秀的文明底蕴，并认可中国在长久历史中创造出来的文化成就，但否认中国人的创造性，认为"中国人缺少'创造性的怀疑精神'"，这显然是一种以偏概全的论调。

医学传教士发现中国人得益于优秀的文明底蕴，很多人智商很高，一部分已经接受了很好的训练，或者跟很多西方人一样具有可以向更高层次开发的潜质。在人类文明发展的某些阶段，中国人走在了西方之前。然而在某些方面，比如中国人在如何适应环境上就没有取得多少进步，没有创造出必要有效的工具，也没能发现如何保存、推进自己文明的方法。究其原因，可能是中国人缺少"创造性的怀疑精神"，而这种精神在其他种族身上却显而易见。（[加]莫尔思《紫色云雾中的华西》）

莫尔思又用环境决定论来证明蜀人因为环境的闭塞而"没有竞争或比较，思想活动缺乏外部激励，没有锻炼敏锐的分析能力的机会"，便认为"这些人在自然神秘莫测的力量面前生出无助感，但又渴望获得掌握命运的能力，因此倾向于超自然的信仰"，并以此下结论，认定这是蜀人思维僵化的根源，并认定"他们的习俗、文化和宗教来源于对危险、未知的感性体验，归根到底还是源自内心深处的恐惧"。他并不知道中国天人合一的思想观念，人与自然和谐统一的生活观，所以从这个层面上来看，莫尔思缺少对中华文化的深入考究与论证，只是自圆其说罢了。

  在四川省旅行是件危险的事，因为通信手段极度原始，再加上山脉、河谷、河流和冲积平原地形形成的天然障碍。每个山谷的居民都是自给自足的经济生活方式，当地的制度、方言和宗教文化自成一体。
  生活在这个地区的居民与其他省份的人或外国人几乎没有任何联系，因此也没有竞争或比较，思想活动缺乏外部激励，没有锻炼敏锐的分析能力的机会。可以说他们生活在封闭、保守和充满恐惧的状态里。
  这些居民成了思维僵化的农业人口。这些人在自然神秘莫测的力量面前生出无助感，但又渴望获得掌握命运的能力，因此倾向于超自然的信仰。他们的习俗、文化和宗教来源于对危险、未知的感性体验，归根到底还是源自内心深处的恐惧。（[加]莫尔思《紫色云雾中的华西》）

  法国人武尔士的观点更显其"殖民心理"，中国人几千年的家国情怀，在他看来是一种简单化的社会规则，且认为人人都有一种从众的心理。

  说实话，在着手干某件事情的时候，他们非常软弱，更多的是害怕受苦。中国的所有社会规则都是建立在广泛的责任基础上的，儿子对父亲尽责，父亲对父母、对村镇、对省份尽责，等等。
  这么一小群欧洲人，落在这样一大群充满仇恨的黄种人中间，却没有被撕成碎片，那是因为没有一个中国人敢吼出第一声，打出第一拳。
  可一旦有了这么个敢出头的人，其他人就会觉得，自己反正是无名之辈，没什么责任要担当，于是纷纷跟随。我不相信，在沿海最欧化的城市里，仅仅会因为这么一个体力旺盛、精神亢奋的人，敢率先出头，就会接连不断，出现这样的屠杀。（[法]武尔士《长江激流行——法国炮舰首航长江上游》）

  美国人E.A.罗斯在《变化中的中国人》中的论述，显示了他对中国文化、中国价值观、中国人的思维、中国人的智慧、中国人的观念的难以理解与把握，有些外国人甚至认为"住得越久越觉得不了解这儿的人们","自己没有勇气写关于中国人的东西"。E.A.罗斯将中西民众永远无法"相互理解或产生共鸣"归因于心理素质的不同,这揭示出他们对中国文化的忽略和文化殖民的倾向。

  那些对中国的情况了如指掌的人肯定会这样认为:在中国,任何一位西方人仅仅通过六个月艰辛的旅行与采访是不可能了解中国人的。一位高级工程师说:"我在这儿生活了三十年,但住得越久越觉得不了解这儿的人们。"一位商人说:"我原以为在这儿生活几年后,会了解他们的,但生活得越久越觉得他们不可理解。"任何一位外国旅行者如果请教一下长期居住在通商口岸的外国人的话,就会发现自己没有勇气写关于中国人的东西。
  其实,对于那些了解东西方人心理素质差异的西方人来说,中国人并不难理解。在他们看来,中国人的心理素质是以另一种文化或另一种社会组织为背景的,因此与西方人的心理素质迥异。如果把物质条件方面的优劣与基本观念方面的差异考虑在内的话,在中国人所处的环境下,我们西方人也会做出同样的事情。东方国家的一些人非常重视这样的一种说法,由于心理素质的差异,黄种人与白种人永远难以互相理解、互相同情。而那些对东西方社会进行比较研究的学者并不这样认为。他们对中国社会诸多方面进行研究后提出了自己的认识,这种认识建立在对以下方面的考察和研究之上:闭关自守、激烈的生存斗争、祖先崇拜、父权、女性的从属地位、军事的衰退,以及士阶层在社会中的优势等。([美]E.A.罗斯《变化中的中国人》)

  总之,中国人工作能力在域外游历者的游记中的"缺席",是西方游历者抓住个别现象,以西方文化殖民、西方优越论的思维视角去观察和分析巴蜀人民,并否定巴蜀人民的工作能力与创新创造能力。这一观点在近现代历史发展的过程中,产生了严重的影响,这种观念甚至影响了几代人,而文化自信的构建便是对这种观念最有力的还击。

第五节 尊师、自强、自信与优雅——巴蜀人的内在气质

英国人爱德华·科尔伯恩·巴伯就对礼州居民的生活进行了比较客观的描述，展现出了巴蜀居民的生活观：

我们来到了一个名叫礼州（Li-chou）的小县城，崭新的城墙四周围绕着许多兴旺的农舍，寺庙也维护得很好。城里没有几个财主，可也没有真正的穷人；很多人都衣衫褴褛，但是他们自己并不以为意，向我们解释说，他们在夏天里都穿旧衣服，把好的留到冬天穿。这里出产大量的谷米和玉米，却几乎不出口，所以没有人特别富有，但也没有人会一直挨饿。（[英]爱德华·科尔伯恩·巴伯《华西旅行考察记》）

英国旅行者丁乐梅在其游记《徒步穿越中国》中，对巴蜀人民的认知与理解则显得比其他游历者更深刻。巴蜀人民虽然贫困，但骨子里彰显出的求索、在逆境中成长积淀出的强大力量所具的内驱力，让他感受以近代巴蜀人民的民族自强的精神品格，彰显出中华文明所具的磅礴力量，并让外来游历者自叹不如。

东方人，尤其是中国人，再尤其是其中较为贫困阶级，教会了我们如何过一种没有家具、没有多余物品乃至没有最最基本的必需衣物的生活，我不能不被这一优点深深震撼，它是这一伟大国家在挣扎求生的过程中获得的。这种生活方式，大概会在黄种人与白种人的竞争中成为他们的优势，这一点我会在本卷后面的章节提及。它也暴露出了我方文明的些许劣势。当一个西方人到了中国，与普罗大众近距离接触，将会被迫反思我们大量无用的日常需求。我们每天都必须吃面包、黄油和肉，必须装玻璃窗和火炉，必须穿帽子、白衬衫、羊毛内衣、靴子和鞋子，必须用行李箱、皮包与盒子，床架与床垫，床单与毛毯——然而中国人可以舍弃其中的大多数，而且真的，没有它们更好。（[英]丁乐梅《徒步穿越中国》）

英国游历者阿奇博尔德·约翰·利特尔用各种生活片段展现他微观的视域，有积极的方面，也有对当时巴蜀贫穷落后情况的聚焦，呈现出作为一个来自日不落帝国的游历者的凌辱性视角，所以在对许多场景的描述中，他都以高高在上的姿态记述。我们从中可以反观当时巴蜀人民生活的不易，也可以窥见到当时政治的腐败、经济的衰败，但也能从其游记中感受到中华几千年绵延的优秀传统——"对教师极其尊敬"；也能感受到居民们自给自足的生活观与宁静平和的心态——"冷静地接受这种日复一日劳碌的工作"。

在饭桌上，我惊奇地发现和衣着漂亮的主人们在一起的，还有一位穿着破旧得几乎是褴褛的年轻人，脸色苍白，却坐在上首（仅次于我），后来得知这位就是家庭教师。我很高兴看到在中国到处都对教师极其尊敬；在欧洲，这样贫穷就会被人瞧不起。

四川人携带物品的方式很有趣，什么东西都装在篮子里背着，称作背子，用篾编的带子吊挂在肩膀上。这不像用扁担挑东西走路，一面喊着"Hee-hawah-oo"那样煞风景。

中国人和我们的祖先一样，穿着丝绸和缎子，他们的内衣常常极脏。他们从理论上承认干净卫生的意义，但他们的全部生活，不论公共的或私人的，都完全忽视卫生习惯。穷人和富人都一样，在这方面，我看四川人一点都不比其他省份的人好。到四川来的一路上，船上的每个人都长疥疮，我给他们一些药膏，他们也懒得用。（[英]阿奇博尔德·约翰·利特尔《扁舟过三峡》）

沉默的中国人冷静地接受这种日复一日劳碌的工作，但是急躁的外国人对此满腔怒火。（[英]立德《中国五十年见闻录》）

澳大利亚游历者莫理循则敏锐地捕捉到了蜀地人民在交流中的简洁与诗性，甚至带有禅宗意味的中国式回答。

我们遇见了中国人。他们礼貌地问我们"是否吃过了饭，要去哪儿"。我们一一认真作答。但当我们也礼貌地问他们去哪儿时，他们往往只是向远处扬扬下巴，说："很远。"（[澳]莫理循《一个澳大利亚人在中国》）

第六章 自强不息、爱国自信、智慧优雅、创新尽责——巴蜀民族性格

随着外国入侵者倾销大量的生活品，让中国人面对西方文化所彰显出的科学性时，显得手足无措。事实上，这是中西方文化的一种碰撞，这对于强调大同、融合、天人合一的中国文化观来说，在面对西方文化的科学属性时显得缺少抵抗能力，导致那时的中国人开始怀疑自己的文化。英国人威廉·吉尔则在《金沙江》中便记述了一个现在看来很是荒诞的情景：

中国人盲目地迷信外国人拥有超自然能力，对欧洲商品也产生了类似想法。很多中国人认为外国蜡烛的油膏能治天花，还觉得欧洲的糖果也是药。（[英]威廉·吉尔《金沙江》）

美国游历者E.A.罗斯聚焦于巴蜀人民外显的神情与精神状态，并通过对比的方式分析巴蜀人民身上体现出来的优雅与新鲜动人的气息。

四川人的脸色不错，大概是蒙古人进犯的压力减弱的缘故吧。笔者见到一个当地的青年人，他或许正扮演迈克尔·安吉洛的大卫角色，眼睛留恋顾盼于异性安蒂露斯那样的柳叶眉、小蛮腰、直鼻梁和俏脸蛋。中国人身上体现出来的优雅神情在别的地方很少见到，虽然人们一下子意识不到这一点。当地长长的队列以特别的方式走过一位美国画家面前，他就会在那些姑娘和小伙子身上感受到新鲜动人的气息。（[美]E.A.罗斯《E.A.罗斯眼中的中国》）

结　语

　　形象研究是近年来蓬勃发展的新兴研究领域，近年来，随着对国家形象与地区形象研究的不断增多，域外游历者游记著述迅速受到重视。19世纪末20世纪初，来巴蜀游历考察的欧美、日本、澳大利亚等游历者络绎不绝，他们在审视、观察巴蜀的同时，以游记的形式记录了中国巴蜀地区当时的政治、经济、文化、社会生活、民族民俗、名胜古迹、风土人情、自然地理等综合信息，构成了近代域外游历者关于中国巴蜀地区的形象认识。巴蜀因深处中国西南一角，19世纪末20世纪初的世纪之交仍处于封闭状态，加上国内关于巴蜀地区的考察和研究非常有限，而域外游历者对该地区进行详细考察后留下的游记，为我们打开了一个新的视角去认识和研究当时的巴蜀形象，并为今天巴蜀地区的发展和形象塑造提供了有益的借鉴。因而，研究19世纪末20世纪初时域外游历者游记中的巴蜀形象便显得迫切，并具有十分重要的意义。

　　近代域外游历者游记视域中的巴蜀形象，描写细致且生动，可以从中更好地窥探到当时巴蜀地区社会各方面的状况，以及游历者的体会和立场。本书选取欧美、日本、澳大利亚等域外游历者的游记进行梳理与研究，探讨其中关于巴蜀形象的描绘及其当代价值和启示。值得注意的是，游历者在游记中除了客观记录之外，很多地方不可避免地加入了自己的主观看法和评价，而因为立场和视角等原因，有的观点和评价会带有偏见甚至恶意歪曲事实，这是时代与游记者身份的局限导致的。但不可否认的是，通过这些游记能窥见域外游历者有感而发的真实性、不自觉的意识渗透性、殖民心态的优越性等我们未曾发现的真实。

　　本书通过域外游历者在游记中对所见场景的还原和分析，探讨其各自认识角度和立场上的差异。我们应秉着辩证的科学态度去看待域外游历者巴蜀游记的积极性作用与正向价值，也要看到该时期西方人在巴蜀随意的游历考察是对中国主权与法律的无视和践踏，其歪曲、诋毁、观点偏颇、思想狭隘的言论与记载更是对中国的侵犯与形象的破坏。另一方面，历史是一面镜子，通过他者的视域反观自己，可以更清晰地认识自身的真实情况，包括自身的优势、强大的民族精神、几千年优秀文化积淀的文明等，以及自身的不足。因此，这些域外游历者的游记对于今天研究当时巴蜀社会各方面状况的原始资料性质和当代价值，应予以肯定和重视，并以合理的视角加以研究利用。同时，巴蜀形象是中国形象的一部分，辩证地剖析域外游历者游记中对巴蜀地区的描绘，对今天巴蜀社会各个方面的发展，以及巴蜀形象乃至整个中国形象的塑造与提升都具有重要的启示和借鉴意义。

笔者在研究中发现，西方游历者对中国巴蜀地区的开拓与殖民的意图，决定了他们的书写服务于知识殖民的根本特征，定义了他们帝国主义的凝视态度和形象塑造的他者话语策略。出入巴蜀地区的域外旅行者，无论其身份、职业、目的如何不同，他们书写的所有游记都参与了对中国地方自然与文化的认识和传播。

洪思慧在其博士论文《英国旅华游记中的云贵川形象研究（1861—1914）》中对英国游历者在云贵川的考察游记的分析与判断，代表了整个近代域外游历者考察游记的内驱力与"帝国凝视的眼光"，"英国旅行者在自我与他者互为观察对象的多重凝视背后，是工业帝国与农牧业帝国相互对视与对峙。尽管旅行者对云贵川地方人文景观的凝视态度各不相同，其形象书写也存在着认识论上的差异，但是他们的一切行为都与英帝国的殖民政治具有内在的同构关系。即便是那些力图客观记录事实的旅行者，对于他者的多重观察也难免带有'帝国的凝视'眼光，其游记书写终究为帝国意识形态的传播作出了努力。英国人在中国西南的游历行为建立在资本主义列强国家侵华背景之上，其旅行记录刻画的西南形象带有浓厚的帝国主义文化霸权自我'想象'的表述印记。英国旅华作者西南游记书写志录所有的形式和内容，所有的交互经验与互视性结果，都真实地表现出对'他者'形象的'自我'建构。"

所以对近代域外游历者游记的研究应格外慎重，要以大国强国、四个自信的视野去体察与分析，对游记中体现的巴蜀真实的风土人情、正向精神风貌要予以肯定，对游记中记载失实、观点偏颇、思想狭隘等内容要予以驳斥，这样方能降低域外游历者游记对中国形象传播的负面影响，以扩大中国形象的正向价值宣传，推动大国强国、四个自信视域下中国形象的重塑与传播。